仁山 金榮國 선생의 정치학

仁山 金榮國 선생의 정치학

인산 김영국 선생 10주기 기념학술대회추진위원회 편

인간사랑

인산 김영국 교수(1930-2000)

인산 김영국 교수 연보

1930. 6. 26.	인천 출생
1949–1954	서울대학교 문리과대학 정치학과(정치학 학사)
1954–1957	서울대학교 대학원 정치학과(정치학 석사)
1957–1958	서울대학교 문리과대학 정치학과 강사
1958–1961	서울대학교 문리과대학 정치학과 전임강사
1958–1959	Visiting Scholar, University of Chicago
1961–1968	서울대학교 문리과대학 정치학과 조교수
1968–1972	서울대학교 문리과대학 정치학과 부교수
1972–1995	서울대학교 사회과학대학 정치학과 교수
1973. 2.	서울대학교 대학원 정치학과(정치학 박사)
1973–1977	서울대학교 대학신문사 주간
1975–1976	Visiting Professor, Institut d'Etudes Politiques de Paris
1978–1980	서울대학교 학생처장
1980–1981	서울대학교 사회과학대학장
1983. 1.–12.	한국정치학회장
1984–1987	서울대학교 현대사상연구회장
1987–1989	서울대학교 사회과학대학 한국정치연구소장
1987–1989	서울대학교 대학원장
1987. 12.	국민훈장 모란장 수상
1989–1991	서울대학교 부총장
1995. 8. 31.	서울대학교 사회과학대학 정치학과 정년퇴임
1996. 11.	서울대학교 정치·외교학과 총동창회 초대 공동회장
2000. 1. 26.	別世

인산 김영국 교수 저작목록

■ 박사학위 논문

「레오 스트라우스의 정치학 논고 : 정치철학론과 과학적 정치학의 비판을 중심으로」.

■ 저서

1962.『정치학요강』(공저). 삼중당.

1964.『현대 정치학』(공편). 일조각.

1969.『사회과학개론』(공저). 서울대 출판부.

1971.『민주주의론』(공저). 법문사.

1972.『정치학개론』(공저). 서울대 출판부.

1972.『레오 스트라우스 정치사상 연구』. 현대문화사.

1980.『신정치학개론』(공저). 서울대 출판부.

1981.『현대 정치학의 대상과 방법』(공저). 법문사.

1983.『정치학개론』(공저). 한국방송통신대학 출판부.

1986.『정치학개론』(공저). 박영사.

1986.『이데올로기와 사회변동』(공저). 서울대 출판부.

1991.『민주화와 학생운동의 방향』. 대왕사.

1991.『한국 정치사상』(공저). 박영사.

1995.『레오 스트라우스의 정치철학』(공저). 서울대 출판부.

1995.『마키아벨리와 군주론』. 서울대 출판부.

■ 역서

1957. J. J. Rousseau 저.『인간불평등기원론』. 신화사.

1958. T. D. Weldon 저. 『정치학사전』. 현대문화사.
1963. W. O. Clough 저. 『미국 사상의 기원』. 사상계사.
1971. W. A. Harriman 저. 『변동하는 세계 속의 미소』. 중앙매스컴센터.
1976. R. M. MacIver 저. 『근대국가론』(공역). 민중서관.
1983. H. Laski 저. 『국가란 무엇인가』. 두레.

■ 논문

1956. 「정치학의 대상으로서의 정치현상」. 『정치학보』 제1호.
1957. 「국가이론의 변천과 현대 민주주의」. 『정치학보』 제2호.
1962. 「대통령책임제 정부조직의 기본요소」. 『신사조』 제1권 제11호.
1963. 「정당, 선거와 대중」. 『신사조』 제2권 3호.
1963. 「민족과 국가사회」. 『국방』 제130호.
1963. 「민주주의 근대적 개념」. 『국방』 제137호.
1963. 「영국의 정치문화」. 『국방』 제139호.
1964. 「새로운 정치학」. 『현대 정치학』, 일조각.
1965. 「한국에 있어서의 정치학의 발전 : 1945-1965」. 한국정치학회 주최 제1회 심포지움 논문.
1966. 「한국 학생의 사회참여 분석」. 『학생연구』 제4권 제1호 부록. 서울대학교 학생생활연구소.
1966. 「정부형태의 분류」. 『고시계』 제108호.
1966. 「대의정치와 책임정치」. 『고시계』 제109호.
1966. 「민족주의 신화를 찾아서」. 『정경연구』 제2권 제5호.
1966. 「정치가, 정당 그리고 정치권력」. 『정경연구』 제2권 제7호.
1967. 「신생국가의 정당에 대한 분석」. 『정경연구』 제3권 제2호.
1967. 「입법부의 합리적 운영 : 입법기능의 정상화를 위한 제언」. 『정경

연구』 제3권 제9호.

1967.「오늘의 한국정치의 과제 : 한국 정치문화에 대한 비판적 분석」. 『시사』 제6권 제9호.

1968.「한말 의병운동을 통해서 본 정치사상」. 『사회과학논집』 제10권 제2호.

1969.「한말 민족운동의 계보적 연구」. 『한국정치학회보』 제3집.

1969.「한국 민족의식의 발전형태」. 『아세아』 6월호.

1969.「국민과 군대와의 관계에 관한 연구」. 『국방』 제2권.

1968.「정치안정 속의 불안요인」. 『정경연구』 제5권 제12호(제47호). 12월호.

1968.「쿠데타」. 『월간중앙』 제24호, 5월호.

1970.「자유에로의 전진」. 『세대』 1월호.

1970.「한국 통일 이후의 질서문제」. 『통일논총』 제1권 제2호.

1971.「새로운 외교의 길 : 중립국과의 신외교관계 확립을 위한 제언」. 『통일논총』 제2권 제8호.

1971.「당선지상주의에의 경고」. 『월간중앙』 제36호, 3월호.

1971.「국민발안의 현대정치적 의의」. 《대학신문》 제806호, 3월 29일.

1971.「동서 평화무드의 가면과 진면」. 『월간중앙』 41, 8월호.

1971.「남북대화의 전위적 제의」. 『월간중앙』 45, 12월호.

1971.「우리나라 선거제도에 대한 관견 : 선거구 문제를 중심으로」. 『국회보』 제114호.

1972.「프랑스 제5공화국의 경험으로부터의 교훈 : 정치권력의 인격화의 문제」. 《서울신문》, 11월 20일.

1973.「정치철학과 정치과학」. 『공삼 민병태 박사 화갑기념논총』.

1974.「사회과학도에게」. 『대학, 자유, 지성』, 서울대학교 대학신문사 편.

1974. 「정치학에 있어서의 철학의 부활－레오 스트라우스 1주기에 부쳐」. 《대학신문》 제917호, 10월 14일.

1974. 「정치예찬론」. 『문리대 교양강좌』.

1976. 「청소년의 가치관과 정치의식(공동연구)」. 『산학재단 학술연구보고』.

1977. 「새 좌표의 모색」. 『광복삼십년』. 서울대학교 대학신문사 편.

1977. 「한국에 있어서의 정치학의 발전」. 『한국정치학회보』 제11집 제1호.

1977. 「공민교육에 관한 연구 : 정치사회화와 관련하여」. 『정치학보』 제7호.

1979. 「레오 스트라우스」. 『현대의 사회사상가』. 한국사회과학연구소.

1981. 「Destutt de Tracy의 이데올로기론」. 『사학논총』. 지식산업사.

1982. 「레오 스트라우스 : 정치철학의 회복」. 《서강신문》(*The Sogang Herald*), Vol. XIV, 69호, 11월 22일.

1982. 「대학 사상교육의 현황과 문제점」. 『문교부 학술연구보고』.

1983. 「마키아벨리의 정치사상론」. 『한국정치학회보』 제17집.

1984. 「이익집단과 국민윤리」. 『한국인의 윤리관 II』. 한국정신문화연구원.

1984. "국가 이념교육의 현황과 문제점」. 『문교부 학술연구보고』.

1986. 「현대 국가의 기본문제」. 『현대사회와 국가』. 한국정신문화연구원.

1987. 「현대 급진사상의 계보」. 『문교부 학술연구보고』.

1987. 「자유민주주의의 재검토 : 그 철학적 근원과 현실적 구현」. 『현대사회』 제27호(제7권 3호).

1987. 「정치권력 실체의 개념과 계급혁명」. 《인천대학보》 제83호, 9월 28일.

1987.「민주한국은 이렇게」.『산정연구』(계간) 제57호.

1987.「한승조 교수의 '한국 민주주의의 국가론적 기초'에 대한 논평」.『한국 정치의 현대적 조명』. 한국정신문화연구원.

1988.「현대 사조와 한국 사상의 과제」.『선진한국의 이념적 기초』. 한국정신문화연구원.

1988.「민주발전과 평화통일의 과제」.『평화통일민족운동사』 제3집.

1989.「89년의 전망 : 국제정세」.《서울대 동창회보》제134호.

1989.「사회변동과 정신교육 정립을 위한 연구」.『문교부 학술연구보고』.

1989.「자유민주주의에 대한 이론적 고찰과 반성」.『현대사상』 제1호. 서울대학교 현대사상연구회.

1990.「한국 민주화의 현재와 미래」.『미래의 한국과 세계』 창간호. 한국미래연구학회.

목차

머리말

올해는 서울대학교 정치학과의 초석을 놓았고 후학 교수들은 물론 학생들의 존경을 한 몸에 받고 재직하시다가 우리 과 교수로서는 최초로 정년퇴임하신 김영국 선생의 10주기가 되는 해다. 그래서 선생님께서 몸담았던 서울대학교 정치학과와 서울대학교 한국정치연구소, 그리고 선생님께서 정치사상 전공 제자들과 함께 창설했던 한국정치사상연구회는 공동으로 작년 겨울 '인산 김영국 선생 10주기 기념학술대회추진위원회'를 구성해 추모 학술대회 개최를 준비해 왔다. 그리고 이런 준비과정을 거쳐 지난 5월 28일 서울대학교 호암 교수회관에서 〈인산 김영국 선생님 10주기 추모 학술대회〉를 개최했다.

이 학술대회는 김영국 선생을 추모하는 1주기, 3주기, 5주기 추모 학술대회를 이은 4번째 추모 학술대회였다. 동 학술대회를 개최하기에 앞서 있었던 개회식에서 선생님의 지인이거나 후학인 구범모, 이홍구, 배성동, 길승흠 전 서울대학교 정치학과 교수께서 추모사를 해주셨고, 학술대회 제1부는 최 명 전 서울대학교 정치학과 교수께서, 제2부는 황수익 전 서울대학교 정치학과 교수께서 사회를 맡아주셨다.

학술대회가 끝난 후 가졌던 저녁만찬 및 추모–친교시간에는 이규황 서울대학교 정치·외교학과 총동창회[1] 회장이 만찬사를 해주었고, 서울대학교 정치·외교학과 총동창회가 만찬비용을 부담해 주었다. 이 자리를 빌려 추모사를 해주신 구범모, 이홍구, 배성동, 길승흠 교수님과 사회를 맡아주셨던 최 명, 황수익 교수님 및 만찬사를 해준 이규황 동문에게 감사의 인사를 드린다. 아울러 저녁만찬 및 추모–친교시간의 경비를 부담해 준 서울대학교 정치외교학과 총동창회에게 고마움의 인사를 전한다.

〈인산 김영국 선생님 10주기 추모 학술대회〉는 후학과 제자들이 김영국 선생의 학문세계와 그의 학문적 관심 분야 등을 총정리하는 자리가 되었다. 그래서 학술대회 제1부에서는 김영국 선생의 생애와 연구업적을 정리하는 논문들이, 제2부에서는 김영국 선생의 주요 관심 사상가와 연구 분야를 정리하는 논문들이 발표되었다. 1부에서 김학준 전 서울대학교 정치학과 교수가 "김영국 교수의 정치학 : 삶, 그리고 연구와 강의를 중심으로"(총론)를, 이정복 전 서울대학교 정치학과 교수가 "김영국 선생의 연구업적 내용"을, 김홍우 전 서울대학교 정치학과 교수가 "김영국 선생의 박사학위 논문 「레오 스트라우스의 정치학 논고」에 대한 소고"를 발표해 주셨다. 그리고 2부에서는 김경희 교수(성신여대)가 "마키아벨리의 정치론 : 레오 스트라우스의 마키아벨리론 재고찰"을, 홍광엽 교수(한림대)가 "프랑스혁명의 루소와 칸트의 루소"를, 임혁백 교수(고려대)가 장주영 연구원(국회입법조사

1 이후 양 과가 통합됨에 따라 서울대학교 정치외교학부 총동창회로 개칭됨.

처)과 함께 "다원주의 정치론의 현대적 의의 : 영국 다원주의 국가론, 결사체 민주주의, 화이부동의 정치"를, 김동수 교수(통일교육원)가 "민주주의의 전개와 시민교육"을 각각 발표해 주었다. 토론에는 양승태 교수(이화여대), 이종은 교수(국민대), 김의영 교수(경희대), 홍태영 교수(국방대)가 참가해 주었다. 발표자와 토론자들은 임혁백 교수와 함께 논문을 작성한 장주영 연구원을 빼면 모두 김영국 선생의 제자들이다. 제자로서의 도리를 다하기 위해 바쁜 시간을 쪼개어 옥고를 작성해 주신 선생님들과 토론자로 참가해 주신 선생님들께 감사드린다.

돌이켜 보면 김영국 선생은 참으로 '학자 중의 학자' 다운 풍모와 식견을 지닌 분이었다. 선생님의 넓고 깊은 학식은 실로 놀라운 것이었고, 한 마디 한 마디는 학자다운 학자만이 지닐 수 있는 지성이 묻어나 있었으며, 선생님의 눈빛은 예리한 지성인의 그것 자체였다. 그렇지만 선생님은 동시에 제자들에게 항상 인자하고 친절했고, 제자들의 앞날에 도움을 주기 위해 노력한 참다운 스승이기도 했다. 선생님은 제자들을 항상 반갑게 맞이했고, 재치가 넘치는 조크와 더불어 교훈어린 말들을 전해주셨다. 김영국 선생은 우리 정치학과 학생들 모두의 '큰 스승'이었고, 또 그렇기 때문에 제자들은 지금도 선생님을 그리워하며 선생님의 모습을 마음 속에 간직하고 싶어한다.

선생님의 제자들은 이후 모두 사회로 진출해 사회 각계의 지도자로서 높은 사명감과 윤리의식을 갖고 활동하고 있고, 학계에 진출한 제자들은 오늘날 한국 정치학계를 명실상부하게 이끌어 나가는 훌륭한 학자로서 활동하고 있다. 더욱이 선생님이 몸담으신 정치학과는 외교학과와 통합하여 이제 하나의 학부로서 재출발하게 되었다. 정치외교학부의 출범은 한국 정치학의 발전 및 졸업생들의 사회활동에 크게 기여할 새로운 도약대를 놓은 것이라고 하겠다.

정치외교학부가 공식 출범한 뜻 깊은 시점에 '서울대학교 정치학과'의 이름으로 참여하는 마지막 학술대회가 된 것이 바로 선생님의 10주기를 추모하는 학술대회가 된 것은 뜻 깊고 의미심장한 일이었다. 정치외교학부의 출범이 누구보다 한국 정치학의 발전을 바라고 제자들의 앞날을 걱정한 선생님의 유지를 계승·발전시키는 일이었기 때문이다. 게다가 우리 정치학과의 후학과 제자들이 김영국 선생님만이 아니라 정치학과의 창립자이신 민병태 선생님, 한국의 국제정치학을 본궤도에 올리는 데에 크게 기여하신 구영록 선생님 등 오늘의 우리와 우리 정치학과를 있게 한 스승님들을 기억하고 그 뜻을 새기는 추모 학술대회를 잊지 않고 개최해 온 것에 대해 우리는 무한한 자부심을 느낀다. 실제로 이런 학술대회의 개최는 타과에서는 좀처럼 보기 어려운 미덕 중의 미덕임이 분명하다. 사제관계가 무너지고 있는 현상을 도처에서 목격하고 있는 오늘날 그 의의는 더욱 빛난다고 하겠다.

이 책은 〈인산 김영국 선생님 10주기 추모 학술대회〉에서 발표된 논문들을 필자들이 다시 수정·보완한 것을 묶은 책이다. 이 책의 출판을 자축하며 이 책이 출판되기까지 힘을 보태주신 모든 분들에게 다시 한 번 감사의 인사를 드린다. 학술대회가 개최되기까지 실무를 맡은 유홍림 학과장과 이승아 과행정실 직원, 조교와 정치학과 학생들, 그리고 책 출판을 위한 실무를 맡은 서울대학교 한국정치연구소 소장 임혜란 교수와 전 소장 백창재 교수 및 안경모 한국정치연구소

연구원에게도 각별한 고마움의 인사를 전한다.

이 책의 출판이 한국 정치학의 발전과 사제관계와 같은 우리가 지켜야 할 아름다운 가치를 지키는 데에 조금이라도 기여하기를 바라며, 그리고 무엇보다도 인산 김영국 선생님의 명복을 다시 한 번 빌면서 이 책에 대한 소개의 글을 마친다.

2010년 11월

김세균 (서울대 정치학과 교수)

1

인산 김영국 선생의 생애와 연구업적

김영국 교수의 정치학 :
삶, 그리고 연구와 강의를 중심으로[1)]

김학준(한국과학기술원 초빙특훈교수)

I. 머리말

대한민국 건국 이후 한국 정치학계가 배출한 제1세대 정치학자군(政治學者群)의 대표적 정치학자라고 할 수 있는 고(故) 김영국 교수의 정치학 세계는 처음부터 끝까지 한 분야에 압축되어 있다. 서양의 정치사상과 정치철학이 그것이다. 서울대학교 문리대 정치학과에 입학한 1949년부터 서울대 사회대 정치학과 명예교수로 별세한 2000년까지 반세기 동안 김 교수는 이 분야 하나만을 천착했다. 서양의 정치사상과 정치철학—이렇게 짧게 표현되지만 그러나 따지고 보면 얼마나 폭이 넓고 뜻이 깊은가? 기본적으로 서양의 철학, 특히 고대 그리스의 철학에 대한 공부와 이 방면의 서양어 원전들을 읽을 어학능력이 기본적으로 요청된다. 따라서 이 분야를 자신의 전공으로 삼는다는 것은 비상한 각오와 능력이 없이는 불가능하다. 그러므로 이 분야를 전공하는 학도들은 어느 특정한 시기, 어느 특정한 사조, 어느 특정한 사상가, 어느 특정한 주제에 집중하게 된다.

김영국 교수 역시 마찬가지였다. 그의 저술들을 중심으로 살펴보건대 그는 고대 그리스의 플라톤(Platon)과 아리스토텔레스(Aristoteles)로부터 시작해 근대의 마키아벨리(Niccolo di Bernardo Machiavelli)와 루소(Jean Jacques Rousseau)를 거쳐 현대의 라스키(Harold Joseph Laski)와 매키버(Robert MacIver), 그리고 스트라우스(Leo Strauss)와 브레히트(Arnold Brecht)에 이르기까지 서양 정치철학의 주류를 연구의 대상으로 삼으면서 그 가운데서도 마키아벨리, 루소, 라스키, 스트라우스 등에 매우 밝았다. 특히 마키아벨리와 라스키 및 스트라우스에 대해서는 국내 제1인자였고, 스트라우스에 대해서는 독보적 존재라고 평가해도 결코 지나치지 않을 것이다.

그러면 그 정치사상가들에 공통된 정치학적 주제는 무엇이었나? 그

1. 이 글은 은사 김영국 교수의 2주기를 맞아 제자들과 후학들이 선생님을 추모하기 위해 마련한 학술발표회에서 선생님의 정치학 세계를 돌이켜보려는 뜻으로 쓰여졌다. 선생님은 인문사회과학 전반에 대한 독서와 사색이 깊으셨던 터에, 그 가운데에서도 난해한 정치철학을 전공하셨던 만큼 선생님이 이룩하신 정치학 세계는 매우 넓었다. 그렇기에 필자처럼 생각이 짧고 공부가 약한 사람이 접근하기란 결코 쉽지 않다. 그런데도 감히 집필하게 된 까닭은 선생님께서 못난 제자에게 베푸셨던 학은에 조금이나마 보답하려는 뜻에 있다. 선생님의 정치학 세계를 다시 살펴봄으로써 선생님의 가르침을 제대로 따르지 못한 데 대한 반성과 아울러 뒤늦게나마 마음가짐을 새롭게 하고자 한다는 취지이다. 그러한 만큼 훌륭한 제자들과 후학들에 앞서 가장 용렬한 필자가 집필하는 것을 너그럽게 받아주기 바란다. 또 세상을 뜨신 은사를 읽는 이들의 혼란을 덜어주기 위해 경칭을 생략하거나 대명사로 표현하는 것에 대해서도 관용해 주기 바란다. 이 글이 장차 한국에서 정치학이 발달한 역사를 밝히려는 동학들에게 하나의 작은 자료가 된다면 보람이겠다.
이 논문은 원래 다음에 게재됐었다. 김학준, "김영국 교수의 정치학 : 삶, 그리고 연구와 강의를 중심으로", 『한국정치연구』 제11집 제1호(2002, 335-391쪽). 선생님의 별세 10주기를 맞아 제자들과 후학들이 마련한 학술발표회에서 이 논문을 다시 읽기로 한다. 약간의 수정을 통해 가필했음을 덧붙인다.

것은 "국가란 무엇인가?"와 "정치란 무엇인가?"라는 서로 연결되는 문제의식, 그리고 그러한 문제의식의 연장선 위에서의 "정치학이란 무엇인가?"의 문제의식으로 요약될 수 있을 것이다. 결국 김 교수는 반세기의 삶을 이 질문과 씨름하며 보냈다. 따라서 이 글을 통해 필자는 이 문제의식에 바탕을 둔 그의 지적(知的) 활동의 궤적을 살펴 하나의 기록으로 남기고자 한다.

II. 예비적 시기 : 정치학과 학부시절

1. 정치학과를 선택한 까닭

우선 김영국 교수의 정치학자로서의 학문활동을 본격적으로 설명하기에 앞서 정치학자로 입신하기 이전의 예비적 시기에 대해 간단히 살펴보기로 한다. 그는 어려서부터 박람강기한 발군의 수재로 평판이 높았다. 1930년 6월 26일에 인천의 한 넉넉하지 못한 집안에서 태어나 거기서 초등학교 [인천창영국민학교]를 마치고 서울의 6년제 경기중학교에 입학했다는 사실 자체가 그 점을 부분적으로 증명해 주거니와, 경기중학교에서도 뛰어난 성적을 발휘했을 뿐만 아니라, 5학년 때인 1949년 6월 20일에 대학입학자격 검정고시에 합격한 데 이어 그 때로서는 수재들 가운데서도 수재들만이 합격할 수 있다는 세평을 듣던 서울대학교 문리대 정치학과에 입학함으로써 '천재소년 김영국'의 전설을 낳으면서 장차 학자로 성장할 가능성을 보여주었다. 서울대학교는 1946년 8월에 설립됐고, 정치학과는 이 때 동시에 창설됐으니, 그는 입학년도로만 따져 4회에 해당된다고 하겠다.

그러면 그는 왜 정치학과를 선택했던가? 그 스스로 이 물음에 대답한 일은 없다. 그러나 그가 남긴 글 가운데 그의 심경이 엿보이는 대목이 있어 다음에 인용하기로 한다.

> 식민통치는 이 땅에서 반만년을 흐르던 정치의 강줄기를 묶어놓고 물 없는 불모의 하상(河床)만을 남겨놓았다. 해방은 마치 [일제가 조선을 강점한] 36년간의 제방이 하루아침에 툭 터지는 것이나 다름 없었다. 노도의 흐름 속에서 우리 겨레는 잃었던 목숨을 되찾았고 정치의 부활을 보았다. 전국의 대부분의 대학교가 거의 때를 같이하여 정치학과 또는 정치외교학과를 신설하게 되었음은 바로 이러한 민족의 정치적 생명의 부활을 상징하는 것이라 하겠다.
>
> 정치는 국가생활의 관건이며 정치가는 인간 가운데의 인간이며 정치학은 제(諸) 학문의 대종이라는 지배적 풍조 속에서 장차 이 나라 이 겨레의 초석이 되어 경륜을 펴보겠다는 구시대의 지사, 대통령을 바라보는 패기찬 실천가, 제 학문 위에 군림하겠다는 야망을 가진 이론가들이 정치학의 수업과 정치역량의 배양을 위해 정치학과에 모여들었다.[2)]

김영국의 정치학도로서의 학부생활은 1949년 9월 1일에 시작되어 4년 7개월이 지난 1954년 3월 28일에 끝났다. 그 사이에 몇 차례에 걸친 학제의 변경—예컨대 새 학년도의 개시일을 1949년에는 9월 1일로, 1950년에는 6월 1일로, 1953년에는 4월 1일로 바꿨다—그리고 1950년

2. 김영국, "학풍 한 세대(8) : 정치학", 서울대학교《대학신문》, 1976년 5월 31일, 5쪽.

6월 25일에 일어난 전쟁으로 말미암은 서울대의 전시연합대학으로의 통합 및 분리 등에 따른 혼란이 겹쳤기 때문이었다.

김영국의 학부성적표를 보면 1949년도가 기록되어 있고 1950년도와 1951년도에는 아예 없는 채 1952년도와 1953년도가 기록되어 있을 뿐이다. 그렇게 된 가장 큰 이유는 그가 1950년 8월 10일에 육군 보병 2병(군번 0785472)으로 입대해 1951년 3월 31일까지 7개월에 걸쳐 복무했기 때문이다. 그리고는 제대와 동시에 부산에서 피난생활을 하며 생계를 위해 잠시 어떤 사업에 종사했기 때문이다. 그래서 1950년 11월에 개설돼 1952년 5월에 해체된 전시연합대학에는 적을 두지 않았다.[3]

김영국이 복학한 때는 1952년 2학기였다. 이 때의 모습을 서울대 문리대 정치학과 2년 후배인 구범모(具範謨) 학생은 이렇게 회상했다 : "내가 처음 김 교수를 만난 것은 1952년 6·25동란 중 부산 동대신동으로 피난갔던 문리대 판잣집 가교사(假校舍)에서였다. 그로부터 근 40개 성상이 지났지만 그 때 김 선배가 풍겨주었던 대쪽같이 곧은 성품과 옥과 같이 맑기만 한 마음은 지금도 변함 없는 그의 모습이다."[4]

김영국의 학부시절 정치학과 교수진이 어떻게 짜였었는지는 명확하

3. 서울대에 비치된 김영국 교수의 공무원인사기록카드. 김영국 교수와 6년제 경기중학교 동기생이면서 서울대 정치학과 1년 후배가 되는 한국정신문화연구원의 이기원(李基遠) 전 교수는 이렇게 회상했다 : "김영국은 검정고시를 거쳐 서울대 정치학과에 입학해 대학은 나보다 1년 선배가 됐으나 경기중학교 때부터 친했기에 정치학과 때도 선후배를 떠나 아주 가깝게 지냈다. 6·25 동란이 일어나면서 그도 부산으로 내려갔지만 생계를 위해 어떤 사업에 종사하느라고 전시연합대학에 등록하지 않았다." 2001년 12월 17일 전화통화.
4. 구범모 교수의 회고는 인산(仁山) 김영국 박사 회갑기념논문집간행위원회 편, 『인산 김영국 박사 회갑기념논문집 : 정치학의 전통과 한국 정치』(서울 : 박영사, 1990), i–ii쪽에 실린 구 교수의 "하서"(賀序)에 포함되어 있다.

지 않다. 여러 자료들을 종합해 보면,[5] 1학년 때이던 1949년 9월 1일부터 1950년 5월 31일까지에는 조선정치사와 조선정치사상사 분야의 이선근(李瑄根), 민주주의론 분야의 신도성(愼道晟), 조선사상사 분야의 김경수(金敬洙), 국제정치 분야의 이용희(李用熙), 헌법과 행정법 분야의 박일경(朴一慶), 경제원론과 재정학 분야의 임원택(林元澤) 등이 전임으로 재직했다. 서임수(徐壬壽)는 입학 직전 또는 직후의 어느 시점에 전임강사직에서 사임했던 것 같다. 이선근은 1950년 2월에, 박일경은 1951년에, 신도성은 1952년에 사직한 것으로 기록되어 있다. 외교사와 국제법 분야의 신기석(申基碩)은 1951년에 정치학과 전임직에서 떠난 것으로 기록되어 있는 것으로 보아 어느 시점에 부임했는지는 확실하지 않으나 정치학과에 재직했음이 분명하다. 1951년에는 경제원론과 재정학 분야의 김두희(金斗熙)가, 1952년 10월에는 민병태(閔丙台)가 각각 부임했다. 다른 한편으로 1949년 9월에 부임한 임원택 전임강사는 6·25전쟁 발발과 더불어 군에 입대했다가 1953년 4월에 사직했다.

2. 당시 정치학의 학풍과 서울대 정치학과 교수진

김영국의 학부성적표를 보면 전체 취득학점 186학점 가운데 졸업논문 학점 6학점을 제외한 180학점이 정치 분야 80, 외교 및 국제법 분야

5. 서울대학교 50년사 편찬위원회 편, 『서울대학교 50년사』(서울 : 서울대학교, 1996), 하, 852-853쪽. 또 김영국, 앞의 책. 임원택에 대해서는 두남(杜南) 임원택 교수 정년기념논문집편찬위원회 편, 『두남 임원택 교수 정년기념논문집 : 사회과학의 제 문제』(서울 : 법문사, 1998), ix.

22, 경제 및 재정 분야 20, 사회학 분야 14, 헌법 및 행정법 분야 4, 프랑스어 및 독일어 분야 20 등으로 나뉘어 있다. 따라서 정치학의 여러 과목들뿐만이 아니라 다른 학문들에 대해서도 폭넓게 수강했으며, 특히 외국어에 많은 노력을 기울였음을 알 수 있다. 그에 관해 필자의 학부학생 시절까지 내려온 '전설'에 따르면 그는 영어와 프랑스어에 뛰어나 학부 때부터 정치학 원전들에 능숙했다고 한다. 그러나 성적표에 나타난 프랑스어 성적은 뜻밖에도 보통 수준이다. 그 까닭은 당시 성적평가가 매우 인색한 데 있었을 것이다.

김영국의 학부시절의 정치학 수학(修學)과 관련해 우선 토론돼야 할 대상은 이 시기를 관류한 국내 정치학계의 학풍이다. 이 방면을 깊이 연구한 김계수(金桂洙) 교수에 따르면, 김영국은 우리나라 정치학의 '발족기'(發足期) 또는 '초창기'에 정치학을 공부한 셈이 되는데, 이 시기의 "한국 정치학은 […] 일본의 학적(學的) 경향에 지배적 영향을 받았다." 그러면 '일본의 학적 경향'이란 무엇을 뜻하는가? 다시 김계수 교수의 설명에 따르면, "일본의 정치학은 정치학 연구를 국가학과 법률학의 일익으로 간주하였으므로 정치학에 있어서 법적·전통적 접근법의 경향이 이 시기의 한국 정치학의 지도적인 정치학자들의 학문적 활동으로서 반영되었다."[6] 이 점은 김영국의 성적표에서 그대로 확인된다. 그가 수강한 정치학 과목들의 대부분이 (1) 국가학, (2) 정치를 법적·제도적으로 접근한 정치제도론(정부론, 정부형태론, 의회제도론, 민주정치제도론), 그리고 (3) 정치를 사상적·철학적으로 접근한 정치사상사 및 정치철학 등이기 때문이다. 그는 사상사에 관심이 컸기에 조선사상사와 사회사상사

6. 김계수, 『한국과 정치학』(서울 : 일조각, 1987), 4쪽.

도 각각 수강했다.

김영국 스스로도 자신의 정치학과 학부학생 시절을 이렇게 회고했다 : "학문적으로 볼 때 당시의 학풍은 정치학의 계보로 본다면 이른바 전통적 연구에 속하는 것이었기에 전전(戰前)에 독일과 오스트리아에서 일본으로 수입된 법학적 정치학의 잔재가 컸고, 영국과 미국의 정치학 교과서가 원서로 또는 역서로 새로이 읽혔다. 그 가운데 이용희 교수가 신설한 국제사정강의는 당시로 보아서는 분류가 어려운 새로운 강좌였다. […] 사변 후 모든 것이 폐허로 돌아갔지만 정치학의 경우는 얻은 것이 많았다. 외국, 특히 미국과의 접촉이 긴밀해짐에 따라서 문화적 교류도 활발해졌다. […] 어려운 여건 아래서도 어떻게 입수했는지 새로운 서적이 소개되기 시작했다." 그러면 새로운 서적이란 어떤 것이었나? 다시 김 교수의 회고를 들어보자 : "새로운 주제는 아무래도 민주정치론이 되었고, 베커(Carl Becker)의 *Modem Democracy*(1941)가 불법으로 복사되어 대부분의 대학교에서 읽혔다."[7)]

3. 민병태 교수와의 만남

김영국의 학부시절에서의 중요한 한 계기는 1952년 10월에 마련됐다. 연세대학교 정치외교학과 교수를 거쳐 동국대학교 법정대학장으로 재직하던 공삼(公三) 민병태 교수가 주임교수로 부임해 온 것이다. 민 교수는, 《동아일보》 논설위원으로 부임함과 아울러 제1야당 민주국민당 입

7. 김영국, 앞의 책.

당을 통해 정계에 입문하고자 교수직을 사임한 신도성 교수의 후임이었다. 민 교수는 당시 만 39세에 지나지 않았지만 국내 정치학계의 제1인자로 꼽히면서[8] 어느 분야보다 국가학 분야에서, 특히 다원주의 국가론 분야에서 탁월했다. 3학년 2학기 재학생이던 김영국은 민 교수의 국가학 강의로부터 참으로 많은 것을 배워 각별히 따르게 됐으며, 민 교수는 민 교수대로 자신의 경기중학교 후배이기도 하면서 학구열에 불타 있는 이 수발(秀拔)한 제자에게 가르침을 아끼지 않았다.

이 때를 앞뒤한 시기에 정치학과가 개설한 강좌들과 관련해 김영국은 이렇게 회고했다 : "새로 부임한 민병태 교수는 난삽한 다원주의 국가이론을 전개하고, 이용희 교수는 현대 미국 정치학계의 태두로 알려진 메리엄(Charles Merriam)의 저서를 소개하는 한편 정부론 강좌를 신설했다. 그리고 신도성 교수가 민주정치원리 이외에 정치과정과 관련된 정당과 압력단체의 개념을 심어주었다. 예편된 이선근 교수가 외교사와 최근 조선정치사들을 강의했다." 그러면 교재들은 어떤 것들이었을까? 다시 김영국의 회고를 인용한다.

> 전시였음에도 불구하고 부산 광복동 거리에는 고서상(古書商)이 아닌 서적상이 길가에 책을 벌려놓고 책을 팔고 있었다. 대부분이 옛날 책이었으나 그 가운데는 일본, 미국 등 해외에서 발간된 신간서가 많았다. 교수들과 학생들은 메마른 호주머니의 바닥을 털면서 경쟁하다시피 진귀본을 사고 입수할 길도 없는 신간을 책방주인에게 구해달라고 부탁하기도 했다. 당시의 서적은 정상적으로 수입되는 것이 아니었다. 일본서적은 대부분이 밀수품이 아니면 개인

8. 김계수, 『한국 정치학 : 현황과 경향』(서울 : 일조각, 1969), 52쪽.

의 소장서였고 양서는 미군 도서관에서 흘러나온 것이었다. 우리에게는 새로운 책이었으나 출판년도로 따진다면 오래된 것이었다.

그럼에도 불구하고 이러한 고서들이 외국에 있어서 정치학 연구현황의 편모를 알려주기에는 충분했다. 전전(戰前)에 일본을 통해서 수입된 독일계 학문체계 이외에도 새로운 학문체계가 있다는 것을 일깨워준 것만 해도 그 공로가 크다. 다행한 것은 우리가 우연히 접한 미국의 정치학은 제2차 세계대전 후 획기적 발전을 했고 모든 면에서 세계의 정치학계를 주름잡고 있었다는 사실이었다. 우리는 그 앞선 이론을 부족한 독해력과 미숙한 훈련의 애로를 겪으면서도 이해 섭취 소개하려고 애썼던 것이다.[9)]

다시 그의 회고에 따르면, 대체로 1952년과 1953년을 고비로 전선이 안정되면서 대학도 비교적 안정을 되찾아 갔고, 그러한 분위기 아래 유럽과 미국의 정치학 책들이 번역되어 나왔다. 그 책들에 대해서는 다음에서 설명하기로 한다.

Ⅲ. 다원주의 국가론에 몰입하다

1. 정치학과 석사과정 시절의 학풍

김영국은 1954년 3월에 서울대학교 제11회 졸업생으로 정치학 학사

9. 김영국, 앞의 책.

를 받으면서 1954년 4월 1일자로 대학원 정치학과 석사과정에 입학했다. 3년 뒤인 1957년 3월에 정치학 석사를 받는데, 이 3년 동안의 수학내용에 대해 살펴보기로 한다.

우선 이 기간의 학풍을 돌이켜 보면, 구범모 교수의 표현으로는 '국가론의 추상론적 논의'가 주류를 형성하고 있는 가운데 미국의 행태주의적 정치학이 도입되기 시작하고 있었다. '국가론'과 관련해서는 (1) 블룬츨리(Johann Kaspar Bluntschli)와 그나이스트(R. Gneist) 및 옐리네크(Georg von Jellinek) 등으로 대표되는 독일 국가학의 정향(定向), (2) 바커(Ernest Barker)와 라스키 및 콜(G. D. H. Cole)과 매키버 등으로 대표되는 영국의 다원주의 국가론의 정향, 그리고 (3) 마르크스(Karl Marx)의 유물사관적 국가론의 정향 등이 지배적이었다.[10]

이 가운데 시대적 · 정치적 제약을 가장 많이 받은 정향은 물론 마르크스 국가론이었다. 공산주의자들과의 무려 37개월에 걸쳤던 전쟁을 막 멈춘 직후의 엄혹한 반공분위기 속에서, 그리고 '이적(利敵) 표현물'의 소지와 독서를 금지시킨 국가보안법 아래서 마르크스의 저작들을 연구한다는 것은 현실적으로 매우 어려웠다.

그런가 하면 독일 국가학의 경우에는 비교적 젊은 정치학자들 사이에서는 이미 시대의 흐름에 뒤떨어진 학문으로 인식됐다. 이 점과 관련해 윤천주(尹天柱) 교수는 1950년대 중반에 이렇게 회고했다 : "해방 후 우리의 상황에서 1920년대까지는 세계적 영향을 가졌지만 이제는 독일인 자신도 수정을 가하고 있는 일반국가학적 사고방식에 우리가 구태의연하게 의존했다는 것은 우리 학계가 얼마나 후진적이었던가를 말한다."[11]

10. 구범모, "비교정치학 20년의 반성", 『한국정치학회보』 제2집(1967), 11쪽.

이러한 배경에서 자유민주주의의 이념과 제도가 실험되던 1950년대의 정치상황과 맞물려 자연히 다원주의 국가론이 가장 큰 관심을 받았다. 따라서 김계수 교수의 조사로는 이 시기에 국내에서 가장 많이 읽히던 정치학 책들은 라스키의 저서들과 매키버의 저서들이었다. 그리고 그 무렵 국내에 소개되기 시작하던 미국의 행태주의적 정치학과 관련해 정치학의 과학적 연구를 주창하면서 이른바 정치과학운동을 이끌어온 시카고학파의 태두 메리엄의 저서들이 널리 읽혔다.[12] 이 과학적 연구와 관련해 김영국 스스로 이렇게 회고했다.

> [1950년대 중반과 후반 사이] 상당수의 정치학자가 도미중이거나 도미연구를 마치고 귀국하여 신풍을 일으켰다. 당시 미국에는 법학 및 제도연구를 주축으로 하는 이른바 전통적 학풍을 청산하고 사회학 및 심리학을 기초로 경험적 및 분석적 방법을 개발하고 있었다. 정치학의 연구도 경험을 토대로 과학화하자는 것이 이들 학자들의 일반적 주장이었다. 가령 국가가 무엇이냐의 문제는 관념으로 규명될 수는 없으며 개별국가를 구체적으로 연구한 뒤에나 비로소 그 실태를 알 수 있다는 주장이다. 다른 한편 정치는 법률이나 제도와 같이 정태적인 것이 아니기에 이를 동태적인 것으로 파악하기 위해서는 새로운 접근방법을 개척할 필요가 있다는 점이 또한 역설되었다.[13]

그 무렵 서울대 정치학과 교수진은 이러한 흐름에 대체로 가까운 편

11. 윤천주, 『한국 정치체계서설 : 정치상황과 정치행태』, 증보판(서울 : 문운당, 1962), 92쪽.
12. 김계수, 『한국과 정치학』, 8쪽.
13. 김영국, 앞의 책.

이었다. 정교수에 민병태, 부교수에 이용희와 김두희, 대우교수에 김성희(金成熺), 전임강사에 박준규(朴浚圭) 등 5명이 전임이었으며, 김운태(金雲泰), 서임수, 황산덕(黃山德), 정인흥(鄭仁興), 이세구(李世求), 서석순(徐碩淳), 한태연(韓泰淵), 이정우(李晶雨), 천관우(千寬宇) 등 9명이 시간강사로 출강했다.[14)]

그들 가운데 민병태 교수가 바로 다원주의 국가론의 대가로 국내 정치학계의 주류를 이끌고 있었고, 미국의 브라운대학교에서 정치학 석사를 받은 데 이어 콜럼비아대학교에서 정치학 박사과정을 마친 박준규, 그리고 국내에 메리엄을 소개하는 데 선구적 역학을 수행한 김운태가[15)] 메리엄을 중심으로 한 시카고학파의 '체계적 정치학'을 강의하고 있었다. 미국의 네브라스대학교에서 정치학 박사를 받고 라스키의 정치이론에 밝았던 서석순, 역시 미국에서 서양정치제도를 전공한 이정우가 미국과 영국의 정치학을 소개하고 있었다. 다른 한편으로 이용희 교수는 국제정치학을, 김두희 교수는 경제원론과 재정학을, 그리고 김성희 교수는 유럽정치사와 서양정당정치론을 각각 강의하고 있었다.

여기서 잠시 토론될 점은 김성희 교수도 메리엄의 한 저서 *The Role of Politics in Social Change*(1936)를 1955년에 민중서관(民衆書館)에서 『사회변동과 정치』로 역간했다는 사실이다. 유럽정치사와 서양정당정치론을 전통적 방법에 서서 가르치던 김성희 교수도 메리엄의 저서를 번역했다

14. 서울대학교 문리대 정치학과, 『정치학보』 창간호(1955년 12월)의 끝부분. 강사진에 포함된 천관우는 물론 언론인 천관우로 '신문원론'을 강의했다. 김영국은 3학년 때 두 학기에 걸쳐 이 과목을 수강했다.
15. 그는 1955년에 제일문화사를 통해 메리엄의 *Prologue to Politics*를 『정치학서설』로 역간한 데 이어 1956년에는 일조각을 통해 메리엄의 *System Politics*를 이우현(李宇鉉)과 함께 『체계적 정치학』으로 역간했다.

는 사실은 메리엄의 '체계적 정치학' 또는 '정치과학운동'의 영향이 대부분의 정치학과 교수들에게도 밀려왔음을 뜻했다.

2. 민병태 교수의 국가다원론에 영향받다

이 대목에서 우리는 라스키로 대표되는 다원주의 국가론, 그리고 거기에 뿌리를 둔 민 교수의 정치학 세계를 짧게나마 살펴볼 필요를 느끼게 된다. 단순화시켜 말하건대 국가에 관한 이론과 사상 및 철학이 플라톤과 아리스토텔레스를 비롯한 고대 그리스의 철학자들로부터 시작되어 고대 로마의 철학자들과 중세의 신학자들을 거치고 마침내 근대의 정치사상가들에 이르러 국가학으로서 하나의 체계를 갖췄을 때, 그것은 대체로 절대국가론의 모습을 지니고 있었다. 그러면 이 절대국가론의 이론적 핵심은 무엇이었나? 그것은 주권론이었다. 국가가 사회 전반에 걸쳐 무제한적 최고권력을 행사할 수 있다는 절대주권론으로 근대 국가는 무장하고 있었던 것이다.

이 절대주권론에 이의를 제기한 최초의 사상가들 가운데 대표적 학자가 바로 독일에서 단체법이론을 창시한 법학자들 가운데 지도적 학자인 기예르케(Otto von Gierke)였다. 기예르케의 이론을 기점으로 국가가 사회를 포괄하고 있는 것이 아니라 국가와 사회는 분리되어 있으며, 국가는 사회 안의 많은 단체들 또는 결사체들 가운데 하나일 뿐이라는 이론이 성장해 마침내 국가의 사회 전반에 걸친 독점적 주권을 부인하는 다원주의 국가론 또는 국가다원론이 발전하기에 이르렀다. 이러한 내용의 다원주의 국가론은 여러 학자들에 의해 여러 갈래로 나뉘어 갔으나 대체로 영국의 정치학자 라스키, 영국 태생으로 뒷날 캐나다와 미국에서 교수로 활동하는 매키버, 역시 영국 태생으로 집산주의론(集産主義論 : 생디칼리즘)을 세운 콜, 네덜란드 출신으로 법주권론을 제창한 유고 크라베(Hugo Krabbe), 그리고 프랑스의 레옹 뒤기(Leon Duguit) 등에 의해 정교하게 정립됐다. 그들 가운데서도 런던경제정치대학교의 정치학 교수로 노동당의 중앙집행위원장을 지내기도 했던 라스키에 의해 더욱 정치해졌다.[16)]

굳이 새삼스럽게 설명하지 않아도 금세 깨닫게 되듯이 다원주의 국가론은 현대 민주주의의 성장과 발전에 직결된 이론이었다. 국가가 구성원의 충성심을 확보하기 위해서는 교회와 노동조합을 비롯한 여러 수많은 단체들이나 결사체들과 경쟁해야 한다는 다원주의자들의 이론은 절대주권을 앞세우는 국가에 대한 중대한 가격(加擊)이었으며, 그것은 국가 구성원의 자유와 기본권 확보에 대한 중요한 후원이었다. 다른 한편으로 그것은 단일한 계급독재 정당의 수뇌부 또는 지도자가 사회를 그 내부에 포함시킨 국가 전체를 영도해야 한다는 전체주의 국가론에 대한 중대한 반론이었다.

민 교수는 바로 이러한 취지의 국가다원론을 국내에 소개한 최초의 정치학자였다.[17)] 그는 1933년부터 1942년까지 9년에 걸쳐 일본 게이오(慶應)대학 정치학과에서 예과와 본과 및 대학원을 두루 마친 뒤 1942년부터 1945년까지 3년에 걸쳐 조교수급 연구원으로 남아 주로 유럽의, 특

16. 라스키의 정치이론에 대한 나의 설명은 다음에 있다. 김학준 편저, 『라스키와 '현대 국가에 있어서의 자유'』, 개정증보판(서울 : 서울대학교출판부, 2007).
17. 배성동(裵成東), "민병태 교수의 'Pluralism 특강'", 『한국정치연구 : 공삼 민병태 교수 20주기 추모특집』(서울대학교 한국정치연구소), 제7집(1997), 1–23쪽.

히 영국의 정치학을 깊이 공부했다. 조국의 해방과 더불어 귀국한 그는 1954년부터 1957년까지 3년에 걸쳐 라스키의 *A Grammar of Politics*(London : George Allen and Unwin, Ltd., 1925)와 *The State in Theory and Practice*(London : George Allen and Unwin, Ltd., 1935)를, 그리고 매키버의 *The Modern State*(Oxford : Oxford University Press, 1951)를 역간했다. 또 제닝스(Sir Ivor Jennings)의 *The British Constitution*, 3rd. ed.(Cambridge : Cambridge University Press, 1950)를 역간했다.[18)]

민 교수의 라스키 및 매키버의 소개가 당시 국내 정치학계에 얼마나 큰 영향을 미쳤던가는 김계수 교수가 1965년에 국내 정치학자들을 대상으로 실시한 조사에서 입증됐다. 1945년부터 1955년까지의 10년에 걸쳐 국내 정치학자들에게 가장 큰 영향을 미친 외국 학자로 1위에 라스키가, 2위에 매키버가 각각 올랐음이 그것을 말해준다. 공동 3위에는 라스웰(Harold D. Lasswell)과 메리엄이 올랐다.[19)]

대학원생 김영국이 석사과정에서 어느 과목을 수강했는지는 그의 성적표에 자세히 나와 있다. 1954년도 1학기에는 19세기 이후의 정치사상, 국제법 연구, 재정정책, 국가론을, 2학기에는 국제법, 근세 정치사상, 외교사를 수강했다. 이어 1955년도 1학기에는 최근 정치이론, 절대주의론, 국제법을, 2학기에는 최근 정치이론, 절대주의론, 국제정치학을 각각 수강했다. 마지막으로 1956년도 1학기에는 정치학방법론, 절대주의 연구,

18. 라스키의 앞의 책은 『정치학 강요(綱要)』 상(1954)과 하(1957)로 각각 문연사 및 민중서관에서, 라스키의 뒤의 책은 『국가론 : 이론과 실제』(1954)로 백영사에서, 매키버의 책은 『근대국가론』(1957)으로 민중서관에서, 그리고 제닝스의 책은 『영국헌정론』(1955)으로 민중서관에서 각각 출판됐다. 『정치학 강요』에는 오역이 때때로 있어서 1969년에 개역돼 민중서관에서 역시 상과 하로 중간됐다.
19. 김계수, 『한국과 정치학』, 68쪽.

정치사상, 정치이론을, 2학기에는 절대주의 연구, 정치사상, 정치이론, 행정학을 각각 수강했다. 모두 74학점을 취득했는데, 대체로 정치이론 및 정치사상 분야에 치중하고 이어 국제정치 분야에 관심을 두었던 것으로 나타난다.

여기서 우리는 비슷하거나 같은 제목의 강좌들이 많았음을 지적하게 된다. 절대주의론과 절대주의 연구가 그 대표적 보기들이다. 이것은 무엇을 의미하는가? 첫째, 당시 한국의 정치학은 오늘날의 기준에서 볼 때 분화가 덜 되어 있었음을 의미한다. 오늘날의 용어를 빌린다면 비교정치론과 정치행태론 및 정치문화론 등은 전혀 개설되지 않았다. 둘째, 절대주의론과 절대주의 연구 모두 사실상 국가의 절대주권론과 동의어였다. 이것은 당시 한국의 정치학이 여전히 국가론의 영역에 머물러 있었음을 의미한다. 셋째, 한국 정치에 관련된 강좌는 하나도 개설되지 않았다. 그 이유는 좀더 깊이 있게 구명되어야 할 것이다. 그러나 잠정적으로 말한다면 한국의 정치현실에 대해 분석하고 논평하기를 꺼려했던 학계의 풍조가 한 이유였을 것이다.

김영국은 석사과정 2차년도인 1955년 5월 20일에 서울대학교 총장으로부터 무급조교 발령을 받았다. 이로써 그는 이 시점에 이미 전임이 될 수 있는 길에 들어섰다. 그는 대학원 석사과정생으로서보다는 조교로 정치학과 연구실에서 생활하다시피 하며 민 교수의 소장 도서들을 탐독하는 데 많은 시간을 보냈다. 그러므로 이 시기에 그가 다원주의 국가론에 완전히 빠져 있었다고 믿어도 전혀 이상하지 않을 것이다.

3. 민병태 교수의 지도 아래 다원주의 국가론의 원전들을 역간하다

이 대목에서 중요하게 지적돼야 할 사실이 있다. 그것은 민병태 교수의 이름 아래 역간된 책들의 대부분을 사실 이 시기에 민 교수의 지도와 감수 아래 김영국이 번역했다는 사실이다. 이 사실에 대해 그 뒤 20년 남짓한 세월 동안 김영국 스스로 말한 일이 없었다. 그런데 1977년 봄에 민 교수가 필자를 후암동 자택으로 불러 찾아뵈었더니 민 교수가 번역한 것으로 되어 있던 매키버의 『현대국가론』을 주시면서 "사실 이 책은 영국이가 대학원생 때 내 이름으로 번역한 것인데, 이제 출판사 민중서관이 새 쇄(刷)를 하겠다고 하니 이번엔 영국이 이름을 넣어서 공역으로 하도록 하게. 그리고 첫 쇄의 역자서문에 '교정을 맡아준 김영국 군' 운운의 문장을 빼도록 하게"라고 말씀하시는 것이었다. 이 때야 비로소 이 책이 김영국이 대학원 석사과정 학생으로 번역한 것임을 알았다. 민 교수의 말씀을 김 교수에게 전했더니 김 교수는 그제서야 "선생님이 그렇게 하라고 하셨으니 따르도록 하라"고 해 그해 6월에 나온 새 쇄에는 민병태 · 김영국 공역으로 표시됐다.

민 선생님의 말씀을 듣고 나서 필자는 "이 책에는 고어투의 표기가 적지 않습니다. 예컨대 페르샤를 파사(巴斯)로 표기했습니다. 그러니 중쇄(重刷)하는 계제에 문장을 오늘날의 어법에 맞게 제가 조금 다듬어 보겠습니다"라고 말씀 올렸다. 민 선생님은 한 마디로 안 된다고 하셨다. "영국이가 한 것이라 빈틈이 없을꺼야." 이 말씀에 필자는 책만 받아들고 돌아왔다. 김 교수에 대한 민 선생님의 믿음은 그처럼 굳었다.

민병태 역의 『국가론』에 대해서도 민 교수가 별세한 뒤인 1983년에 김 교수는 자신의 이름 아래 『국가란 무엇인가』로 게제해 역간하게 된다. 이 점과 관련해 김 교수는 역자서문에서 이렇게 설명했다.

> 본래 이 책은 은사이신 고 민병태 교수님께서 1955년에 백영사(白映社)판의 『국가론』으로 내놓으신 바 있다. 그러나 민 교수님의 역본은 절판되어 지금은 구해보기 어려운 처지에 있다. 그러던 가운데 출판사측의 요청이 있었고 또한 민 선생께서 이 저서에 부여했던 의미를 후학으로서 되살리고자 하는 역자 나름의 의욕도 생겨서 손을 대게 되었다.[20)]

이처럼 대학원 석사과정 시절에 이미 라스키와 매키버의 주저(主著)들을 역간할 정도로 실력을 갖추었으니 그는 이미 다원주의 국가론을 통달하고 있었다고 평가해도 지나치지 않을 것이다.

이 대목에서 꼭 검토해야 할 일이 있다. 실제로는 김영국이 번역한 책을 민병태의 이름으로 출판한 사실이 "부도덕한" 행위가 아니냐는 문제 제기와 관련해서이다. 이 문제는 당시의 시대적 관행에 대한 이해를 요구한다. 그 시대 이전부터 내려오던 관행은 젊은 학도가 자신의 이름으로 출판하는 것은 "매문(買文) 매명(買名)"이라고 해서 억제됐다. 제자 스스로 "불초한 제가 알고 있는 것은 모두 은사께서 가르쳐 주신 것에 지나지 않습니다"라는 자세를 취하는 것이 학도의 올바른 자세로 간주됐다. 김영국은 민병태 교수의 세미나 시간에 라스키와 매키버의 저서들에 접했으며, 민 교수의 지도 아래 그 책들을 읽었기에 자신의 번역을 은사의 가르침의 산물로 여겼던 것이다. 그뿐만이 아니라 라스키와 매키버에

20. 해롤드 J · 라스키 저, 김영국 역, 『국가란 무엇인가』(서울 : 두레, 1983), 8쪽.

매우 밝았던 민 교수는 제자에게 번역의 큰 흐름을 제시해주셨고, 난해한 문장들에 대해서는 직접 설명해주셨다.

4. 국가에 관한 초기 저술들

● 『정치학의 대상으로서의 정치현상』

대학원 석사과정생 김영국의 다원주의 국가론에 대한 폭넓은 이해의 한 부분은 그가 1955년 12월에 서울대학교 문리대 정치학과가 창간한 『정치학보』에 발표한 「정치학의 대상으로서의 정치현상」이란 논문으로 나타났다. 이 논문집은 등사판으로 오늘날의 기준에서는 볼품이 떨어지나 그 때로서는 의욕적인 작품이었다고 하겠다. 그런데 여기서 주목되는 것은 대학원생인 그의 논문이 민병태 교수의 논문과 이용희 교수의 논문에 이어 47-57쪽에 게재됐다는 사실이다. (김영국의 논문 다음으로 대학원생 구범모의 「페이비안 사회주의에 관한 소고」가 게재됐다.) 그의 처녀작이라고 할 수 있는 이 논문은 그 때의 학풍과 관련해, 그리고 앞으로의 그의 연구경향과 관련해 분석할 만한 가치가 있다.

이 논문의 요지는 "종전에는 정치와 국가가 동일시되었던 시기도 있었으나 필자는 이의 부정으로서 그 출발점을 삼을까 한다"는 앞부분 문장에 압축되어 있다. 이 문장은 바로 다원주의 국가론의 출발점이란 점에서 그가 당시 민 교수에 의해 소개되어 한국 정치학계의 지배적 담론으로 자리 잡은 국가다원론에 충실하고 있었음을 보여준다. 실제로 그는 사회와 국가는 구별되어야 한다는 라스키의 이론을 중심으로 논지를 전개했다.

●『인간불평등기원론』

이 논문의 발표에 이어 김영국은 프랑스의 정치사상가 루소(Jean Jacques Rousseau)가 1754년에 쓴『인간불평등의 기원 및 근거에 관한 논문』을 번역해 1956년 2월에 현대문화사에서『인간불평등기원론』으로 출판했다. 대본으로는 본(C. E. Vaughan)이 편집해 1915년에 영국 케임브리지 대학교 출판부에서 간행한 *The Political Writings of Jean Jacques Rousseau* 2권 가운데 제1권을 사용했다.

널리 알려져 있듯이 이 논문에서 루소는 자연상태에 관해 상세히 설명했다. 루소가 말하는 자연상태는 홉스(Thomas Hobbes)가 말하는 '만인 대 만인의 투쟁상태' 도 아니며, 로크(John Locke)가 말하는 '평화 선의 상호부조 및 상호보존의 상태' 도 아니다. 그것은 완전한 고립상태, 곧 인간은 모두가 독립해서 하늘이 준 자유를 마음껏 누리는 상태이다. 이 논문에 이어 루소는 1762년에『사회계약론』을 출판했는데, 여기서 그는 자연상태가 구성원들의 '일반의사' 에 바탕을 둔 사회계약에 의해 지양되어 공화제 국가를 성립시키게 된다는 논지를 전개했다. 이러한 루소의 공화제 국가론은 왕정을 핵심으로 삼은 앙샹 레짐, 곧 구체제에 반대하던 사상가들과 혁명가들에 큰 영향을 끼쳤기에 결국 1789년에 일어나는 프랑스대혁명의 사상적 원천으로 여겨지게 된다.

루소의 정치사상사적 · 정치이론적 위치를 이렇게 평가할 때 김영국이 루소의 주요한 저술들 가운데 하나인『인간불평등기원론』을 역간했다는 것은 그가 국가의 기원에, 좀더 포괄적으로는 국가론에 관심을 쏟고 있었음을 말해준다. 이처럼 그는 몇 해에 걸쳐 일관되게 국가론에 몰입해 있었다.

이 대목에서 우리는 김영국이 루소의 책을 자신의 이름으로 출간한 데 대해 생각해 볼 필요가 있다. 은사의 이름으로 출간하지 않은 것은 앞의 경우들과 다르지 않은가? 민병태 교수는 우선 프랑스어에 익숙하지 않았다. 더구나 루소를 자신의 전공으로 간주하지 않았다. 그러했기에 이 책이 김영국의 이름으로 출판되도록 격려하셨을 것이다.

● 『국가이론의 변천과 현대 민주주의』

이렇게 김영국의 석사과정 3년을 돌이켜 볼 때 그가 석사학위 논문으로 민 교수의 지도 아래 「국가이론의 변천과 현대 민주주의」를 썼다는 사실은 당연하다. 그러면 이 논문에 대해 살펴보기로 한다.

이 논문은 등사판으로 제작됐으며, 3쪽에 걸친 영문초록을 빼놓으면 모두 122쪽으로 구성됐다. 200자 원고지로 환산한다면 약 180매 분량이다. 1956년 12월에 등사가 끝난 것으로 기록됐다. 구성을 보면 제1장이 "서론"이고, 제2장이 "역사적 변천"이며, 제3장이 "현대 민주주의와 국가권력"이고, 제4장이 "결론"이다.

이 논문이 대체로 어느 이론가들에 의존했던가는 각주에 잘 나타나 있다. 각주를 보건대 가장 자주 등장하는 이론가는 옐리네크, 라스키, 매키버, 콜, 메리엄, 바커, 뒤기, 세바인(George Sabine) 등이며, 보다 더 고전적 사상가로는 홉스와 로크 및 루소, 그리고 벤담(Jeremy Bentham) 등이다. 그들 가운데서도 가장 자주 인용된 이론가들은 압도적으로 국가다원론 계열의 정치학자들, 특히 라스키와 매키버 등이다.

이렇게 볼 때 이 논문의 핵심적 내용이 무엇이었는가는 스스로 명백해진다. 이 논문은 국가에 관한 이론들이 고대 그리스 이후 어떻게 전개되어 왔던가를 살핀 뒤 결론적으로 다원주의 국가론을 자세히 설명함과 아울러 그것을 옹호했다. 특히 라스키의 이론에 대한 공감을 표시하면서 92-93쪽에서 이렇게 설명했다 : "라스키는 단체이론에 입각하여 국가의 주권뿐만 아니라 국가의 통일성을 전제하는 '일반의사'의 존재도 시인하지 않으며, 국가도 무수한 사회집단들 가운데 하나로 보는 다원주의 국가론을 전개해 국가이론사상 커다란 전환을 초래한다." 그는 "이러한 다원론적 국가이론은 길드 사회주의(Guild Socialism)를 표방한 콜, 프랑스의 뒤기, 화란의 크라베, 미국의 매키버에 의해 주장된다"고 부연했다. 그리고 결론적으로 이러한 다원주의 국가론이 현대 민주주의의 이론적 뼈대라고 보았다. 그렇다고 해서 김영국이 다원주의 국가론에 의해 현대 민주주의 이론이 완결됐다고 본 것은 아니다. 그는 "민주주의는 영원히 완성될 수 없는 통치형태를 의미하며, '이것이 민주주의 국가이다'라고 말할 수 있자면 민주주의는 앞으로도 몇 세기를 더 성장해야 할 것인지 알 수 없다"는 매키버의 지적을 소개했다.

이상에서 살펴보았듯이 김영국은 민주주의를, 곧 다원적 민주주의를 가장 이상적인 정치이념으로 받아들였다. 그러나 그는 민주주의에도 문제들이 있음을 인정했다. 민주주의의 핵심은 '인간에 대한 신조'(信條)에 있는 만큼 '인간에 대한 신조'를 구현하지 못하는 일들은 고쳐져야 한다는 것이었다. 그렇다면 어떻게 고쳐져야 할 것인가? 그는 120-121쪽에서 일단 '합법적 방법'과 '비합법적 방법'을 상정한 다음, 그러나 "사회개혁의 방법까지도 민주주의적 방법을 사용하지 않으면 안 된다"고 결론지었다. 김영국의 일생을 일관하는 점진주의적이면서도 합법적인 개혁론, 그리고 그것에서 파생하는 보수주의적 경향은 이미 그의 석사논문에서 보인다고 하겠다.

이 석사논문이 통과됨으로써 김영국은 1957년 3월의 서울대학교 졸업식에서 정치학 석사를 받았다. 자료의 미비로 서울대학교가 수여한 정치학 석사로 몇 번째에 해당되는가는 정확히 밝히기 어렵다. 그러나 몇몇 자료들을 종합해 보면[21] 대체로 스무 번째 정도인 것 같다. 뒷날 서울대 총장이 되는 박봉식(朴奉植), 뒷날 서원대(西原大) 총장이 되는 이정식(李廷植) 등과 함께였다. 석사학위를 받음과 아울러 그는 서울대 문리대 정치학과 유급조교로 임명됐으며, 동시에 시간강사로 위촉됐다. 주로 원서강독을 담당한 가운데 자신의 석사논문을 개고해 1957년 12월에 출간된 『정치학보』 제2집에 같은 제목 아래 발표했다.

IV. 미국 유학에서 스트라우스로부터 배우다

1. 왜 시카고대학교를 선택했을까?

20대 후반의 젊은 정치학자 김영국의 앞날은 매우 밝아보였다. 그는 28세가 된 1958년 4월에 서울대 문리대 정치학과 전임강사로 발령받은 것이다. 이어 한 달 뒤에는 곧바로 인촌(仁村) 김성수(金性洙) 전 부통령의 아우로 삼양사(三養社) 창업자인 수당(秀堂) 김연수(金秊洙)의 따님

21. 필자에게 전달된 서울대학교의 정치학 석사학위 수위자 명단은 1953년에 받은 박문옥(朴文玉)으로부터 시작된다. 그러나 구범모의 앞의 논문의 부록과 『국제정치논총』 제1집(1963년 8월) 말미의 부록에 게재된 정치학 석사 수위자 명단, 그리고《동아일보》사 조사연구부의 서울대학교 도서관 자료검색을 통해 확보한 명단 등을 종합해 보면 정치학 석사학위 수여의 첫 해인 1949년에 원충연(元忠淵)과 김영진(金英振) 및 최성악(崔性岳) 등이, 1950년에 김옥평(金玉枰) 등이 받은 것으로 나와 있다.

김정유(金正裕)와 결혼해 일가를 이뤘다. 학계에서 사윗감을 찾던 수당이 자신의 절친한 친구로 그 때 문리대 학장이던 이희승(李熙昇) 교수에게 "유망한 젊은 교수를 추천해달라"고 부탁하고 이 학장이 문리대 문학부장이던 민 교수에게 그 뜻을 전한 것이 계기가 됐다고 한다. 신부는 이화여자대학교 음악대학 기악과(피아노 전공) 졸업생이었다.

김영국은 이어 미국 국무성 장학생으로 선발돼 1학기가 끝나면서 1958년 8월 2일부터 미국 시카고대학교 대학원 정치학과로 유학하게 됐다. 그 사이 영국의 정치학자 웰던(T. D. Weldon)의 *The Vocabulary of Politics*(Baltimore : Penguin Books, 1955)를 『정치학사전』으로 번역해 현대문화사에서 출판하기도 했다. 그만큼 20대 후반에서의 그의 학문적 정열과 우수한 실력은 빛났다. "김영국이 앞으로 한국의 정치학을 이끌어갈 것"이라는 기대는 이러한 근거에서 자라난 것이었다. 다만 이 역서를 지금으로서는 찾을 수가 없어 안타깝다.

유럽의, 특히 영국의 정치이론을 깊이 공부해 온 김 교수가 왜 영국으로 유학하지 않고 미국으로 유학했는가를 생각해 보는 것은 그 때 세계적 수준에서, 그리고 국내적 수준에서 정치학의 학풍이 어떠했는가와 연관해 의미 있는 일이다. 널리 알려져 있듯이 정치학이 비록 유럽에서 발생하고 성장했다고 하지만 이 무렵에는 정치학 연구의 큰 물줄기는 이미 유럽에서 미국으로 옮겨진 형편이었다. 그 변화는 1921년에 시카고대학교 정치학과 교수 메리엄에 의해 시작된 '정치과학' 운동에서 기원을 찾을 수 있겠으나 제2차 세계대전이 끝난 이후의 시기에 더욱 활발해진 '정치과학' 운동에서 분명하게 확인될 수 있겠다. 정치현상을 철학적 방법, 법적·제도적 방법, 역사적 방법이라는 전통적 방법을 통해서가 아니라, 현장조사와 계량분석에 바탕을 둔 '과학적' 방법을 통해 분석함으로써 '정치과학'을 정립하자는 이 운동은 메리엄의 제자들인 라스웰과 키(V. O. Key) 및 알몬드(Gabriel A. Almond), 그리고 트루먼(David B. Truman) 등의 후속적 연구들에 의해 행태주의 정치학으로 확실하게 자리 잡은 채 세계의 정치학계에 커다란 영향을 미치고 있었던 것이다. 그리하여 1950년대에는 서방세계의 정치연구에서 '행태적 혁명'(behavioral revolution)이 주류를 형성했다. 이러한 변화는 예컨대 영국의 정치학계에 대해서도 자극을 주어 다원주의 국가론을 비롯한 전통적 접근방식의 정치 연구에 대해서도 비판이 제기되기에 이르렀다. 웰던과 같은 정치학자가 그 대표적인 경우로, 그는 사실을 대상으로 하는 정치과학, 그리고 가치와 관계를 맺지 않을 수 없는 정치이론을 명백히 구별해야 한다고 제의한 것이다.

이러한 '정치과학' 운동에 대해 전통적 방법을 옹호하는 정치학자들은 여전히 반발하고 있었다. 민 교수도 반발하는 정치학자들 가운데 한 사람이었고 김 교수도 마찬가지였다. 그러나 이미 국제사회에서 정치학의 중심무대는 미국으로 이동했음을 더 이상 부인하기 어려운 상황이었다. 이 점은 앞에서 몇 차례 인용했던 김계수 교수의 연구에서도 확인된다. 1956년과 1965년 사이에 한국의 정치학계에 영향을 미친 외국의 정치학자를 지목함에 있어서 한국의 정치학자들은 1위에 시카고대학교의 모겐소(Hans J. Morgenthau), 2위에 라스웰, 3위에 알몬드, 4위에 이스턴(David Easton), 5위에 메리엄을 꼽은 것이다. 새삼스런 설명이 필요 없듯 그들은 모두 미국의 정치학자들이었다. 1945-1955년의 시기에 1위였던 라스키나 2위였던 매키버는 8위 안에 들지 못했음을 대비할 때,[22] 국내의 정치학계가 얼마나 빠르게 영국의 학풍에서 미국의 학풍으로 바뀌었는가를 쉽게 깨닫게 된다.

이와 관련해 김계수 교수는 다음과 같이 부연했다 : "이 시기[1956-1965]에 있어서 뚜렷한 사실은 라스키 시대의 종말인 것이다. 해방 이후 [한국의] 정치학계를 거의 석권하다시피 한 것은 라스키의 정치학이다. 라스키의 정치학 또는 이론이 완전히 후퇴한 주원인으로서는 무엇보다도 먼저 미국 정치학의 영향을 들 수 있을 것이다."[23]

이러한 변화는 곧바로 국내 정치학자의 공헌도(貢獻度) 순위에서의 변화로 이어졌다. 다시 김계수 교수의 조사에 따르면, 1945-1955년의 시기에 1위로 지목됐던 민병태는 1956-1965년의 시기에서는 2위로 내려간 대신에 미국적 행태주의 정치학의 도입에 선구적 역할을 수행한 윤천주가 1위로 올라선 것이다.[24]

이러한 학풍의 전환점에서 김영국 교수는 자신의 유학지로 미국을 선택하게 됐다. 그것도 정치학의 중심지인 시카고대학교였다. 시카고대학교는 모든 분야에서 명문이었지만 특히 정치학 분야에서 이른바 시카고 학파를 형성해 미국의 정치학계에, 그리고 세계의 정치학계에 상당한 영향을 끼치고 있는 곳이었다. 따라서 한국 정치학계의 기대를 한 몸에 받던 발군의 신진기예가 시카고대학교를 자신의 유학지로 선택했다는 것은 당연했다.

22. 김계수, 『한국 정치학』, 68쪽.
23. 앞의 책, 73쪽.
24. 앞의 책, 52쪽.

2. 시카고대학교에서 수강한 과목들

김영국의 시카고대학교 유학생활은 이듬해 6월 30일까지 약 11개월로 끝났다. 그의 유학생활에 관한 자료는 드물다. 강의를 필기한 노트가 한 권 남아 있을 뿐인데, 자신의 성명을 Kim, Young Kook으로 표기했고, 주소는 Box 33, 6107 S. Dorchester Avenue, Chicago 37, 전화번호는 PL-29463으로 기록했다. 첫 학기에는 커윈(Jerome Gregory Kerwin) 교수의 고대 그리스 정치사상, 오스굿(Charles Osgood) 교수의 국제정치학, 파이너(Herman Finer) 교수의 비교정부론 등 세 과목을 수강한 것으로 기록됐다.

커윈 교수는 가톨릭 신도로서 특히 중세의 기독교 철학에 매우 밝았다. 김영국은 커윈의 고대 그리스 정치사상 강의를 통해 플라톤과 아리스토텔레스를 주로 배웠다. 교재는 플라톤과 아리스토텔레스의 주요한 저작들, 특히 아리스토텔레스의 『윤리학』과 『정치학』 등, 그리고 세바인의 *A History of Political Theory*(New York : Holt, 1950)와 매클웨인(Charles Mcllwain)의 *The Growth of Political Thought in the West : From the Greeks to the End of the Middle Age*(New York : Macmillan, 1932) 등이었다. "매클웨인의 책은 쉽지 않으며 철저히 읽어야 한다"는 교수의 소개의 말이 필기되어 있다. 페리클레스(Pericles)의 시대에서 시작해 소크라테스(Socrates)와 펠로폰네소스 전쟁의 시기를 거친 뒤 플라톤과 아리스토텔레스의 시기까지 다뤘다.

여기서 잠시 우리는 Sabine을 어떻게 발음해야 할 것인가의 '시시콜콜한 문제'에 대해 토론하기로 한다. 1963년에 Sabine의 *A History of Political Theory*가 민병태 교수의 이름으로 역간됐을 때는 '세바인'으로 표기됐고, 그 발음이 오랫동안 통용됐다. 이 관행에 대한 이의가 10여 년 뒤 제기됐다. 1970년대 후반에 서울대 정치학과 교수로 부임한 길승흠(吉昇欽) 박사가 "내가 공부한 미시간대학교에서는 '세이빈'으로 발음했다"고 말해 그 뒤 다른 사람이 그 책을 번역할 때는 '세이빈'으로 표기됐다. 그런데 김영국의 강의노트를 보면 Sabine의 책이 필독서들 가운데 하나로 포함되어 있을 뿐만 아니라 강의노트에 Sabine이 자주 나온다. 이때 그는 담당교수로부터 '세바인'으로 배웠을 것이며, 그래서 민 교수의 역서에 '세바인'으로 표기하도록 했을 것이다.

커윈 교수의 정치사상사 강의에 대해서는 이 정도로 살펴보기로 하고 오스굿 교수의 국제정치학 강좌에 대해 살펴본다. 이 강좌는 군사력 또는 전쟁론으로 시작됐다. 자연히 클라우제비츠(Karl von Clausewitz)의 전쟁론이 강의됐다. 이어 권력, 권력과 강제의 관계, 군사력의 심리적 효과, 민군관계 등이 강의됐다. 케난(George Kennan), 헌팅턴(Samuel Huntington), 니버(Reinhold Niebur), 모겐소 등의 이론 등도 강의됐다. 마지막으로 미국과 소련의 군사전략이 비교된 데 이어 핵전쟁이 논의됐다.

파이너 교수는 영국 런던경제정치대학교 교수로 시카고대학교 객원교수로 왔다가 정식 교수가 됐다. 영국의 중앙정부와 지방정부 및 의회 등에 대해 명저를 남겼지만 역시 2권으로 된 *The Theory and Practice of Modern Government*(1932, 재판 1949)가 대표작이면서 비교정부론의 고전이다. 로크, 버크(Edmund Burke), 보당(Jean Bodin), 밀(J. S. Mill), 그로티우스(Hugo Grotius), 마르크스, 브린턴(Crane Brinton) 등이 강의됐고, 무정부주의자인 크로포트킨(Pyotr Kropotkin)도 강의됐다. 다른 한편으로 매디슨(James Madison)을 비롯한 미국 연방주의자들의 이론, 그리고 조합주의 국가론(corporate theory of state) 등도 소개됐다.

두 번째 학기에 관해서는 자료를 찾지 못했다. 그러나 김 교수의 생시의 회상에 따르건대, 그는 우선 정치권력론 강의를 수강해 라스웰의 권력론과 엘리트론에 대해 깊이 읽었다. 시카고대학교에서 정치학 학사와 정치학 박사를 받은 뒤 유럽의 몇몇 대학들에서 연구를 계속한 데 이어 시카고대학교에서 부교수로 봉직한 뒤 미연방정부에서 주로 연구직에 종사한 라스웰은 프로이트(Sigmund Freud)의 정신분석학과 심층심리학을 기초로 인간의 정치행동을, 특히 정치인의 행동을 심리학적으로 분석함으로써 정치심리학 분야를 개척했다. 그는 제2차 세계대전이 끝나기 이전에 *Psychopathology and Politics*(1930)와 *Politics : Who Gets What, When, How*(1936)를 출판했고, 제2차 세계대전이 끝난 뒤에는 *The Analysis of Political Behavior*(1948)와 *Power and Personality*(1948) 등을 출판했을 뿐만 아니라, 캐플란(A. Kaplan)과 함께 *Power and Society : A Framework of Political Inquiry*(1950)를 출판함으로써 미국 정치학계의 지도적 학자로 자리 잡았다.

김 교수는 또 뢰벤스타인(Karl Loewenstein)이 1957년에 시카고대학교 출판부에서 펴낸 *Political Power and Governmental Process*를 접했다. 뢰벤스타인은 독일 뮌헨대학교에서 법학 박사를 받은 뒤 나치의 박해를 피해 미국으로 귀화해 주로 애머스트대학에서 교수직을 맡았던 공법학자 및 정치학자로 많은 저서들을 남겼으며, 특히 이 저서로 명성을 확고히 했다. 이 시기에 정치체계론으로 미국 정치학계에서 주목받던 이스턴이 시카고대학교에 교수로 봉직하고 있었다. 그러나 김영국은 이스턴 교수로부터나 그의 과학적 연구방법으로부터는 영향을 받지 않았던 것 같다.

3. 레오 스트라우스 교수에게 배우다

그러나 이 학기의 수강과 관련해 그것들보다 더욱 중요한 점은 그가 레오 스트라우스의 정치철학을 수강했다는 사실이다. 이 때 스트라우스의 정치철학을 수강하면서 그를 민병태 교수에 이은 자신의 두 번째 스승으로 모시게 됐다.

그러면 스트라우스는 어떤 사람이었나?[25] 스트라우스는 1899년에 독일 헤세(Hesse) 주의 한 마을 키르흐하인(Kirchgaun)에서 농기구상에 종사하던 유대인 부모 밑에서 태어나 어려서부터 매우 엄격한 유대교도로서의 교육을 받았다. 1912년부터 마르부르크(Marburg)의 김나지움에서 고전교육을 받는 가운데 쇼펜하우어(Soren Schopenhauer)와 니체(Friedrich Willhelm Nietzsche)를 읽었으며, 곧이어 플라톤을 공부했다. 열일곱 살이 된 1916년에 정치적 시온주의를 받아들여 일생 동안 유지했다. 1917년에 김나지움을 졸업하고 17개월에 걸쳐 군에 복무한 뒤 마르부르크대학교와 프랑크푸르트 암 마인(Frankfurt am Main)대학교 및 베를린대학교 등에서 철학과 수학 및 자연과학을 공부했고, 그동안 신(新)칸트학파의 철학에 접하기도 했으며, 후설(Edmund Husserl)이 막 시작한 현상학에 접하기도 했고, 제1차 세계대전의 종전과 함께 '신학의 소생' 속에 부각된

25. 스트라우스의 약력에 관해서는 다음을 참조했다. David McBryde, "Leo Strauss," d.mcbryde@uq.net.au. 또 Ken Masugi, "Leo Strauss's American Gang," Perspectives on Political Science, Summer 2000. 스트라우스에 관한 대표적인 연구는 Kenneth L. Deutsch and John A. Murley(eds.), *Leo Strauss, the Straussians, and the American Regime* (Lanham, MD : Rowman and Littlefield, 1999). 김영국, "L. 스트라우스", 한국사회과학연구소 편,『현대의 사회사상가』(서울 : 민음사, 1979), 11-30쪽.

바르트(Karl Barth)에 접하기도 했다.

그러나 스트라우스는 1921년에 함부르크(Hamburg)대학교로 가서 카시러(Ernst Cassirer) 교수의 지도 아래「야코비의 철학적 교리에서의 인식론에 관해」("On Epistemology in the Philosophical Doctrine of F. H. Jacobi")를 박사학위 논문으로 완성해 그 해 12월에 통과를 보았다. 그 뒤 박사후기과정을 프라이부르크(Freiburg)대학교에서 밟으며 후설의 강의를 직접 들었고, 이어 역시 박사후기과정을 기센(Giessen)대학교와 마르부르크대학교 및 베를린대학교에서 밟으며 주로 역사를 공부했다. 이어 그는 스피노자(Baruch Spinoza)와 홉스에 대해 연구했으며, 영국으로 이주한 뒤에는 케임브리지대학교 등에서 연구를 계속하는 가운데 법철학에 대해서도 관심을 쏟았다. 여기서 그는 토니(R. H. Tawney)와 오크쇼트(Michael Oakeshott) 등 영국 인문사회과학계의 지도적 학자들과 사귀었다. 이 과정에서 1936년에 옥스퍼드대학교 출판부를 통해 *The Political Philosophy of Thomas Hobbes*를 출판할 수 있었다.

이듬해 스트라우스는 미국 콜럼비아대학교 역사학과 연구원으로 임명됐고, 그 이듬해 라스키의 강력한 추천을 받아 '사회조사를 위한 새로운 대학', 이른바 뉴스쿨(New School)의 전임이 됐다. 제2차 세계대전이 일어난 때로부터 끝났을 때까지 뉴스쿨의 교수로 봉직하면서 유니언신학교, 미들베리대학, 애머스트대학 등에서도 강의했고, 1944년에 미국으로 귀화했다. 1948년은 그에게 더욱 뜻 깊은 해였다. *On Tyranny*를 출판한 데 이어 시카고대학교에 몇 해째 공석 중이던 메리엄 교수직에 임명된 것이다. 영국에서는 오크쇼트, 바커, 토니 등이 강력히 추천했다. 그 때로부터 1968년까지 시카고대학교에서 정치철학 교수로, 그 이후 별세한 해인 1973년까지 같은 대학교에서 명예교수로, 그리하여 모두 24년에 걸쳐 그곳에서 봉직하게 된다. 그리고 그 사이에 클레어몬트대학교와 버클리대학교 및 히브리대학교, 그리고 뉴욕의 세인트존스대학교 등에서도 강의하게 된다.

시카고대학교에 자리 잡은 뒤 스트라우스의 저술활동은 더욱 활발해졌다. 1953년에는 *Natural Right and History*를, 1958년에는 *Thought on Machiavelli*를, 1959년에는 *What Is Political Philosophy and Other Essays*를, 1964년에는 *The City and Man*을, 1968년에는 *Liberalism, Ancient and Modern*을 각각 출판했다. 김영국 교수가 그를 사사하게 됐을 때는 바로 마키아벨리의 사상에 관한 그의 저서가 출간된 직후였으며, 그것은 김 교수의 마키아벨리에 대한 연구욕을 크게 자극했던 것으로 보인다. 스트라우스는 그 뒤 몇 권의 책들을 더 출판했으며, 세인트존스대학교를 비롯한 몇몇 대학들로부터 명예박사를 받았다. 그는 1973년에 매릴랜드 주 애나폴리스의 세인트존스대학 명예교수로 애나폴리스에서 만 74세에 별세했다.

위에서 살펴보았듯이 정치철학계의 거장인 스트라우스는 '정치과학' 운동에 비판적인 대표적 학자들 가운데 한 사람이었다. '정치과학' 운동의 본거지인 시카고대학교 정치학과에 그 운동에 대해 가장 비판적인 스트라우스가 교수로 재직했다는 사실 자체가 흥미로운 일이었다. 그러나 스트라우스가 '정치과학' 운동에 비판적이라는 점에 대해 김 교수는 공감할 수 있었으며, 또 민 교수의 가르침이 옳았음을 다시 확인할 수 있었다. 그리하여 김 교수는 평생 동안 이 입장에 서서 정치를 분석하고 연구하게 되는데, 이 점에 대해서는 따로 설명하기로 한다. 어떻든 이홍구(李洪九) 교수의 표현으로 "김 교수가 시카고대학교 유학 당시 고전적 정치철학의 마지막 거인으로 불리던 레오 스트라우스에게 사사할 수 있었던 것은 크나큰 행운이었다."[26] 김 교수는 이제 이른바 스트라우지언(the Straussian)의 일원이 됐던 것이다.

여기서 잠시 김영국 교수가 그동안 사사했거나 심취 또는 공감했던 정치학자들의 이름들을 꼽아보면 하나의 공통점이 떠오른다. 그것은 그들이 모두 유럽의 정치학자들이거나 유럽 출신의 미국인 정치학자들이며, 연구방법론에 있어서 전통적 방법, 그 가운데서도 철학적 방법을 선택한 학자들이었다는 사실이다. 이 사실은 김 교수의 전공이 정치사상 및 정치철학이었음을 떠올린다면 전혀 이상하지 않다. 김 교수는 자신이 정치사상 및 정치철학을 전공한다는 사실에 자부심을 가졌다. 그것은 그가 정치학의 여러 분야들 가운데 정치사상 및 정치철학 분야를 제외한 나머지 분야들에 대해서는 존경심을 갖지 않았던 사실과 연관된다.[27]

26. 이홍구, "하서"(賀序), 김영국 외, 『레오 스트라우스의 정치철학』(서울 : 서울대학교 출판부, 1955), VI.

27. 김 교수는 특히 국제관계론(International Relations : I.R.) 분야와 지역연구(Area Studies) 분야는 학문으로 여기지 않는 듯한 발언을 가끔 했다. 필자가 학위를 받고 귀국했던 때 선생님의 첫 말씀은 "자네 혹시 아이 아르(I.R.을 꼭 '아이 아르'라고 발음하셨다) 같은 거나 에어리어 스터디스 같은 거 공부하고 온 것 아닌가"였다. 그 말씀의 뜻을 잘 알고 있었기에 필자는 "선생님, 정치사상이나 정치철학을 아무나 공부할 수 있나요? 저는 능력이 모자라는 걸 진작 알았기에 처음부터 포기했습니다"라고 솔직히 '자수' 했다. 선생님은 "잘 생각했군. 그러니 학위가 빨리 끝났지. '아이 아르'라는 건 《타임》이나 《뉴스위크》만 제대로 읽어도 다 알 수 있는 거지"라고 혹평하시며 흡족해하셨다. 김 교수는 정치학과의 교수들 가운데 특히 이홍구 교수를 높이 평가하고 사랑했는데, 그렇게 한 이유들이 여러 가지였겠으나 그 가운데 하나는 이 교수가 정치철학을 전공한다는 사실이었을 것이다. 고백하건대 필자가 서울대 문리대 정치학과에 입학했을 때의 꿈은 동서양의 정치철학을 공부해 그것을 모두 아우르는 제3의 정치철학을 정립하는 평생의 작업을 위해 기초를 다지고자 하는 것이었다. 그러나 스스로의 역량이 너무 미흡함을 일찍 깨달아 포기하고 다른 분야를 공부했다. 그래서 필자는 오늘날까지도 정치철학을 전공하는 정치학자를 존경하는 습성이 있다. 그리고 환갑을 바라보는 이 나이에도 "언젠가 다시 대학원에 입학해 정치철학을 본

4. 미국 유학 이후의 왕성했던 5년(1959-1964)

김영국 교수가 시카고대학교에서 1년의 유학생활을 보낸 뒤 귀국했을 때는 1959년 7월 초로 자유당 정권의 최악이면서 동시에 막바지 시기였다. 이듬해 4월 19일에 바로 문리대 정치학과가 주동이 되어 반정부운동이 시작됐으며, 그것은 금세 전국으로 확산됐고, 4월 26일에 이승만 대통령의 하야에 따른 자유당 정권의 붕괴로 이어졌다. 곧이어 문리대 정치학과는 '서울대학교 민족통일연맹'의 산실이 됐으며, 문리대 전체가 혁신운동가들의, 또는 혁신운동가들이 주도하는 평화통일운동의 무대처럼 바뀌었다. 이러한 역사적 전환점에서 1961년의 제2학기를 앞둔 8월 29일에 그는 조교수로 승진했다. 만 31세 때의 일이었다.

개학으로부터—1961년까지 전국 모든 각급 학교의 학사행정은 3월 졸업에 4월 입학이었다. 5·16 군사 쿠데타가 일어나면서 연기(年紀)가 단기에서 서기로 바뀌고 2월 졸업에 3월 입학으로 바뀌었다—1개월 반 뒤인 1961년 5월 16일에 군사 쿠데타가 일어나 군정이 실시됐고, 1963년 12월에 제3공화정이 수립되면서 민정으로 넘어갔다. 그리고 1964년 3월 24일에 문리대와 법대를 중심으로 서울대학교에서 한일회담반대운동이 시작될 때까지 대학은 표면적으로는 일종의 소강상태를 경험했다.

격적으로 공부해야지" 하는 미련을 갖고 있다. [이 마지막 문장에 담긴 미련을 이제는 버리기로 했다. 만 67세를 넘어서고 보니 필자로서는 자신의 한계를 만각(晩覺)하게 된 것이다.]

● 뢰벤스타인 및 뒤베르제를 강의하다

김영국 교수의 학문활동은 약 다섯 해에 걸친 이 시기에 가장 활발했다. 우선 강의에 관해 살펴보자. 1961년 4월에 입학해 1965년 2월에 졸업한 필자의 기억에 따르면 1961년 1학기와 2학기에 걸쳐 김 교수는 우선 1학년생을 상대로 헌법을 강의했다. 그가 헌법을 강의하게 된 배경은 간단하다. 그 사이 서울대학교 법과대학의 한태연 교수가 문리대에서도 헌법을 강의했는데, 한 학기에 두세 번 출강하는 것으로 끝낼 정도로 부실하게 강의했을 뿐만 아니라, 그렇게 하고도 성적은 C가 최고점이고 D나 F를 많이 주어 수강생들 사이에 불만이 컸다고 한다. 그래서 정치학과 교수들이 한 교수를 더 이상 초빙하지 않기로 하고 차라리 정부론과 권력론 및 민주헌정론에 밝은 김 교수에게 맡기기로 결정했다는 것이다. 따라서 김 교수의 헌법 강의는 사실상 정부론 또는 헌정론 강의가 됐다.

김 교수는 1학기 때 우선 영국의 휘어(K. C. Wheare) 교수가 1947년 옥스퍼드대학교 출판부에서 펴낸 *Federal Government* 제2판, 화이너의 *Theory and Practice of Modern Government* 제2판, 그리고 프리드리히(Carl J. Friedrich) 교수가 1951년에 펴낸 *Constitutional Government and Democracy* 등을 교재로 썼다.[28] 한 마디로 말해 이 강의는 주로 미국과 유럽의 정부와

28. 첫 시간에 김 교수는 칠판에 라틴말로 Quis Qustodes Qustodi?라고 썼다. "누가 보호자를 보호하는가?"라는 뜻이라고 설명하면서 이 명제로부터 국가에 대한 개념을 풀어가기 시작했는데, 평생에 처음 들어보는 라틴말이 무척 신기했고, 정치학도가 된 기분도 들었다. 우리 61학번 동기생들은 지금도 모이는 자리에서 김 교수를 회상할 때 으레 이 라틴말을 떠올린다.
여기서 잠시 필자와 김 교수의 만남에 대해 회상하기로 한다. 필자의 면접시험 때 담당교수가 김 교수였다. 첫 질문이 "왜 정치학과에 지원했어?"였다. "장차 정치사상가

정치제도에 대한 설명으로 일관됐다. 2학기 때는 앞에서 잠시 거론했던 뢰벤스타인의 『정치권력과 통치과정』을 주로 읽었다. 여기서 특히 권위주의 체제와 전체주의 체제에 대해 자세히 강의했으며, 그 때로서는 생소하던 포르투갈의 독재자 살라자르(Antonio de Oliveira Salazaar)에 대해 상세히 강의했다.

뢰벤스타인의 이론들 가운데 그 책이 출판됐던 때의 국내 정치상황과 관련해 주목됐던 부분은 '신(新) 대통령제' 론이었다. 미국의 대통령제와

또는 정치학 교수가 되고 싶어 지원했습니다"라고 답변하니 "집에 돈좀 있나?"라고 되물으셨다. 좀 황당했다. "넉넉하지 못합니다"라고 답변하니 "집에 돈이 없으면 학자가 될 수 없어"라고 매정하게 끊으시는 것이었다. 맥이 빠졌고 기분도 나빴다. 필자가 졸업하면서 곧바로 신문기자가 되는 길을 걸었던 배경의 한쪽에는 선생님의 그 첫 말씀이 던져준 충격이랄까 또는 거기서 오는 반발이랄까 하는 것이 깔려 있었다. 그러나 선생님은 따뜻한 분이었다. 입학한 뒤 몇 주 지난 시점에서 부르시더니 "자네 입학시험 성적이 문리대 문학부 전체에서도 아주 좋더군. 공부하는 길을 걸어도 좋겠어"라고 격려해 주셨다. 그리고는 필자가 이준일(李俊一), 김문원(金文元) 등 동기생들과 함께 만든 독서 서클 '네오 이데아 소사이어티' (Neo-Idea Society)의 지도교수직을 맡아주셨다. 그리고 필자가 학부 졸업과 동시에 신문사에 취직하는 것을 아시고는 "왜 대학원에 진학하지 않았어?"라며 아쉬워하셨다.
선생님은 필자가 동향 사람이라는 것을 아셨기에 학부 1년생이던 때부터 가끔 인천시청에서 선생님의 호적등본을 떼는 일 같은 것을 포함해 집안 심부름을 시키셨다. 그 가운데 하나가 간호사이던 여동생의 유럽으로의 취업 때 호적등본을 비롯한 서류 갖추기 심부름을 맡기신 것이다. 인연이란 묘하다. 필자가 미국 유학을 끝내고 귀국한 직후인 1973년의 어느 날 필자를 부르시더니 그 여동생이 귀국하는데 세관통관일을 거들어 주라는 것이었다. 결국 필자는 그분의 출국과 입국 모두에서 심부름을 한 셈이었다. 인연은 거기서 끝나지 않았다. 필자가 1996년 9월에 실시된 인천대학교 총장 경선에 나섰을 때 여러 가지 학내 분위기를 알려주는 직원이 있었다. 알고 보니 바로 그분의 부군이었다. 그분은 필자가 총장 때 정년퇴임을 했는데, 정년퇴임식에서 그분 내외에게 필자가 기념 메달을 걸어드렸으니 참으로 인연이란 묘함을 거듭 느꼈다. 말이 나온 김에 덧붙이면 선생님은 필자가 인천대학교 총장에 선출된 것을 기뻐하셨다. 취임 며칠 뒤 사모님과 함께 총장실을 방문해 주시고 많은 격려의 말씀을 주셨다.

외형으로는 비슷하나 실제에 있어서는 권위주의체제 또는 독재체제와 같은 제도를 그는 '신대통령제' 라고 부르면서 중화민국의 장제스(蔣介石) 정권, 남베트남의 고딘디엠 정권, 그리고 남한의 이승만 정권을 예시했기 때문이다. 이 이론은 그 뒤에도 한국의 정치상황과 관련해 뜻이 있었다. 왜냐하면 그 뒤의 대통령제 역시 신대통령제였기 때문이다.

1962년 1학기와 2학기에는 대통령제정부론과 의원내각제정부론을 각각 강의했다. 이 때 영국과 미국의 정치학자들의 이론들을 살펴보면서 프랑스의 대표적 정치학자이던 뒤베르제(Maurice Duverger)의 이론들도 살폈다. 1963년에는 정치권력론과 프랑스어 원서강독을 각각 담당했다. 정치권력론의 경우 라스웰을 중심으로 강의했다. 이 때 김 교수는 정치학 연구에서 심리학의 중요성을 강조하면서 앞으로 정치학자가 되고 싶은 학생들은 학부에서 심리학 강의를 많이 수강하라고까지 가르쳤다. 프랑스 원서강독의 경우에는 뒤베르제의 *Les partis politique*(1958)와 *Les regimes politiques* 제5판(1960) 가운데 주요한 부분들을 발췌해 등사판으로 만든 교재를 사용했다.

1964년 1학기에는 정치학 연구방법론을 강의했다. 이 과목에서는 주로 전통적 방법론을 옹호하는 정치철학파, 그리고 과학적 방법론을 옹호하는 정치과학파 사이의 논쟁을 깊이 다뤘다. 행태주의적 연구방법에 대해서도 소개했음은 물론이다. 김 교수는 물론 정치철학파를 옹호했다. 필자가 학부 학생으로서 스트라우스의 이름에 처음 접했던 것도 이 때였다.

● 『정치학 요강』을 출판하다

그러면 이 시기에 있어서 김 교수의 연구 및 출판활동을 살펴보기로 한다. 그는 우선 1960년 9월호 『사상계』에 라스키의 제자로 마키아벨리에 대해서도 연구가 깊은 영국 셰필드대학교 정치학 교수인 크리크(Bernard Crick)의 *The American Science of Politics : Its Origins and Conditions* (London : Routleedge and Kegan Paul, Ltd., 1959)를 『미국의 정치학 그 기원과 조건』이란 가제를 붙여 서평을 발표했다. 김 교수는 "과학의 의미도 분명하지 않으면서도 정치학을 과학이라고 부르는 데" 대해 비판적인 크리크 교수에 대해 공감했다.

이어 1962년 4월에 삼중당(三中堂)에서 민병태 교수와의 공저로 『정치학 요강(要綱)』을 출판했다. 민 교수와의 공저로 표기됐으나 사실은 김 교수의 단독 저서였다. 이 책은 시카고대학교에서의 유학생활을 끝내고 귀국한 때로부터 2년 반 지나서의 첫 작품인 만큼 시카고대학교에서의 공부가 모두 여기에 반영된 것으로 보아도 좋을 것이다.

제1장 "정치학의 기초"에서 정치학의 성격, 역사, 대상, 방법을 다뤘고, 제2장 "권력론"에서 권력의 개념, 권력과 강제, 권력과 신앙, 권력과 법, 국가와 권력, 국가의 주권을 다뤘으며, 제3장 "정치형태론"에서 정치형태의 분류, 민주정치의 기초이론, 민주정치와 제한정부를 다뤘고, 제4장 "민주정부론"에서 영국식 의원내각제 정부, 미국식 대통령제 정부, 프랑스의 제5공화정, 스위스의 의회제 정부를 다뤘으며, 제5장 "독재정치론"에서 공산 독재정치와 파시즘 독재정치를 다뤘다. 부록에서는 "근대 민주정치발달사"를 다뤘다. 정치과정론과 정치행태론 등이 빠진 것이 아쉬우나 이 책은 지금 읽어도 "꼼꼼하게 잘 쓴, 내용이 매우 충실한 전형적인 정치학개론 교과서"라는 느낌을 갖게 만든다. 김 교수는 그 뒤 앞으로 살펴보는 바와 같이 『정치학개론』 또는 『신(新)정치학개론』 등의 공저에 참여하게 되는데, 김 교수의 집필은 대체로 이 책에서 나온다.

『정치학 요강』을 출판한 이듬해인 1963년 1월에는 『사상계』에 「전향한 동독철학자 블로흐 : '희망의 철학'을 찾아 자유를 선택했다」를 기고했다. 라이프찌히의 칼마르크스대학교 명예교수 블로흐(Ernst Bloch)는 동독의 대표적 마르크시스트 철학자로 이른바 네오 마르크시즘(Neo-Marxism)을 이끌며 '희망의 원리'를 부르짖다가 1961년 여름에 서독으로 망명했다. 김 교수는 마르크시스트 철학자가 어떤 이념적 갈등에서 동독을 버리고 서독을 선택했는가에 대해 정치철학의 입장에 서서 설명한 것이다.

● 『미국 사상의 기원』을 역간하다

김 교수는 곧이어 같은 해 12월에는 미국 와이오밍대학교 영미문학 교수인 클로우(William Ober Clough)가 편집한 *Intellectual Origins of American National Thought* 제2판(1961)을 사상계사 출판부를 통해 『미국 사상의 기원』 상·하로 나눠 사상문고로 역간했다. 이 책은 유럽에서 민주주의 사상의 싹이 튼 시기로부터 미국 건국의 아버지들에 이르기까지, 민주사상이 발생하고 발전해 마침내 미국 사상의 주류로 자리 잡을 때까지의 과정을 문헌적으로 분석했다. 김 교수는 역자후기에서 "이 책은 미국의 민주사상의 발생만이 아니라 세계에 공통된 민주사상의 발생과정을 나타낸다"고 썼다.

앞에서 필자는 김영국 교수가 루소의 『인간불평등기원론』을 역간할 때 Vaughan판을 사용했다고 지적했다. 그런데 뒷날 김 교수는 역자 머리말에서 Vaughan을 '보간'으로 오기(誤記)했다면서 이 오기를 여러 차례 아쉬워했다. "빌리 본(Billy Vaughan) 악단이라고 있었잖아? 그 본과 같은데 그걸 보간이라고 했으니" 하고 말하곤 했다. 그런데 Clough의 경우에는 김 교수는 클로우로 발음했다. 그러나 클러프로 발음하는 것이 정확하다는 반문이 있었음을 덧붙인다. 앞에서 지적했듯이 김 교수는 Vaughan을 '본'이라고 표기하지 않고 '보간'이라고 오기했던 사실을 두고두고 아쉬워했다. Vaughan의 gh가 묵음(默音)이란 사실을 몰랐다는 뜻이었다. 그래서 Clough의 gh를 묵음으로 처리했던 것 같은데, 이 경우에는 반대로 묵음이 아니었던 것 같다.

● 『정치사상사』 역간에 참여하다

이 역서가 출간된 때로부터 한 해도 지나지 않은 1963년에 세바인의 *A History of Political Theory*(New York : Henry Holt and Co. 1959)가 민병태 교수의 이름 아래 을유문화사(乙酉文化社)에서 『정치사상사』 전(前)과 후(後) 두 권으로 역간됐다. 이 책은 양으로만 따져도 방대하다. 고대 그리스 도시국가의 이론들로부터 시작해 현대의 마르크시즘-레닌이즘, 파시즘, 나치즘까지를 자세히 다뤘기 때문이다. 물론 깊이에 있어서도 탁월하다. 그러했던 만큼 이 책은 그 뒤 원전의 개정에 따른 새 역서의 출간에 영향받아 1982년에 7쇄로 절판될 때까지 정치학도들의 필독서로 쇄(刷)를 거듭하게 된다.[29] 이 역간은 김영국 교수, 그리고 김영국 교수에 이어 정치학과 전임강사로 기용된 구범모 교수 두 분에 의해 주도됐다.

이상에서 살펴보았듯이 김 교수의 연구는 1963년까지도 정치사상과 정치제도를 중심으로 하는 전통적 방법론에 서서 매우 활발했음을 알게

29. 원저의 제4판을 Thomas Landon Thorson이 수정해 뉴욕의 Holt, Rinehart and Winston에서 1973년에 출판했는데, 이 책을 성유보(成裕普)와 차남희(車南姬)가 공역해 한길사에서 1983년 출판했다. 이 역서는 1996년까지 16쇄를 기록했고 1997년에 2판 1쇄를 기록했다.

된다. 필자의 학부시절에 퍼져 있던 '김영국 전설'의 하나는 "김 교수는 천재여서 시카고대학에서도 더 배울 것이 없어 1년 만에 귀국했다"는 것이었다. 그런데 실제로 김 교수의 연구와 저술이 이처럼 활발하게 나타나자 "한국의 정치학은 장차 천재 김영국에 의해 한 차원 높게 발전할 것"이라는 기대가 확산됐음은 지나친 일이 아니었다.

V. 시대적 상황으로 침잠기에 들어가다

1. 중앙정보부에서 구타당하다

이처럼 왕성한 학문활동 속에서 큰 기대를 받던 김 교수에게, 그리고 더욱 깊은 연구를 계속해야 할 시점에서 시련이 찾아왔다. 1964년의 새 학년도가 시작되면서 문리대 학생과장—뒷날 학생담당 학장보, 또 학생담당 부학장으로 불리게 된다—에 임명된 것이다. 만 34세 때의 일이다. 서울대 학생운동의 원천이자 중심이 정치학과이니 정치학과 교수가 학생과장을 맡아 해결해야 한다는 대학당국의 일방적 결정 때문에 억지춘향격으로 맡게 됐다. 실제로 대학은 소용돌이치기 시작했다. 3월 24일에 문리대와 법대가 주동이 되어 "굴욕적인 대일외교 중단하라"는 구호 아래 전개한 한일회담 반대운동은 차차 다른 대학교들로 확대되는 가운데 '박정권 타도운동'으로까지 변질되었고, 반정부운동이 야당과 반정부적 지식인들의 호응을 받으면서 전국적으로 확산되자 정부는 6월 3일에 마침내 비상계엄령을 선포한 것이다.

곧이어 정치학과생들을 비롯한 일부 문리대생들이 집회와 시위에 관한 법률 위반, 포고령 위반, 불꽃회 사건, 인민혁명당 사건 등으로 구속되자 학교사정은 더욱 어려워졌다. 2학기에 들어가면서 계엄령은 해제됐지만 정학 또는 퇴학 등의 조처가 뒤따르면서 후유증은 매우 컸다. 그 소용돌이 속에서 학생과장직을 수행해야 했던 김 교수의 마음은 찢어지는 것 같았다. 마음이 고운 데다가 대학이 결코 권력에 눌려서는 안 된다는 신조를 지닌 '진정한 대학인'으로서 정부의 조처들에 분노하던 터에 중앙정보부를 비롯한 공안기관들에 시달리다 보니 자존심이 이만저만 상하는 것이 아니었다.

깊은 고뇌와 자괴가 계속됐다. 한 해 뒤 학생과장직을 그만둔 뒤에도 상황은 비슷했다. 왜냐하면 민 교수가 1966년 11월에 문리대 학장으로 기용되어 1970년 3월까지 그 자리에 있었는데, 이 시기 역시 1967년의 '6·8 부정선거 규탄운동'과 1969년의 '3선개헌 반대투쟁' 등으로 대표되는 반정부학생운동의 계속으로 대학이 정치적 소용돌이의 중심에 섰던 까닭에 김 교수는 숙명적으로 민 학장의 '공식직함 없는 학생과장'으로 일할 수밖에 없었던 것이다. 거듭 말하자면 지식인으로서의, 그리고 제자의 앞날에 무관심할 수 없는 스승으로서의 고뇌와 자책으로 말미암아 책에 손을 대기 어려웠던 시절이었다.

그뿐만 아니었다. 서울대학교 민족주의연구회[약칭 민비연] 사건에 참고인으로 소환되어 고초마저 겪었다. 그 과정은 이러했다. 원래 이 연구회는 문리대 정치학과 학생들과 사회학과 학생들이 중심이 되어 1963년 가을에 창립됐는데, 발기인들은 처음엔 김영국 교수를 지도교수로 모시고자 했으나 김 교수가 거절함에 그 다음으로 사회학과 부교수이던 황성모(黃性模) 박사를 모셨다. 그 때도 지도교수의 취임승락서가 첨부

돼야 학교로부터 등록이 허가됐다.

그 때로부터 4년이 지나서였다. 1967년 6월에 세상을 깜짝 놀라게 만든 '동베를린을 거점으로 한 북괴대남적화공작단' 사건이 일곱 차례에 걸쳐 중앙정보부에 의해 발표됐던 때, 제2차 발표에서 민비연이 이 공작단의 일환으로 발족됐던 것으로 발표됐다. 중앙정보부 발표에 따르면, 서독 뮌스터대학교에서 사회학 박사를 받은 황성모가 서독 유학시절에 동베를린을 방문해 동베를린에 위치한 북괴대사관으로부터 공산주의 교양을 받았으며, 김일성 노선에 따라 남조선에서 인민해방투쟁을 전개하기로 결심하고 귀국해 서울대 교수가 되자 북괴의 지령에 따라 서울대 학생들을 포섭해 그들과 함께 남조선혁명을 이끌어 갈 핵심 조직으로 민비연을 창립했다는 것이다. 따라서 민비연은 국가보안법과 반공법에서 말하는 반국가단체이고, 황 교수와 민비연 발기인들은 모두 반국가단체를 조직한 '수괴'에 해당된다는 것이다. 그리고 3·24 데모 이후 서울대에서 일어난 일련의 학생시위들은 모두 이 반국가단체로서의 민비연이 김일성의 남조선해방전략에 따라 일으킨, 말하자면 적화시도의 일환이었다는 것이다. 참으로 어마어마한 혐의였다.

물론 그 혐의는 전적으로 조작된 것이었다. 중앙정보부는 1967년 6월 8일에 실시된 제7대 국회의원 선거 때 정부와 여당에 의해 저질러진 부정에 대한 야당과 학생 및 지식인의 반대와 저항이 확산되자 그것을 막기 위한 방법을 찾기에 고심했다. 마침 동베를린 사건을 포착했음을 기화로 민비연 지도교수인 황성모 교수가 서독 유학생 출신임에 착안해 황 교수를 우선 동베를린 북한대사관에 포섭된 '간첩'으로 몰아붙인 뒤 민비연을 '간첩'이 주도해 만든 반국가단체로까지 몰아가고자 했다. 그렇게 함으로써 "학원시위의 배후에는 북괴가 있다"는 인상을 국민에게 주고, 또 그렇게 함으로써 학생시위를 위축시킬 수 있다고 계산했을 것이다. 황 교수는 동베를린에 가본 일조차 없음이 뒷날 법원에서 입증된다.

이 엄청난 조작 앞에서 '반국가단체 조직의 수괴들' 로 몰려 구속된 민비연 간부들은 혐의를 부인하면서 그 혐의에 대한 반증으로 김영국 교수를 거명했다. 황 교수가 주도적으로 조직한 것이 아니라 학생들이 주도적으로 조직했으며, 황 교수는 김 교수가 사양하기에 할 수 없이 지도교수직을 수락했을 뿐이라고 사실 그대로 진술한 것이다. 따라서 이 사건의 성격규정에서 김 교수의 진술이 매우 중요해졌다. 김 교수는 물론 참고인으로 소환된 상태에서 사실 그대로 진술했다. 여기서 황 교수와 민비연 간부들에 대한 중앙정보부의 고문이 시작됐다.

처음에 김영국 교수를 지도교수로 모시려 했다는 진술은 '위장진술' 임을 '자백' 하라는 것이었다. 처음부터 황 교수가 주도적으로 조직한 사실을 은폐하기 위해 있지도 않았던 '김 교수 추대설' 과 '김 교수 사양설' 을 만들어냈다는 것이었다. 이 과정에서 참고인으로 조사를 받던 김 교수 역시 곤욕을 치러야 했다. 1심법원은 1967년 12월에 민비연이 순수한 학술단체로 출발했으며 반국가단체가 아니라고 판결했다. 그런데도 중앙정보부는 승복하지 않고 이듬해 열린 2심법원 심리과정에서 민비연 관련자들 또는 참고인들을 다시 악명 높던 남산의 콘셋 조사실로 소환해 진술을 뒤엎으라며 폭행을 가했다. 김 교수 역시 심하게 구타를 당했다. 심지어 서울대 교수직을 사임하도록 강요당했다. 뒷날 김 교수는 "그 때 문리대학장이던 민 선생이 '내가 영국이 사표를 받게 되는 경우가 생기면 내가 먼저 교수직과 학장직 사표를 내겠다' 고 당국에 강하게 말씀하자 당국이 후퇴했다"고 회상하면서 "민 선생은 내게는 아버지 같은 분이었다"고 덧붙였다.

2. 침잠의 시기에 쓴 글들

순수하기만 한 30대의 한 청년학자가 이렇게 거친 세파를 겪는 사이 불의에 대한 반발이 컸고 자존심의 손상도 겪었지만 그것보다 심각하게 연구의욕이 떨어졌다. 그래서 사실상 침잠 또는 침체의 기간이 계속됐다. 정치학을 연구해야 뭘 하나, 교수라는 게 무엇하는 직업인가 등 자기비하의 마음이 커졌기 때문이다. 1966년 3월부터 1969년 2월까지 석사과정을 밟았던 필자의 기억을 되돌이켜 보건대 그는 지쳐 있었고, 어느 일에나 열성이 약했다. 특히 이 시기는, 다시 김계수 교수의 연구에 따르면, 행태주의 정치학이 한국의 정치학계에서도 '중심적인 위치'를 차지하던 시기였다.[30] 그러한 학풍은 정치철학을 중시하던 그에게 맞지 않았다. 이러한 요인들이 겹쳤기에 1964년 3월 이후 서울대학교 대학원에 제출할 정치학 박사학위 논문을 본격적으로 집필하기 시작한 1971년 봄까지의 약 일곱 해에 걸친 시기에 그의 연구실적은 저조했다. 다음에서 그 시기를 간단히 살펴보기로 한다.

우선 1965년 5월에 일조각(一潮閣)에서 출판된 『현대의 정치학』에 게재된 제1부 "정치이론"의 김 교수의 글을 검토해 보자. 이 책은 민 교수가 한국정치학회장으로, 김 교수가 한국정치학회 연구담당 상임이사로 활동하던 때 한국정치학회 연구위원회가 계획하고 편집했다. 제1부가

30. 김계수, 『한국과 정치학』, 11쪽.

“정치이론”이고, 제2부가 “정치체계와 그 주요 개념”이며, 제3부가 “행정 분야”, 제4부가 “비교정치”, 제5부가 “국제관계론”이다. 이 구성에서 보듯이 국내에 미국 정치학의 주류인 행태주의적 정치학이 도입된 때로부터 약 10년이 지난 시점에서 국내 정치학계에서도 정치학을 어떻게 분과화(分科化)해야 하며, 각 분과 사이의 관계를 어떻게 설정해야 하고 각 분과의 내용을 어떻게 구성해야 할 것인가를 여러 학자들이 점검해서 그 결과를 갖고 한 권의 책으로 묶은 것이다.

김 교수는 제1부 “정치이론”에서 “서언”과 제3장 “새로운 정치학에 대한 고찰”을 썼다. “서언”은 김 교수의 기본적 입장을 선명히 보여주고 있다. 그는 스트라우스 교수의 이론에 입각해서 “새로운 정치학이 자처하는 과학성의 근거는 매우 박약하다”고 결론내린 것이다.

제3장 “새로운 정치학에 대한 고찰”은 스트라우스가 스토링(Herbert J. Storing)이 편집한 *Essays on the Scientific Study of Politics*(New York : Holt, Rinehart and Winston, 1962)에 기고한 발문(“Epilogue”)을 번역한 것이다. 이 글에서 스트라우스는 현대의 ‘과학적 정치학’이 투표행태, 집단이론, 과학적 행정학, 선전 등의 연구를 통해 정치를 이해하려고 하는 것은 잘못된 것이라고 비판했다. 구체적으로 사이몬(Herbert A. Simon)과 벤틀리(Arthur F. Bentley) 등 그 때 과학주의적 정치연구의 대가로 알려진 정치학자들의 논문 네 편을 아리스토텔레스의 정치분석론에 비춰 평가한 뒤, 물리학에서도 보편타당한 하나의 물리학이 있을 수 없는 터에 정치학에서 어떻게 보편타당한 정치학이 있을 수 있겠냐고 반문했다.

그 다음으로 김영국 교수는 1966년 6월 4일부터 6일까지 서울대 문리대에서 열린 한국정치학회 연구발표회에서 「정치이론의 발전」을 발표했다. 그러나 그 모임에서 발표된 다른 회원들의 논문들은 모두 출판

된 데 반해 김 교수의 논문은 출판되지 않았음에 비춰 구두로만 발표했던 것 같다.[31)]

이어 1969년 2월에 서울대학 교출판부가 펴낸 『사회과학개론』에 게재된 한 편의 글이 있다. 『사회과학개론』은 서울대학교 안에 설치된 교양교재편찬위원회의 사회과학분과위원회가 편집한 책으로 제1편 "사회과학의 기초이론", 제2편 "한국 사회"로 구성됐다. 제1편에서 제1장을 서울대 사회학과 김채윤(金彩潤) 교수가 쓴 데 이어 김영국 교수가 "사회과학의 개념과 역사" 및 제3장 "사회과학의 종류"를 쓴 것이다. 말하자면 '사회과학론'을 집필한 것으로, 대학 1학년생들에게 사회과학이란 무엇인가를 비교적 쉽게 설명했다. 플라톤과 아리스토텔레스 등 고대 그리스 철학자들의 학문관(學問觀)으로부터 시작해 근대의 콩트(Auguste Comte)와 베버(Max Weber) 및 뒤르껭(Emile Durkheim)의 이론을 거쳐 현대의 구조기능주의 또는 행태주의에 이르기까지의 다양한 사회과학이론들은 대체로 역사적 방법에 의존해 서술했다.

1970년에는 한국정치학회의 『민주주의론』 편집에 다른 25명의 정치학자들과 함께 참여했다. 이 책 역시 대학 초급 학년생들을 위한 범속한 교과서일 뿐, 깊이 있는 전문적 연구서로 보기는 어렵다. 이듬해 3월에 출판된 이 책에서 김 교수가 쓴 장(章)이나 절(節)이 명시되어 있지 않은 것으로 미루어 보아 주도적 역할을 수행했던 것 같지는 않다.

그 사이에 김 교수는 『사회과학논집』 제10권 제2호(1968)에 「한말 의병운동을 통해서 본 정치사상」과 『한국정치학회보』 제3집(1969)에 「한말 민족운동의 계보적 연구」를 발표했다. 그러나 이 두 글은 그 무렵 서

31. 『한국정치학회보』 제2집(1967), 230쪽.

울대 정치학과 조교로 있으면서 의병운동을 포함한 한말의 민족운동과 그 운동의 정치사상을 전공하던 최창규(崔昌圭)가 은사의 이름으로 집필했을 것이다. 최창규는 1972년에 일조각에서 『근대 한국 정치사상사』를 출판했는데, 이 책에는 김 교수의 논지와 용어 및 출전에 매우 유사한 논지와 용어 및 출전으로 한말의 의병운동이 잘 분석되어 있다. 그러므로 김 교수 이름 아래서의 이 두 논문에 대해서는 더 이상 거론하지 않기로 한다.

이상에서 살펴보았듯이 김 교수의 30대 후반기에 해당되는 이 침잠의 시기에 그는 학술적인 저술들을 거의 남기지 못했다. 그 반면에 민주주의, 정당, 정부형태, 권력 등을 주제로 삼은 몇 편의 시론들을 『정경연구』, 『고시계』, 『세대』, 『월간중앙』 등에 기고했는데, '잡문' 쓰기를 꺼려했던 평소의 습성에 미루어 볼 때 편집자의 요청을 받자 인정에 이끌려 응했던 것으로 보인다. 어떻든 1968년 6월 1일자로 부교수로 승진했다.

VI. 레오 스트라우스의 정치학을 주제로 한 박사학위 논문

1. 침체에서 벗어나기 시작하다

김영국 교수가 원기를 되찾기 시작한 때는 대체로 1970년 여름과 1971년 봄 사이였던 것으로 보인다. 이 무렵 이후의 글들에서는 다시 활기가 감지되기 때문이며 또 학술적인 논문들이 나타나기 때문이다. 바로 그 시기에 그에게 결정적 영향을 준 민 교수가 중풍으로 쓰러졌고, 1971년 2월에 서울대 대학원장직을 사임했다. 자연히 이제 사실상 정치학과의 최고 선임교수가 된 그로서는 "내가 이제 더 큰 책임을 수행하지 않으면 안 된다"는 사명감을 갖게 됐을 것이다.

● 세계 정치학계의 동향을 조감하다

그는 우선 1970년 8월 31일부터 9월 5일까지 서독 뮌헨에서 열린 세계정치학회(International Political Science Association : IPSA) 제8차 세계대회에 한국 대표단의 일원으로 참가했다. 그는 이 대회의 참가기를 "세계정치학회 참석 메모"라는 제목 아래 서울대 《대학신문》 1970년 11월 16일자와 11월 23일자에 연재했다. 이 글은 단순한 메모가 아니라 꼼꼼하게 쓰여진 글로, 세계의 정치학계가 어떤 흐름 아래 놓여 있는가를 보여줄 뿐만 아니라 김 교수의 변화를 보여준다.

이 글에서 그는 정치학 연구방법론 분야에서의 토론이 어느 분야보다 활발했다고 지적하고, 미국 정치학계의 주요한 토론의 대상이었던 '계량적 및 수학적 방법'의 중요성이 이 세계대회에서 더 크게 부각됐다고 보고했다. 이와 관련해 그는 11월 16일자에서 "이번 대회를 통해 새삼 느낀 것은 계량적 및 수학적 방법의 구체적 훈련과 교육이 우리 정치학계에 부족했다는 사실이다. 이른바 과학적 방법에 대한 논의와 평가는 그동안 우리 학계에서도 활발히 이루어지고 있었다. 그러나 계량적 및 수학적 방법의 훈련을 갖추지 못한 채 그 방법의 평가를 말한다는 것이 얼마나 무리한 일인가를 각성하게 되었다"고 썼다. 결론적으로 그는 같은 날짜에서 다음과 같이 썼다 : "이미 1950년대에 새로운 방법으로 개척되었고 허다한 학자의 노력에도 불구하고 비교정치의 연구가 아직도 방법론상의 허다한 난점을 해결하지 못하고 있다는 사실을 알게 되었을 때 필자로서는 학문의 길이 얼마나 어렵고 까다로운 것인가를 새삼 한탄하지 않을 수 없었다."

평소에 별로 중시하지 않던 과학주의 방법론에 대해 이 정도로라도 큰 관심을 보이고 높은 점수를 준 것은 뜻밖이라는 느낌조차 든다. 그것뿐만이 아니다. '생물학과 정치학' 분과에서의 토론, 곧 '정치의 생물학적 방법에 의한 분석'에 대해서도, 그리고 정치발전론자들이 강조해 온 '국가건설론'을 둘러싼 토론에 대해서도 깊은 관심을 쏟았다. 정치사상 또는 정치철학이 아니면 정치학으로 여기지 않는 듯이 말해온 김 교수의 지난날 자세에 비춰[32] 변화가 아닐 수 없었다.

● 브레히트를 소개하다

그는 이어 『신동아』 1971년 신년호 특별부록 『현대인의 사상 77인』에 아놀드 브레히트(Arnold Brecht)에 대해 기고했다. 브레히트는 독일 사람으로 라이프찌히대학교에서 법학 박사를 받은 뒤 바이마르공화국의 고

32. 필자는 1966년 3월에 지금 건국대학교 정치외교학과 교수로 있는 백영철(白榮哲) 박사와 함께 정치학과 석사과정에 입학해 김영국 교수의 강의도 수강했다. 석사논문을 쓸 때 백 박사는 프랑스의 정치사상가로 자유주의적 보수주의에서 출발해 사회주의로 기운 소렐(George Sorel)의 『폭력론』을 대상으로 잡았고, 필자는 정치발전론의 주요 테마이던 정치사회화론을 대상으로 잡았다. 그러자 김 교수는 필자에게 "그런 게 무슨 뜻이 있나? 정치사회화 연구라는 게 결국엔 아동심리학 같은 거로 귀착되는데, 그런 것은 우수한 사람이 연구하는 게 아니지"라고 핀잔을 주셨다. 백 박사에 대해서는 프랑스의 정치사상을 다룬다는 데 만족하시면서 "영철이가 워낙 뛰어난 사람이라 그래도 뭐 하나 그려낼거야" 하시며 큰 기대를 표시하셨다. 앞에서 엿보이듯 선생님은 "그런 게 무슨 뜻이 있나?"라는 말씀을 자주 했다. 정치철학을 전공하는 큰 학자의 눈에 웬만한 것은 모두 뜻이 없는 것으로 비쳤다.

위관직을 포함해 독일에서 23년에 걸쳐 공직생활을 하다가 나치를 피해 미국으로 망명한 뒤 정치학자로 활동했다. '사회조사를 위한 새로운 대학' 에서 시작해 하버드대학과 예일대학을 거치며 주로 정치이론 분야의 거장으로 자리를 잡았는데, 1959년에 프린스턴대학교 출판부를 통해 출판한 *Political Theory : The Foundation of Twentieth-Century Political Thought* 는 그에게 미국 정치학회의 1960년도 우드로윌슨상(Woodrow Wilson Prize) 수상의 영예를 안겨주었을 뿐만 아니라, 정치이론가 또는 정치사상가로서의 지도적 지위를 확립시켜 주었다.

그러면 이 책의 기본적 내용은 무엇이었나? 그것은 정치연구에 있어서 존재와 당위를 연결하려는 노력, 또는 정치철학과 정치과학 사이의 간격을 가교하려는 노력이었다. 쉽게 말해 정치학에서의 전통적 연구방법과 과학적 연구방법을 조화시켜 보려고 한 것이다. 김 교수는 브레히트의 그러한 노력이 "성공은 못했을망정 통합을 위한 새로운 계기를 마련했다" 고 평가했다.[33)]

이어 1971년 3월 29일자 《대학신문》에 「국민발안의 현대정치적 의의」를 기고했다. 뒤베르제의 『정당론』을 참고한 이 시론에서 그는 독재정치가 '국민' 의 이름을 빌리는 제도가 '국민발안' , '국민투표' , '국민소환' 일 수 있다고 경고했다.

● 해리먼의 회고록을 역간하다

김 교수는 곧이어 제2차 세계대전을 앞뒤한 시기에 미국 정계와 외교

33. 김영국, "아놀드 브레히트", 신동아 편집실 편, 『현대의 사상가 77인』(서울 : 《동아일보》, 1978), 113쪽. 1971년 신년호의 별책부록이 단행본으로 나온 것이다.

계의 거물들 가운데 한 사람이었던 애버럴 해리먼(W. Averell Harriman)의 회고록 *America and Russia in A Changing World : A Half Century of Personal Observation*(Garden City, N.Y. : Doubleday, 1971)을 「현대사의 내막 : 변천하는 세계 속의 미국과 러시아」라는 제목 아래 『월간중앙』 1971년 5월호 부록으로 역간했다. 제2차 세계대전 때 미국의 소련주재대사였으며 제2차 세계대전 직후 미국의 영국주재대사였던 해리먼은 1960년대의 케네디(John F. Kennedy) 행정부 때는 대통령특사로 베트남 전쟁의 평화적 해결을 위해 활약하기도 했다.

이 회고록은 그러한 경험들을 바탕으로 제2차 세계대전 이후의 세계정세를 미국의 시각에서 돌이켜 본 뒤 미래의 세계를 내다본 것이다. 미국 펜실베이니아 주 동부에 자리 잡은 리하이(Lehigh) 대학교에서의 일련의 강연들을 바탕으로 만들어진 이 회고록은 해리먼의 공산주의에 대한 강한 반감, 소련에 대한 깊은 경계심, 그리고 미국의 안전과 평화에 대한 신념을 나타내고 있다. "볼셰비키 혁명은 사실상 반동적 혁명이었으며, 그것은 '미래의 물결'을 의미하는 것은 아니었다"는 해리먼의 말이 이 책의 기본입장을 요약했다고 하겠다.

● 정치평론들을 발표하다

김 교수는 이어 『신동아』 1971년 8월호에 「의회정치가 사는 길」을 기고했다. 1971년 5월 25일에 실시된 제8대 국회의원 선거가 끝난 뒤 제8대 국회의 전망을 중심으로 집필한 이 글은 그의 예리한 비판의식을 잘 드러내고 있다. 그는 우선 국회가 권위와 위신을 실추한 현실을 비판했다. "항간에는 그동안 국회가 정부의 시녀화했다는 혹평이 나돌았다. 여기서 문제는 국회가 사실상 정부의 시녀였던가 아닌가에 있다기보다는 국회가 정부의 시녀로 전락했다는 국민적 의식이다"라고 지적한 뒤, "국회가 민권의 입장에서 관권을 견제함을 목적으로 출발했다는 사실을 상기해 볼 때 정부의 시녀로 변질된 국회는 도저히 국회라고 할 수 없다"고 단언했다. 그는 "의회정치가 없는 민주정치는 이미 죽은 정치이기 때문에 […] 사양의 길을 걸어온 우리나라의 의회정치가 8대 국회를 통해 되살아나기 바란다"고 덧붙였다.

1971년 여름부터 남북적십자회담이 시작됐고 1972년 7월 4일에는 남북공동성명이 발표됐다. 김 교수는 이 시기에 발표한 몇 편의 시론을 통해 평화통일에 대한 기대를 나타냈다.[34)] 곧이어 1972년 10월에 유신이 선포됐다. 시국은 엄혹했다. 그는 1972년 11월 20일에는 《서울신문》에 「프랑스 제5공화국의 경험으로부터의 교훈 : 정치권력의 인격화의 문제」를 기고한 데 이어 1972년 12월 1일자 서울대 《대학신문》이 마련한 "10월 유신과 대학의 자세" 대담에 참여해 10월 유신의 당위성을 일정한 범위 안에서 인정했는데, 그것은 그의 평소의 신념에 미루어 보아 진심이 아니었을 것이다.

다만 '한국적 민주주의'를 표방한 유신정변을 앞뒤한 시기에 발표한 글들에서 그가 '현실사회 속에서의 실천적 지식인' 또는 '학문의 토착화' 등을 강조한 점이 주목된다. 예를 들어보자. 1972년 3월 6일자 《대학신문》에 기고한 글에서는 "대학상(大學像)은 현실사회 속에서 구상돼야 한다"고 주장했고, 1972년 9월 25일자 《대학신문》에 기고한 글에서는 그동안 우리 지식인들이 서구 이론의 소개에 치중해 오지 않았는가를

34. 예컨대 "동서 평화무드의 가면과 진면", 『월간중앙』 1971년 8월호 및 "남북대화의 전위적 제의", 『월간중앙』, 1972년 2월호.

반성하게 된다는 취지로 말했으며, 1973년 3월 26일자 《대학신문》에 기고한 글에서는 "선비형 지식인만이 중요시되는 지식풍토는 개선돼야 한다"고 강조했다. 이 글들이 '한국적 민주주의'를 지지한 것은 결코 아니었다. 그러나 그는 한국의 현실을 전혀 고려하지 않은 채 성립되고 수용된 서양의 이론과 제도에 매달려 있는 지적(知的) 풍토에 회의를 느끼면서 토착화된 이론을 개발할 필요성을 느꼈던 것 같다.

2. 스트라우스의 정치학에 관한 박사논문

● 서울대에서의 정치학 박사 1호

김 교수는 이어 1972년 11월 서울대 대학원에 정치학 박사학위 논문 「레오 스트라우스의 정치학 논고(論考) : 정치철학론과 과학적 정치학의 비판을 중심으로」를 제출해 통과를 보았다. 그리고 그 직후인 1972년 12월 20일에 정교수로 승진했으며, 1973년 2월 26일에 박사학위를 받았다. 서울대에서의 정치학 박사 1호였다. 그 이전에는 정치학 전공자에게 문학 박사, 철학 박사, 법학 박사 가운데 본인의 선택에 따라 어느 하나를 받게 했고, 그래서 민병태 교수와 김운태 교수 및 차기벽(車基壁) 교수는 문학 박사를, 이용희 교수와 김성희 교수는 법학 박사를, 이한빈(李漢彬) 교수는 철학 박사를 각각 받았기 때문이다.

그러나 여기에 기록으로 남겨야 할 것이 있다. 그것은 김 교수가 대학원 박사과정을 밟고 나서 논문을 제출해 학위를 받는 이른바 신제(新制)에 의해서가 아니라, 기존의 연구경력을 인정받아 논문을 제출해 학위를 받는 이른바 구제(舊制)에 의해 학위를 받았다는 사실이다.

● 박사학위 논문의 구성과 내용

그러면 김 교수 평생의 학문적 연찬의 결정판이라고 할 수 있는 박사학위 논문의 내용은 어떠했나? 자신이 1959년 봄 학기에 직접 사사한 은사의 정치학에 접했던 때로부터 13년 남짓 지난 시점에서 은사의 정치학을 종합적으로 재조명한 이 논문은 네 개의 장으로 구성됐다. 제1장이 "서론"이고, 제2장이 "정치철학론"이며, 제3장이 "과학적 정치학의 비판"이고, 제4장이 "결론"이다.

우선 제1장 "서론"을 본다. 김 교수는 "본고(本稿)는 과학적 정치학 속에 오랫동안 매몰되어 온 정치철학을 부활시키려는 레오 스트라우스의 정치학론을 고찰한 것이다"라는 문장으로써 우선 이 논문의 기본성격을 밝혔다. 스트라우스의 정치학론을 고찰하기 위해서는 스트라우스가 이 주제와 관련해 쓴 글들을 모두 읽어야 할 것이다. 그러나 그것들은 참으로 많다. 스트라우스는 "소크라테스, 아리스토파네스(Aristophanes), 투기디데스(Thucydides), 플라톤, 크세노폰(Xenophon), 아리스토텔레스, 미노스(Minos), 루크레티우스(Lucretius), 마이모니데스(Maimonides), 파두아의 말실리우스(Marsilius of Padua), 스피노자, 마키아벨리, 홉스, 로크, 루소, 버크, 니체, 베버에 관한 저술뿐만 아니라 아랍의 철학자 파라비(Farabi)에 관한 논문도 남기고 있다." 그리고 "철학적 논제에 관한 저술도 많이 남기고 있는데, 그 가운데 중요한 것을 추리면 정치철학론, 역사론, 자연법론, 폭군론, 자유주의론, 교육론 등을 들 수 있다."[35)]

35. 김영국, 『레오 스트라우스의 정치학 논고 : 정치철학론과 과학적 정치학의 비판을 중심으로』, 미출간 서울대학교 정치학 박사학위 논문, 8쪽.

이처럼 광범위한 스트라우스의 저술들을 모두 고찰의 대상으로 삼지는 않았다. 김 교수는 스트라우스의 정치학론과 직접적으로 관련된 부분만을 다뤘다. 그러나 스트라우스의 정치학론의 핵심은 정치철학론, 그리고 현대의 과학주의적 정치학에 대한 비판에 있다. 따라서 김 교수는 스트라우스의 정치철학론과 현대의 과학주의적 정치학에 대한 비판을 중심적으로 다뤘다.

이러한 과정을 거쳐 김 교수는 "스트라우스의 정치학은 본래 고전적 정치철학의 전통을 계승하여 발전된 것이다. 그러므로 그의 정치학의 본질은 현대의 과학주의적 정치학에 대한 비판적 평가에 있다기보다는 오히려 정치적 세계에 있어서의 보편적 및 전체적 문제와의 대결에 있다고 볼 수 있다. 그의 현대의 과학주의적 정치학에 대한 비판적 평가는 그의 독특한 철학적 입장에서 파생되는 것이다"라는 중간결론에 이르렀다. 그는 이 중간결론을 다음과 같이 부연했다.

> 스트라우스는 정치적 사물에 대한 과학적 접근뿐 아니라 역사학적 접근도 배격한다. 그의 정치학은 과학적 정치학이나 정치에 대한 역사학적 접근의 비판으로 그치지 않고 과학과 역사를 포괄하는 폭넓은 철학적 기반을 갖는다. 그의 정치철학은 소크라테스의 철학과 마찬가지로 철학적 문제에 대한 절대적 해답을 제시하는 것은 아니다. 그것은 또한 어떤 학설을 따로 제시하지도 않는다. 그것은 우리로 하여금 정치의 본질에 관한 성찰을 촉구한다. 철학의 본질로 보아 어떤 절대적 진리가 제시될 수는 없다. 스트라우스는 어떤 진리를 제시한다기보다 진리에 접근하는 사고정향(思考定向)을 제시한다고 볼 수 있다. 그는 비교적(秘敎的) 서술을 통해서 정치학 연구에서 오랫동안 소외되었던 철학의 의의를 강조한다.[36]

그러면 스트라우스가 새롭게 강조한 정치철학의 논리구조는 무엇인가? 스트라우스는 존재에서 당위를 순수히 이론적으로 추리할 수 없다는 근대적 사회과학에 대한 비판에서 출발한다. 그는 이러한 사회과학의 몰가치적 성격의 시발을 사실과 가치는 절대적으로 이질적이며 어떠한 사실로부터도 그 사실의 가치성을 입증할 수 없다고 주장하는 막스 베버에서 찾는다. 스트라우스에 따르면, 베버의 이러한 가치관은 사회과학의 윤리적 중립성을 요구하게 되었고 마침내는 사회과학에 있어서 가치문제의 박탈을 가져왔는데, 이러한 몰가치적 사회과학의 조류가 정치학구에도 도입되어 정치철학은 위기에 빠지게 되었다는 것이다. (이 문제와 관련해 스트라우스는 몰가치적 정치학 또는 과학적 정치학을 마키아벨리가 시작했다고 보면서 마키아벨리에 대한 자신의 견해를 밝혔는데, 그의 마키아벨리론에 대해서는 뒤에서 다시 다루기로 한다.)

스트라우스에 의하면, 이러한 정치학은 결국 허무주의에 빠질 수밖에 없고, 옳은 것과 틀린 것 또는 선과 악의 구별을 등한시하는 학문으로 전락하게 되고 우리 사회의 중요한 문제와 그렇지 않은 문제의 식별을 불가능하게 만든다. 우리가 지나치게 과학성만을 주장하게 될 경우 우리는 어째서 특정한 가치, 예컨대 자유민주주의를 신봉해야 하는가의 문제를 외면하는 수밖에 없다. 모든 가치는 평등한 비중을 가지며 가치비중의 서열은 개인적 선호나 편견에 지나지 않기 때문이다. 정치사회에서 이러한 가치상대주의는 정치사회의 존립 자체를 위협할 수도 있다.

이러한 입장에서 스트라우스는 고대 그리스 도시국가의 정치학과 맥락을 같이 하는 시민사회에서의 타당한 정치학의 정립을 주장한다. 이러

36. 앞의 책, 9-10쪽.

한 정치학은 결국 도덕과 윤리를 바탕으로 하는 고전적 정치학으로의 회귀를 뜻하게 된다. 그러나 스트라우스는 거기까지만 지적했을 뿐, 거기서 한 걸음 더 나아가 "정치학이란 이런 것이다"라든가 "정치철학이란 이런 것이다"라고 명백하게 이론을 세워 설명하지는 않았다. 그는 과학적 정치학 또는 정치과학운동을 비판하고 아리스토텔레스적 정치학으로의 회귀를 옹호하는 것으로 만족했다. 이 점 때문에 그는 다른 학자들로부터 대안이 없는 비판론자라는 혹평을 받게 된다.

● 박사학위 논문에 기초를 둔 그 이후의 저술들

김영국 교수의 그 이후의 주요한 학문적 저술들은 대체로 이 박사학위 논문의 범위에서 벗어나지 않았다. 첫째, 박사학위를 받은 직후에 출판된 「정치철학과 정치과학 : 레오 스트라우스 이론을 중심으로」를[37] 지적할 수 있다. 이 논문은 자신의 박사학위 논문 가운데 주요한 부분들을 요약한 것이다. 둘째, 1974년 스트라우스의 1주기에 즈음해 서울대《대학신문》(1974년 10월 14일)에 기고한 「정치학에 있어서의 철학의 부활-레오 스트라우스 1주기에 부쳐」가 있다. 신문지면 한 쪽 [페이지] 전체를 차지한 이 글은 스트라우스의 정치철학론을 요약한 것이다. 셋째, 「레오 스트라우스」를[38] 지적할 수 있다. 이 글은 스트라우스의 생애와 사상을 다룬 것으로 역시 자신의 박사학위 논문에서 파생한 것이다. 넷째, 서강대학교《서강신문》(1982년 11월 22일)에 기고한 「레오 스트라우스 : 정

37. 공삼 민병태 박사 화갑기념논총편집위원회 편, 『공삼 민병태 박사 화갑기념논총』(서울, 1973년 4월), 117-125쪽.
38. 한국사회과학연구소 편, 『현대의 사회사상가』(서울 : 민음사, 1979), 11-30쪽에 게재됐다.

치철학의 회복」을 지적할 수 있다. 다섯째, 「마키아벨리의 정치사상론 : 레오 스트라우스의 이론을 중심으로」를[39] 지적할 수 있다. 이 논문 역시 자신의 박사학위 논문에서 다룬 마키아벨리의 정치사상에 관한 부분을 요약한 것이다.

여섯째, 김 교수 자신이 편집하고 또 거기에 자신의 세 편의 글을 포함시킨 『레오 스트라우스의 정치철학』(서울대학교출판부, 1995)을 지적할 수 있다. 김 교수의 정년퇴임을 기념하기 위해 주로 김 교수의 전공분야인 정치사상과 정치철학 분야의 제자들 또는 후학들이 마련한 이 책에서 김 교수는 우선 "서론"을 쓴 데 이어 제1부 "정치철학론"에서 제1장 "레오 스트라우스의 정치학론"을 썼다. 제2부 "정치철학자론"에서 제2장 "마키아벨리론"을 썼다. 이 글은 물론 스트라우스의 마키아벨리론에 크게 의존한 것이다. 김 교수가 정년퇴임 직후인 1995년 9월에 서울대학교출판부에서 펴낸 『마키아벨리와 군주론』도 예외는 아니다. 김 교수의 마키아벨리에 대한 해설은 스트라우스의 그것을 요약한 것이기 때문이다.

3. 스트라우스 그리고 김영국에 있어서의 마키아벨리

이 대목에서 우리는 스트라우스의 정치철학론에서 왜 마키아벨리가 등장하는가에 대해 살펴보기로 한다. 앞에서 이미 보았듯이 스트라우스는 정치학에서 철학이 배제되고 이른바 과학이 등장하게 된 단초(端初)를 마키아벨리에서 찾았다. 1469년에 이탈리아 피렌체에서 태어나 피렌

39. 『한국정치학회보』 제17집(1983년 12월), 3-17쪽.

체 정부의 고위관리로 일했던 마키아벨리는 정변에 연루되어 투옥과 고문, 그리고 파직의 험한 길을 걷고 낙향해 생활하던 가운데 저 유명한 『군주론』을 쓴 뒤 1527년에 향년 57세로 죽었다. 널리 알려져 있듯이 그는 도덕적·윤리적·종교적·철학적 관점에서 떠나 냉혹한 정치현실 그대로의 상황을, 말하자면 '있는 그대로의 현실적 모습'을 염두에 두고 군주에 대한 헌책을 마련함으로써 한쪽으로부터는 '교활하고 사악한 교사'(敎師) 또는 '악설(惡說)의 대가'로 지탄됐으나 다른 쪽으로부터는 '근대적 정치학의 개조'(開祖)로 칭송됐다. 후자에 따르면, 철학과 윤리학 또는 이상주의에 종속됐던 정치학이 마키아벨리에 의해 비로소 과학으로 자리 잡을 수 있는 계기를 만났다는 것이다. 이러한 맥락에서 마키아벨리는 현대 '정치과학' 운동의 선구자인 셈이기도 하다.

정치철학을 강력히 옹호하면서 과학주의적 정치학에 비판적인 스트라우스에게 마키아벨리는 거세게 공격되어야 할 대상이었다. 스트라우스에 따르면 마키아벨리는 '악마'이며, 그의 저서는 '악령이 도사린 팸플릿'이다. 결론적으로 스트라우스는 마키아벨리가 종교와 도덕을 배척함으로써 인간이 추구해야 할 덕성을 인간생활의 표준으로 삼을 것을 거부하고 "모든 사회가 현실적으로 추구하는 목표를 설사 그것이 부도덕한 것일지라도 표준으로 삼아야 한다"고 주장했다는 이유로 마키아벨리를 죄악시한다.

그러나 스트라우스에 따르면 새로운 정치학을 자처하는 과학주의적 정치학은 마키아벨리의 정치학만큼도 되지 못한다. 그렇다고 해서 그가 과학주의적 정치학을 '악마'라고 부르는 것은 아니다. "새로운 정치학에서는 타락한 천사에서만 볼 수 있는 속성은 없다"는 것을 인정한다. 그러나 스트라우스에 따르면, "마키아벨리의 가르침은 차라리 우아하고 섬세하고 다채로운 만큼 새로운 정치학은 마키아벨리적인 것도 되지 못한다. 그것은 네로적인 것도 아니다. 그럼에도 불구하고 새로운 정치학을 통해서 로마가 불타고 있는 동안 제금(提琴)을 켜고 있다고 말할 수 있을 것이다. 새로운 정치학은 두 가지 사실로 인해서 용서될 수 있다. 즉 그것은 제금을 켜고 있다는 것을 모르고 있으며, 로마가 불타고 있는 것도 모르고 있다."[40]

VII. 서울대학교에서 대학행정가로 봉사하다

서울대학교에서 정교수로 승진하고 박사학위를 받은 이후, 그러니까 42세와 43세 이후 별세할 때까지의 약 27년 남짓한 세월을 김영국 교수는 대체로 학문연구자로서보다는 서울대학교의 어른으로서 생활했다. 대학행정가로서의 모습이 연구에 몰두한 학자로서의 모습을 압도한 시기였다.[41]

40. 김영국, 『새로운 정치학에 대한 고찰』, 한국정치학회 편, 『현대의 정치학』(서울 : 일조각, 1964), 76쪽에서 다시 옮김.
41. 앞에서 살펴본 것처럼 김 교수는 명문과 명문으로 이어지는 학력을 가졌기에 엘리트 의식이 강했다. 그래서 필자가 대학원생 때부터 한국에서의 정치학발달사에 관심이 있었기에 선배 학자들에 대해 여쭤보면 "걔는 학부는 서울대 정치학과를 나왔지만 서울대 대학원에 들어오지를 못해서 다른 데로 갔어. 민 선생이 학문적으로 엄격하신 분이어서 시원찮다고 느끼시면 받아주지를 않으셨어"라고 말씀하시곤 했다. 또 어느 어느 선배 학자들에 대해 의견을 말하면 "걔는 기초가 약해서 지금 뭘 썼다곤 하지만 믿을 수가 없어"라고 말씀하시곤 했다. 이러한 김 교수에게 뜻밖의 느낌을 받았던 때는 필자가 김 교수 밑에서 1973년 9월에 전임강사로 발령을 받던 때였다. 필자

1. 《대학신문》 주간으로 새롭게 출발하다

우선 그는 1973년 3월부터 1977년 3월까지 서울대 《대학신문》의 주간으로 봉사했다. 전임자는 서울대학교 정치학과 교수로 제9대 국회의원이 되면서 학교를 떠나게 된 구범모 박사였다. 정치학과 입학으로나 전임교원 임명으로나 김 교수의 후배인 구 교수는 김 교수를 높이 평가해 끔찍이 아꼈다. "인간적 성품에서나 학자적 자질에서나 김영국 교수만한 사람이 어디에 있나. 다만 양심적이고 마음이 고운 탓에 엄혹한 시국에 눌려 스스로 소극적 생활을 해왔을 뿐인데, 뭔가 새로운 활동의 기회를 마련해 주지 않으면 아주 위축되겠다"고 판단해 김 교수를 자신의 후임자로 천거했다.

그 무렵 한심석(韓沁錫) 총장을 비롯해 서울대학교 집행부의 구 교수

가 "선생님의 눈높이에 맞는 곳에서 학위를 한 것도 아닌데 받아주시니 감사드립니다"라고 인사를 올리자 선생님은 "그렇게 생각하지 않아도 괜찮아. 미국의 대학원 박사과정 프로그램은 최소한의 수준을 유지하고 있기에 믿을 수 있어"라고 따듯하게 말씀해 주셨다. 필자는 필자에게 학위를 준 모교에 대해 긍지를 지니고 있었지만 선생님의 이 말씀에 감격했다. 이 때 선생님은 필자에게 또 하나의 뜻밖의 말씀을 해주셨나. "우리나라에선 학자들이 실질과는 달리 너무 빨리 대가(大家)로 인식되는 흠이 있네"라고 입을 여신 뒤 그 보기로 경제학계의 큰 학자이던 어느 분을 거명하셨다. "그 사람이 이렇다 할 저술도 없는데 일찍부터 '한국의 케인즈'로 선전되어 장관에 총장에 요직을 두루 거쳤지. 그런데 '한국의 케인즈'란 사람이 오늘날까지도 이렇다 할 저술이 없네. 그 원인은 너무 일찍 대가로 알려진 바람에 그것이 부담이 되어 뭘 쓸 수가 없었던 데 있네. 뭘 써보아야 그건 도저히 명성에 걸맞는 작품이 될 수 없으니 겁이 나서 못 쓰게 됐던 것이지. 그래서 그분 제자들이 방학 때 합숙하며 그분 이름으로 책을 썼지만 그 명성에 따라가는 수준이 아니라 하여 결국 출판을 그만 두었다네. 자네는 전임강사로 발령을 받았으니 이 때 많이 써서 매를 미리 맞게. 그러면 그 뒤엔 뭣을 써도 '발전하고 있다'는 평을 듣게 될걸세."

에 대한 신뢰는 매우 높았다. 따라서 한 총장은 김 교수에게 주간직을 맡겼다. 구 교수의 예견은 적중했다. 한두 해 전부터 조금씩 살아나던 활기는 새 일을 맡으면서 더욱 왕성해진 것이다. 김 교수 스스로 이렇게 회상했다 : "일반 독자들과 달리 매주 토요일 저녁 때쯤 신문을 먼저 받아보는 그 즐거움은 아마도 신문제작에 참여한 사람 외에는 느낄 수 없을 것이며, 일주일간의 피로와 긴장도 스스로 풀려졌다."[42] 《대학신문》 주간직을 맡은 것을 계기로 1976년부터 2년 동안 전국대학신문지도교수협의회 회장으로 일했다.

그 사이 1975년 1학기를 마친 직후에서 1976년 2월까지 반년 정도 프랑스 파리정치대학원에서 잠시 연구에 전념했다. 원래 스스로의 표현으로 프랑코화일(Francophile)[43]이던 그는 이 때의 파리생활을 무척 소중하게 회상하곤 했다.

이 무렵 김 교수는 평소에는 그것도 학문이냐는 취지로 경시(輕視) 했던 지역연구(area studies)에 대해 훨씬 긍정적인 의견을 표시했다. 예컨대 1976년 5월 31일자 《대학신문》에 기고한 글에서 그는 "지금 무엇보다도 아쉬운 점은 지역연구가 부실한 데 있을 것이다. […] 현대 국가는 국제

42. 김영국, "유신체제와 대학신문", 서울대학교 대학신문사 편, 『대학신문(1975-77) 영인본』, 1986년 10월 15일, 머리글, 2쪽.

43. 김 교수는 프랑코화일을 자처한 데 잘 나타난 것처럼 생활에 귀족적인 면모가 있었다. 샤또브리앙 소고기 스테이크에 고급 프랑스 적(赤)포도주를 때때로 즐겼는데, 소고기 부위에 대해 아주 밝았다. 뒷날 심장수술을 받게 됐을 때 평소에 소고기 스테이크를 많이 드신 데서 온 병이라는 말까지 나돌 정도였다. 물론 그 말이 의학적으로 타당한가의 여부는 필자로서는 전혀 모르겠다. 또 서양의 정치학자들 가운데 프랑스의 뒤베르제를 좋아했다. 이렇게 프랑코화일적인 데가 있었지만 김 교수는 배뱅이굿과 정선아리랑 등 우리 겨레의 갖가지 타령에, 그리고 바둑에 아주 능숙했던 데서 보였듯 우리 민족 고유의 문화전통을 지극히 사랑했다.

사회를 외면하고는 살아남을 수가 없다. […] 개별국가가 모두 우리의 경쟁대상이라는 점을 상기한다면 적어도 특정 지역에 관한 몇 사람의 전문가는 있어야 할 것이다"라고 쓴 것이다. 과학주의적 정치학에 대한 그의 평가도 훨씬 더 긍정적이 됐다. 이것은 40대 중반의 그가 학문적으로 원숙해졌음을 의미했다.

2. 학생처장과 사회과학대학장으로 봉사하다

1977년 가을에 민병태 교수가 별세함에 따라 그는 서울대 정치학과의 최고 선임교수가 되어 학과를 이끌게 됐다. 이어 1978년 1월 1일부터 1979년 12월 31까지에는 서울대 학생처장으로 유신체제 말기와 10·26 사태 직후의 어려운 상황에서 서울대 학사운영 전반에 참여했으며, 1980년 8월 5일에는 서울대 사회과학대학장으로 발령받았다.

그러나 9월 24일에 갑작스레 쓰러지면서 서울대학교 병원에 입원하게 되어 주변을 놀라게 했다. 다행히 한 달 뒤 퇴원해 다시 학장직에 전념할 수 있었으나 1981년 4월 19일에 다시 쓰러져 서울대 병원에 입원했다. 의사들은 심장수술을 제의하면서도 그것이 '모험적'일 수 있음을 덧붙였다. 그러므로 주변에서는 누구도 뭐라고 말할 수 없었다. 생사의 갈림길에서 구범모 교수가 수술을 받아들이도록 강력히 권하자 가족들도 모험을 결심했다. 다행히 수술은 성공적으로 끝났으며, 김 교수는 '제2의 삶'을 얻은 것이나 다름 없었다. 이 때 거의 매일같이 문병한 이가 이홍구 교수였다. 김 교수는 자신이 소중하게 아끼던 후배 이 교수의 내방을 무척 즐거워했고 고마워했다.

약 3주 뒤 퇴원하면서 제출한 학장직 사표가 5월 28일자로 수리되어 평교수로 돌아옴으로써 시간적 여유를 가진 김영국 교수의 주위에 한 가지 변화가 일어났다. 1982년 6월에 자신의 손 위 처남, 곧 사모님의 오빠 되는 김상협(金相浹) 고려대학교 총장이 국무총리로 임명된 것이다. 김 교수는 한편으로 기뻐하고 한편으로 안타까워했다. 그를 꼭 "상협 씨"라고 불렀던 김 교수는 "시기가 좋지 않은데, 상협 씨가 잘 해야 하겠는데"라며 걱정하곤 했다. 이 무렵 "청와대가 김 총리를 권한 없는 의전(儀典) 총리 대독(代讀)총리나 시켜서 김 총리 스스로 항의 차 청와대를 방문하려 했으나 실세라는 허화평(許和平) 정무수석비서관과 허삼수(許三守) 사정수석비서관 등이 방해했다"는 소문이 나돌았다. 이 소문을 들은 김 교수는 "내가 좀 도와줘야겠는데" 하면서 자신이 청와대 정무비서실을 찾아가야겠으니 방문을 주선하라고 필자를 비롯한 몇몇 학내외 제자들에게 당부했다. 그것도 여러 차례 채근했다. 김 교수가 청와대 정무비서실을 찾아가야 무엇 하겠는가? 모양만 우스워지겠다는 것이 제자들의 판단이었다. 그래서 결국 필자가 나서서 "선생님, 전혀 성사가 되지 않으니 포기하시는 게 좋겠습니다"라고 말씀드리니 언짢아하셨다.

3. 대학원장을 거쳐 부총장에 오르다

김 교수가 다시 대학행정에 참여한 것은 그 때로부터 6년 가까이 지나서였다. 그는 1987년 2월 11일부터 1989년 5월 9일까지 서울대학교 사회과학대학 정치학과가 주동이 되어 개설한 서울대학교 사회과학대학 부설 한국정치연구소 초대 소장으로, 1987년 9월 1일부터 1989년 1

월 31일까지는 서울대학교 대학원장으로, 1989년 2월 1일부터 1991년 8월 18일까지는 서울대학교 부총장으로 봉사했다. 1987년 12월에는 대학의 교육공무원으로서 30년 근속한 공로로 국민훈장 모란장을 대통령으로부터 수훈했다.

VIII. 이념교육과 미래학 및 중국 연구에 관심을 쏟다

대학행정가로 보직(補職)을 다양하게 맡아 생활하다 보니 이 시기에는 새로운 내용의 학술적 저술에는 거의 손을 대지 못했다. 그저 다음의 세 방면으로의 집필이 있었을 뿐이다. 첫째, 교과서류의 책에 서문을 쓰거나 또는 『정치학 요강』에 포함됐던 부분을 요약하는 일이었다. 둘째, 《대학신문》에 기고하거나 좌담에 참석하는 일이었다. 셋째, 스트라우스에 대한 박사논문을 요약하거나 부연하는 일이었다.[44)]

44. 첫 부류로는 서울대학교 사회과학대학 정치학과, 『정치학개론』(서울 : 서울대학교출판부, 1975), 그리고 이 책을 수정보증한 『신정치학개론』(서울 : 서울대학교출판부, 1978). 예컨대 『신정치학개론』에서 김 교수는 제1편 "정치학의 기초"와 제3편 "정치권력론"을 집필했다. 김운태 김영국 공저, 『정치학개론』(서울 : 서울대학교출판부, 1976)에서 김영국 교수는 "정치형태론"과 "정치과정론" 및 "현대정치사상]을 집필했다. 또 『현대 정치학의 대상과 방법』(서울 : 법문사, 1981)에서는 제1장 "서론"을 집필했다. 김영국 외, 『한국 정치사상』(서울 : 박영사, 1991)에는 "서언"을 썼고 제7장 "한말 민족운동의 계보"를 썼는데, 제7장은 앞에서 지적했듯이 이미 『한국정치학회보』에 수록됐던 논문이다. 둘째 부류로는, 서울대학교 대학신문사 편, 『광복 30년 : 시련과 극복의 역정』(서울 : 서울대학교 출판부, 1977), "서언" 등이 있다. 셋째 부류에 대해서는 본문에서 이미 자세히 지적했다.

1. 현대사상연구회 회장으로 활동하다

● 드 뜨라시의 국민교육론을 소개하다

예외로 다음의 두 논문을 지적할 수 있다. 첫째, 『한국정치학회보』 제11집(1977)에 발표한 「한국에 있어서의 정치학의 발전」이다. 둘째, 『한우근 박사 정년기념사학논총』(1981)에 발표한 「Destutt de Tracy의 이데올로기론」이다.[45] 드 뜨라시(Antoine-Louis Claude Destutt de Tracy)는 18세기 후반과 19세기 전반 사이에 활동한 프랑스의 교육행정가이며 사상가였다. 그는 프랑스학술원 회원이 된 뒤 1798년에 발표한 논문 「사고능력에 관하여」를 통해 어느 사상가나 이론가에 앞서 처음으로 '이데올로기'(ideologie)라는 표현을 쓰면서 '사고(思考)에 관한 학문', 곧 이데올로기가 반드시 생겨날 것으로 전망하고 자기 나름의 이데올로기 체계를 세웠다. 그 체계는 인식론에서 출발해 언어학, 논리학, 경제학, 도덕학, 입법학, 물리학, 기하학, 미적분학을 포괄하는 것으로, 김 교수의 평가에 따르면 그 구상의 웅대함은 프랑스혁명 전의 백과사전학파나 뒤에 실증철학을 완성하게 되는 콩트의 그것에 필적하는 것이었다. 그렇다고 해도 그는 백과사전학파나 콩트와 같이 큰 업적을 남기지는 못했다. 그러나 그는 프랑스인의 정체를 찾기 위해 국민교육이론을 세우려는 노력을 기울인 학자로 높이 평가되고 있다.

김 교수가 왜 국내 학계에 매우 생소한 이 사람에 대한 논문을 썼는지

45. 이 논총은 지식산업사에서 1981년 1월에 출판됐다. 김 교수의 글은 이 논총의 776-789쪽에 있다. 김 교수는 한우근 교수의 학문과 인품을 존경했다. "한 박사가 […] 한 박사가 […]"라는 말을 자주 했다.

는 궁금하다. 그러나 그 이후의 김 교수의 저술을 보면 짐작이 간다. 이 시기에, 보다 구체적으로는 1984년 5월 14일부터 별세하실 때까지 김 교수는 서울대학교 안에 세워진 현대사상연구회 회장으로 활동의 영역을 넓혔는데, 이 연구회는 1980년대 이후 대학을 중심으로, 특히 운동권을 중심으로 확산되던 이론들 또는 사상들에 대한 연구와 대안제시 등에 관심을 쏟았다는 점에 주목할 필요가 있다. 속된 표현으로 '반체제사상' 또는 '급진적 변혁사상' 등의 본질을 분석하고 건전한 민주주의 이론을 정립해 교육시킴으로써 민주주의와 민족통일을 향한 학생들의 열정을 올바르게 이끈다는 목적을 지니고 있었다. 따라서 김 교수의 그러한 활동은 아마도 드 뜨라시의 국민교육론에 영향받은 것인지 모른다.

● 마르크스의 저작들을 논평하다

구체적으로 말해 김 교수는 문교부 학술연구보고서로 마련된 「대학 사상교육의 현황과 문제점」(1982년 12월), 「국가 이념교육의 현황과 문제점」(1984년 6월), 「현대 급진사상의 계보」(1987년 8월), 「사회변동과 정신교육 정립을 위한 연구」(1989년 8월) 등, 이른바 연구 프로젝트들을 이끌었다.

또 마르크스 저작들의 역서들에 대한 서평을 쓰기도 했다. 첫째, 데이비드 맥렐런(David Mclellan)의 *The Thought of Karl Marx : An Interpretation* (New York, 1971)을 신오현(申午鉉) 교수가 『칼 마르크스의 사상』(서울 : 민음사, 1982)으로 번역한 것을 서평했다. 둘째, 멜빈 레이더(Melvin Rader)의 *Marx's Interpretaion of History*(New York : Oxford University Press, 1979)를 이용필(李容弼) 교수가 『마르크스 사상의 구조 : 이론적 비판』(서울 : 교육과학사, 1983)으로 번역한 것을 서평했다. 셋째, 쉴로모 아비네리(Shlomo Avineri)의 *The Social and Political Thought of Karl Marx*(New York : Cambridge University Press, 1968)를 이홍구 교수가 『칼 마르크스의 사회사상과 정치사상』(서울 : 까치, 1983)으로 번역한 것을 서평했다. 넷째, 데이비드 맥렐런의 *Marxism After Marx*(New York, 1979)를 안택원(安澤源) 교수가 『마르크스주의 논쟁사』(서울 : 인간사랑, 1986)로 번역한 것을 서평했다.[46]

마르크스에 관한 주요 저작들을 다룬 이 네 편의 글들은 마르크스의 정치철학에 대한 김 교수의 깊은 이해를 보여준다. 김 교수는 대체로 마르크스의 사상이 휴머니즘에서 출발했으나 그 사상이 폭력혁명의 도구로 활용됨으로써 독재주의와 같은 것으로 이해됐다는 입장을 나타냈다.

● 학생운동의 비폭력화를 제의하다

역시 이념교육과 연관된 김 교수의 논문들 가운데 논의되어야 할 논문은 1985년에 한국정신문화연구원이 마련한 『현대사회와 국가』라는 대주제 아래 발표된 「현대 국가의 기본문제 : 산업화와 관련해서」이다.[47] 그는 이 글의 결론에서 "산업화 과정을 걷고 있는 우리나라는 아직도 탈산업화 사회의 단계에는 들어서지 못했다. 그 까닭에 우리에게는 발전을 위한 국가의식의 관리가 필요하다"고 지적하고, 국가의식을 강화하기 위해 "국가에 대한 국민적 신앙을 창출하는 것도 매우 중요하다 […] 그러나 이러한 방법은 다른 한편에 있어 합리적 설득방법으로 보완될

46. 『현대 사조의 이해』 III(서울 : 평민사, 1984), 187-201쪽 ; 『현대 사조의 이해』 II(서울 : 대왕사, 1983), 107-120쪽 ; 『현대사조의 이해』 IV(서울 : 형설출판사, 1985), 9-24쪽 ; 『현대 사조의 이해』 VII(서울 : 형설출판사, 1987), 87-104쪽의 순서대로 실려 있다.
47. 이 논문은 『현대 사회와 국가』(서울 : 한국정신문화연구원, 1986년 11월), 23-33쪽에 게재됐다.

필요가 있으며, 이러한 필요성은 날이 갈수록 증대되고 있다"고 말했다. 이어 "네오 마르크시즘의 국가론에 대한 독서층이 증대하고 있는 국내 현실에서 설득력 있는 건전한 국가관이 창출될 이유가 있다고 본다"고 매듭지었다.

이어 김 교수가 1991년에 대왕사(大旺社)를 통해 출판한 『민주화와 학생운동의 방향』을 지적할 수 있다. 이 책은 "서론"에 이어 제1장 "한국 학생운동의 성격", 제2장 "한국 학생운동의 역사적 고찰", 제3장 "외국의 학생운동 : 60년대 스튜던트 파워와 신좌파", 제4장 "한국에 있어서 민주화와 학생운동의 방향", 그리고 "결론"으로 구성됐다. "결론"에서 그는 "민족주의와 민주주의를 사상적 원류로 하는 한국 학생운동은 순탄치 못했던 현대사 속에서 끊임없이 선구자적 역할을 자임해 왔던 것이 사실이다. 그동안 학생운동은 한국 민주화의 견인차로서, 그리고 분단극복의 첨병으로서 공헌한 점도 적지 않다"고 평가한 뒤, "그러나 운동논리와 실천방법에서의 오류로 말미암아 많은 한계를 드러내기도 했다"고 비판하고, "오늘날 학생운동에 가장 절실한 것은 자기 반성과 변혁에 결코 인색해서는 안 된다는 점이다"라고 가르쳤다. 그는 구체적으로 "운동논리의 다원화와 운동방법의 비폭력화"를 제의했다.

마지막으로 김 교수가 1997년에 발표한 「통일독일의 정치교육실태에 관한 연구」를 지적할 수 있다. 이 글은 통일독일에서의 정치교육의 내용과 목표 및 실태를 분석하고 그것이 한국에 주는 의미를 검토했다. "독일의 경험들은 통일을 향한 우리의 정치교육을 위해 바람직한 이정표가 될 것으로 기대한다"고 덧붙였다.[48)]

48. 이 논문은 『한국정치연구』(서울대학교 사회과학대학 부설 한국정치연구소) 제6호,

2. 한국정치학회장으로 활동하다

이처럼 현대사상연구회를 중심으로 학문활동을 활발히 전개하던 과정에서 김영국 교수는 1982년 12월에 제자들과 후학들의 권유를 받아들여 제12대 한국정치학회 회장 경선에 입후보했다. 상대방은 정치학과 후배였다. 선거는 뜻밖에도 쉽지 않았다. 김 교수가 "대학인은 대외활동을 자제해야 한다"는 신조에 따라 밖으로 나서는 것을 꺼렸기에 요즘 유행하는 말로 인지도(認知度)가 높지 않음을 뒤늦게야 파악하게 된 것이다. 그래서 사퇴하는 것이 어떻겠냐는 의견도 제시됐다. 이 때 반드시 당선되니 끝까지 밀고 나가라며 용기를 심어준 분이 구범모 교수였다. "도대체 김영국 선생만한 이가 어디에 있는가. 학회장을 해도 일찍 했어야 할 분인데 무슨 소리들 하는거야"라며 독려했다.[49]

277-297쪽에 있다. 결론은 297쪽에 있다.

49. 상황의 심각성을 인정하신 뒤 김 교수는 필자를 부르시더니 "지금 과 교수들 가운데 자네가 나를 제일 잘 아는 사람이니 나를 소개하는 글을 써서 전 회원들에게 우송하게"라고 말씀하셨다. 필자는 김 교수가 순수한 학자여서 대외활동을 사실상 끊고 계셨다는 것, 그래서 김 교수를 모르는 회원이 많을 것이라는 점들을 솔직히 털어놓은 뒤, 그러나 학문적으로 깊이 있고 책임감이 강한 만큼 반드시 시류에 흔들림 없이 학회다운 학회로 발전시킬 것인 만큼 꼭 지지해 주십사 하는 취지로 간곡하게 써서 전 회원들에게 보냈다. 결과는 11표 차이의 신승(辛勝)으로, 여섯 표만 상대방으로 옮겨갔어도 바뀌었을 것이다.
그 때로부터 16년 뒤인 1998년의 일이다. 필자가 제29대 학회장 경선에 나서기 앞서 우선 김영국, 구범모 두 은사님을 한자리에 모셔놓고 여쭤보았다. 만일 두 분 가운데 어느 분이라도 허락하지 않으면 나가지 않을 생각이었다. 구 선생님의 즉각적 동의는 예상했던 것이나 "외도했던 자네가 무슨 학회장이냐"고 나무라실 것 같던 김 선생님도 "당연히 나가야지"라고 하셨을 때는 놀랐다. "내가 학회장에 당선됐을 때 학준이 힘이 컸어. 편지 받아보고 마음을 정했다고 뒷날 나에게 인사한 사람의 수가 표

다행히 선출되어 1983년 1월 1일부터 1983년 12월 31일까지 한 해 동안 학회를 이끌었다. 이 시기는 세계의 정치학계에서나 국내의 정치학계에서 정치체계론, 정치발전론 등으로 대표되던 미국적 행태주의 정치학을 제치고 그동안 미국적 행태주의 정치학에 눌려지냈던 국가론이 다시 중요하게 연구되던 '국가학 부흥의 시기'였다. 김 교수의 수십 년에 걸친 연구주제와 일치하게 되어 훨씬 더 보람 있게 학회를 이끌었다.

3. 한국미래연구학회의 한국현대중국연구회를 창립하다

김 교수는 대학원장에 재직하던 때인 1988년 9월 초에 중국 베이징(北京)에서 열린 세계미래학연합회(WFSF) 제10차 총회에 한국대표단 단장으로 참석했다. 이 시점에서 한국과 중국 사이에는 국교가 수립되어 있지 않았기에 김 교수는 하와이에 위치한 세계미래학연합회의 본부로부터 초청장을 받고 일본 도쿄의 주일중국대사관에서 중국입국사증을 받았다. 보름 동안 만리장성을 비롯해 중국의 여러 곳들을 여행하고 귀국한 직후《대학신문》에 기행문「중국미래학회 동향」(1988년 10월 31일) 및「중국의 대학 대학생」(1988년 11월 7일)을 기고했다.

이 글들에서 김 교수는 여러 가지 날카로운 관찰들을 제시했다. 첫째, 그는 우선 중국이 현재 한국이 이미 경험한 근대화 과정을 밟고 있다고

차보다도 훨씬 많았으니까. 이번엔 내가 자네를 도와줘야지"라고 덧붙이셨다. 엄격하신 선생님에게도 이런 따듯함이 있었구나 하는 생각에 갑자기 눈시울이 뜨거워졌다. 덕분에 필자도 학회의 책임을 맡을 수 있었다.

지적하면서 중국은 한국을 비롯해 근대화 과정을 먼저 경험한 나라들로부터 교훈을 받아들이는 것이 좋겠다고 권고했다. 둘째, 그는 자신이 만난 중국의 지도급 인사들이 한결같이 한국의 경제발전을 부러워하면서 한국의 발전경험이 자신들의 발전 모델이 될 수 있다고 말하는 것으로부터 자부심을 느꼈다. 셋째, 그는 중국이 신문이건 텔레비전이건 언론매체들을 철저히 통제하고 있는 현실을 목격하고 이 나라가 여전히 독재체제 아래 놓여 있음을 실감했다. 넷째, 그는 중국에서 대학생은 특권층에 속하며 대학입학을 위한 경쟁이 한국에서보다 더 심하다는 사실을 인식했다. 마지막으로 그는 미래에 대한 연구가 다각적으로 이뤄져야 할 필요성을 절감했다. 결론적으로 그는 "이번 기회에 우리나라에서도 미래학회를 조직해야 하겠다는 생각이 굳어졌다"고 썼다. 실제로 이듬해 한국미래연구학회를 창립해 초대 회장으로 봉사했다.

이 무렵 한국 정부는 소련과 중국을 비롯한 공산국가들과의 수교를 적극적으로 추진했으며, 1990년대에는 헝가리 및 소련과의 수교를 실현했다. 이러한 흐름 속에서 한국과 중국의 관계가 단계적으로 접근하는 가운데 자연히 수교를 실현시키자는 목소리가 높아졌다. 학계에서도 그러한 요구가 표출됐으며, 그것은 우선 1991년 6월 17일에 한국현대중국연구회의 창립으로 구체화됐다. 주도적 역할을 수행한 학자들은 이충양(李充陽) 고려대 교수와 홍광엽(洪廣曄) 한림대 교수 등이었다.

김영국 교수는 문리대 제자들인 그들의 요청을 받아들여 이사장을 맡았다. 이 학회는 중화인민공화국 사회과학연구원과 관계를 수립해 서울에서 사회과학연구원의 도서전시회를 개최하였으며, 이것은 중국이 한국과 정식으로 수교하기 이전에 취한 중요한 조치들 가운데 하나로 꼽혔다. 이렇게 볼 때 김 교수는 한중수교에도 민간차원에서 이바지했다는 평가를 받을 만하다.

1992년 8월에 한중수교가 공식으로 실현되면서 이 학회는 중화인민공화국 사회과학원과 제휴해 한중포럼을 서울과 베이징을 교대로 1년에 한 차례씩 열었다. 김 교수는 이 포럼에 적극적으로 참여하면서 후학들을 지도했다. 예를 들어 이 연구회가 1993년 10월 8일과 9일 이틀 동안 베이징에서 주최한 한중포럼 제2차 회의에 참석해 사회를 맡기도 했다.[50)] 이 학회는 오늘날까지 활발하게 활동하고 있다. 특히 이 학회가 중화인민공화국 사회과학원 한국연구중심과 공동으로 편집하고 출판하는 계간지 『당대한국』은 중국에 한국을 알리는 데 적잖게 이바지하고 있다.

50. 필자는 이 때 미국 우드로윌슨국제연구소 객원연구원으로 워싱턴 D.C.에 머물고 있었는데 초청을 받아 참석했다. 회의가 끝나 다시 미국으로 돌아가려는데 선생님이 부르시더니 많지 않은 액수의 미화를 주시며 "김포공항에서 환금해 갖고 나온 미화 가운데 남은 것인데, 미국에 가면 UCLA에서 공부하고 있는 둘째 아들 (창완)에게 송금하라"고 말씀하셔서 "그렇게 하겠습니다"라고 대답하고 받았다. 몇 시간 뒤 선생님께 작별인사를 올렸더니 정색을 하시며 "자네 그 돈 꼭 보내야 하네"라고 말씀하시는 것이었다. 몹시 서운했다. "선생님 제가 이 돈을 먹고 떨어질까봐 염려되셔서 그러십니까" 하고 거칠게 말씀 올렸더니 껄껄 웃으시면서 "아니, 이 사람아, 자네가 바쁜 사람이라 잊어버릴까봐 그랬던 거지"라고 대답하셨다. 워싱턴 D.C.에 도착하자마자 써주신 주소로 곧바로 송금하고 전화까지 걸어 아버님께 꼭 보고 드리라고 당부했다.

Ⅸ. 학자로서 올곧게 살아왔다는 치하를 받다

1. 회갑기념논문집의 출간

김 교수는 1990년 6월에 회갑을 맞이했다. 제자들과 후학들이 '인산(仁山) 김영국 박사 회갑기념논문집간행위원회'를 구성해 『인산 김영국 박사 회갑기념논문집 : 정치학의 전통과 한국 정치』를 1990년 6월에 박영사(博英社)에서 출판했다. 33명의 필자들이 30편의 논문을 기고했는데, "정치사상" 분야, "국가론과 정치이론" 분야, "비교정치와 국제정치" 국가의 변화" 분야, "한국 정치" 분야 등으로 편집했다. 당시 한국정신문화연구원 한국학대학원장인 구범모 교수가 "하서"(賀書)를 썼다. 구 교수는 "김 교수는 휘몰아치는 역사의 굽이굽이마다, 그 중요한 역사의 길목마다 바깥 외풍과 유혹에 동요되지 않고 냉철한 이성과 칼날 같은 판단력으로 학문의 세계라는 자기의 외길 인생을 지켜왔다"고 치하했다. 구 교수는 "김 교수의 성품은 우주의 삼라만상이 다 변해도 그 만상을 규율하는 변하지 않는 실질을 찾는 것을 더 좋아했다"고 지적했는데, 신라호텔에서의 회갑기념연에 참석한 하객들 대부분이 정확한 지적이라며 공감했다.

김영국 교수에 대한 구범모 교수의 애정이 두터웠듯이 김영국 교수의 구범모 교수에 대한 애정 역시 두터웠다. 구 교수가 정계로 나간 뒤 정치 상황이 악화되는 일이 일어날 때마다 "범모가 무사해야 할 터인데" 하며 걱정하곤 했다. 때때로 구 교수와 만나고 돌아온 뒤에는 "범모가 그러는

데 … " 하며 구 교수의 말을 전하면서 화제로 삼곤 했다. 김 교수의 이러한 표현은 예외적인 경우에 속하는 것이었다. 왜냐하면 김 교수는 심지어 동료인 서울대의 어느 어느 교수들에 대해 말이 나오면 "걔? 걔는 라스칼이지"라고 말하는 경우도 적지 않았기 때문이다. '라스칼' 은 물론 rascal로 불한당, 악당, 깡패라는 뜻이다. 여기서 엿보이듯이 김영국 교수의 사람 평가는 엄격했다. 그만큼 김 교수의 도덕적 기준은 높았다. 김 교수의 공적·사적 생활을 두루 알고 있던 구 교수는 "부정이라곤 조금만큼도 용납하지 않는 성직자와 같은 분이셨다"고 회고하곤 했다.

필자가 직접 목격했던 비화를 소개하겠다. 1975년과 1977년 사이의 어느 시점에서의 정치학과 교수 공채 때 서방세계의 한 명문대에서 정치학 박사를 받은 사람이 원서를 낸 뒤 대학신문사 주간실로 김 교수를 찾아와 그 때로서는 결코 적지 않은 돈이 든 봉투를 놓고 갔다. 김 교수가 곧바로 그 사실을 알고는 글자 그대로 대노하면서 돌려보낸 뒤 그 이후론 그 사람을 상종조차 하지 않았다. 1980년과 1981년 사이의 정치학과 교수 공채 때는 국가안전기획부가 어느 특정한 후보를 뽑으라고 끈질기게 압력을 가했다. 그 때 사회과학대 학장이던 김 교수는 끝내 뿌리쳤다.

2. 서울대 정치학과 및 외교학과에서 최초로 정년퇴임하다

회갑 다음해인 1991년 7월 16일에 실시된 제19대 서울대학교 총장선거에 입후보해 네 후보 가운데 차점을 기록했다. 서울대 전체 교수 1,131명 가운데 1,026명이 참가해 2인연기명방식으로 진행된 투표에서 전임

부총장인 인문대학 영어영문학과 김종운(金鐘云) 교수가 638표, 김영국 교수가 566표, 전용원(田溶元) 교수가 449표, 이광호(李光鎬) 교수가 361표를 얻었다. 규정에 따라 최고득표자와 차점득표자 두 사람이 정부에 추천됐다. 정부는 관례에 따라 최고득표자인 김종운 교수를 8월 14일 총장에 임명했다.[51]

이처럼 총장 경선에서는 뜻을 이루지 못했으나 1995년 8월 31일에 서울대학교 정치학과 외교학과를 통틀어 처음으로 정년퇴임하는 영예로운 기록을 세웠다. 주요 언론매체들이 사실을 보도하면서 외도하지 않고 학문의 외길을 걸어온 그의 학자적 자세를 높이 평가했다.[52] 그 해 11월에 명예교수로 추대됐다. 그 뒤에도 서울대 명예교수로서, 서울대학교 정치학과동창회 5대 회장으로, 그리고 1996년 11월 5일에 발족된 서울대학교 정치·회교학과 총동창회 초대 공동회장으로 봉사했다.

1999년에 들어서면서 김 교수의 건강은 나빠져 가고 있었다. 이 해 몇몇 원로학자들이 그를 대한민국학술원 회원으로 추천했으나 선출되지는 않았다. 이 일은 그의 마음에 상처를 남겼고, 그는 이듬해인 2000년 1월 26일에 별세했다. 향년 70세의 아까운 연세였다. 사모님과 2남 1녀를 비롯한 유족들의 슬픔 속에, 그리고 비보에 접하고 운집한 수많은 지인(知人)들과 제자들 및 후학들의 애도 속에 삼성의료원에서 발인해 화장으로 치러진 뒤 구범모 교수의 발의가 받아들여져 서울 서초구의 능인선원에 유골과 유회가 모셔졌다.

51. 《동아일보》, 1991년 7월 17일.
52. 앞의 책, 1995년 8월 1일.

X. 맺음말

이상에서 김영국 교수의 정치학자로서의 반세기를 주로 수학(修學)과 연구, 그리고 강의 및 저술들을 중심으로 살폈다. 이제까지의 설명을 요약하기로 한다.

그의 정치학자로서의 활동시기를 여섯 단계로 나눠볼 수 있다. 첫 단계는 1949년 9월부터 1954년 3월까지 서울대학교 문리대 정치학과에서 정치학을 공부하던 예비적 시기이다. 이 시기에 그는 정치철학과 정치제도학을 중심으로 하는 전통적 정치학의, 특히 유럽 중심의 정치학의 세례를 받았다. 이 시기에서 중요한 구분은 1952년 10월에 이뤄졌다. 민병태 교수의 부임을 계기로 그는 민 교수를 통해 라스키와 매키버를 중심으로 하는 다원주의 국가학에 접하게 되고 또 민 교수의 사랑을 받게 된다.

둘째 단계는 1954년 3월에 서울대학교 대학원 정치학과 석사과정에 입학한 때로부터 1958년 8월에 시카고대학교 대학원 정치학과에 유학할 때까지의 시기이다. 이 시기에 그는 국가다원론에 관한 주요 저서들을 번역함과 아울러 국가다원론을 중심으로 몇 편의 논문들을 발표했다. 한 마디로 그는 국가다원론자였다. 그리고 마침내 민 교수의 강력한 추천으로 서울대학교 문리대 정치학과의 전임강사로 기용됨으로써 민 교수의 학통을 이어받을 후계자로 발돋움했다.

셋째 단계는 1958년 8월부터 1964년 2월까지의 시기이다. 이 시기에 그는 정치철학론을 강력히 제창한 스트라우스 교수로부터 강한 영향을 받았으며, 그리하여 스트라우지언, 곧 스트라우스학파의 일원이 됐고, 전통적 정치학 방면의 연구를 더욱 깊이 했다. 곧 플라톤과 아리스토텔레스로부터 시작되는 서양의 철학 또는 정치철학을 자신의 일차적 전공으로 삼은 것이다. 그리하여 그는 이 방면에서 개척적인 연구업적을 남겼고 또 강의했다. 둘째 단계와 셋째 단계를 합친 약 10년이, 그러니까 만 24세 때부터 만 34세 때까지의 약 10년이 그의 정치학 연구에서 가장 활발했고 '천재 김영국'의 인상을, 그리고 '한국의 정치학계를 이끌어 갈 대석학'이 되리라는 기대를 주변에 각인시켜 준 시기였다.

넷째 단계는 침잠의 시기이다. 1964년 3월부터 1970년 여름까지의 이 시기에 그는 국내의 정치적 여건에 영향받아 심리적으로 위축됐다. 만 34세에서 만 40세에 이르는, 학문적으로 매우 생산적일 수 있는 이 황금의 시기에 그는 시대적 상황의 희생자가 된 것이다.

다섯째 단계는 회복의 시기이다. 1972년에 스트라우스의 정치학에 관한 박사학위 논문이 통과되고 동시에 정교수로 승진하는 것을 계기로 그는 학문적 열정과 실력의 회복을 보여주었다. 그리고 이 박사학위 논문이 그 이후 그의 학문활동의 원천이 된다. 말하자면 스트라우스라는 스승의 조술자(祖述者)로서의 역할을 수행했던 것이다.

여섯째 단계는 대학과 학계의 어른으로서의 시기이다. 대체로 1973년 3월에 서울대에서 《대학신문》 주간직을 맡게 된 이후 그는 학생처장, 사회과학대학장, 대학원장, 부총장의 보직을 차례로 맡아 서울대의 지도적 대학행정가로 자리 잡았으며, 1983년도 한국정치학회 회장으로 정치학계를 이끌었다.

그러면 김영국 교수의 정치학은 어떤 내용이었나? 김 교수의 정치학은 스승 민병태 교수의 정치학의 뼈대인 국가다원론을 공부하고 번역·

수용하는 것에서 출발했다. 그 점에서 그의 정치학은 이미 전통적 연구방법의 테두리 안에 있었다. 전통적 연구방법에 대한 그의 믿음은 스트라우스 교수의 정치철학을 공부하고 수용하는 과정에서 더욱 굳어졌다. 그리하여 그는 일차적으로 정치를 철학적으로 분석하고 연구해야 한다는 스트라우지언이 됐다. 정치는 공동체 구성원들의 자유와 창의를 보장해 주고 신장시켜 주며 동시에 복지를 증진시킴으로써 공공의 선(善)을 실현시키는 수단이자 과정이며, 따라서 정치에 대한 판단은 철학적이고 이상주의적이며 당위론적이어야 한다는 뜻이었다. 그러나 정치의 이상주의적 목적을 실현하는 수단은 '합법적'이어야 한다고 보았다. 이 점에서 김 교수의 정치학은 보수적 경향이 강했다고 할 것이다.

김 교수는 이처럼 전통적 정치학의 입장에 서 있었지만 과학적 정치학을 무시하지는 않았다. 그는 전통적 방법이 정치학 연구의 대종이기는 하되 과학적 방법은 전통적 방법만으로 설명되지 않는 부분의 연구를 보완해 줄 수 있다고 믿었다.

인산 김영국 선생의 연구업적 내용

이정복(서울대학교 명예교수)

인산 선생은 중고등학교와 대학에서 공부가 아주 뛰어났던 분이다. 경기중학교 재학 중 검정고시에 합격하여 서울대 정치학과에 들어오셨고, 서울대 정치학과에서도 영독불 3개 국어에 능통한 실력을 가지고 있으시는 등 두각을 나타내어 공삼 선생의 지도로 석사학위를 받으신 일년 후에 정치학과의 전임강사로 발령을 받으셨다. 인산 선생이 28세 때였고 그 후 3년 후인 1961년 31세 때에 조교수로 승진하셨다. 그러나 인산 선생은 1964(34세)년부터 4년간 문리과대학 학생과장 일을 보셨고, 1973년(43세)부터 4년간 《대학신문》 주간, 1978년(48세)부터 학생처장, 1980년(50세)부터 사회과학대 학장, 1987년(57세)부터 대학원장, 1989년(59세)부터 부총장을 역임하셨다. 선생은 서울대학교가 학생들의 굴욕적인 한일국교정상화 반대운동, 유신 반대운동, 군부독재 반대투쟁 등으로 어려운 시기에 처해 있을 때 서울대의 존립과 발전을 위해서 일하셨다. 특히 《대학신문》의 주간을 맡으신 43세 이후부터는 서울대 전체의 중요한 보직을 계속해서 맡으셨다.

인산 선생은 대학, 대학원, 전임강사, 조교수 시절에 열심히 공부하셨으나 중요한 학교 보직을 맡으신 다음부터는 그렇지 못하셨던 것 같다. 인산 선생 같이 학문적 자질이 뛰어나신 분이 학교 보직을 맡지 않고 계속 공부하셨더라면 한국의 해롤드 라스키나 레오 스트라우스가 되셨을 것이다. 구미와는 다른 우리의 학문적 풍토가 인산 선생에게 이러한 환경을 마련해 드리지 못한 것은 실로 애석한 일이다.

인산 선생은 정치사상 연구자로 알려져 있으나 필자는 인산 선생으로부터 정치사상 강의를 듣지는 않았다. 필자의 재학시에는 공삼 민병태 선생이 정치사상을 담당하고 계셨기 때문에 인산 선생은 정치사상을 가르치시지 않았고, 정치학이란 어떤 학문이고 어떤 방향으로 발전해야만 될 것인가의 문제를 중심으로 강의하셨다. 인산 선생은 라스키의 정치학 입문, 가치와 사실을 구별하고 사실에 대한 과학적 연구만을 주장하는 행태주의 정치학에 대한 비판을 주도해 온 레오 스트라우스, 그리고 아놀드 브레히트의 과학적 가치상대주의에 대해 강의하셨다.

인산 선생이 가치와 사실의 구별을 신랄히 비판하고 있는 스트라우스의 주장을 소개하면서도 이러한 구별을 인정하고 가치에 대한 과학적 접근법을 제시하고 있는 브레히트의 과학적 가치상대주의를[1] 부정적으로 비판하지는 않았다. 선생께서 마키아벨리에 대해서도 관심을 가지고 계시다는 것은 필자가 서울대에 교수로 부임한 이후에 안 일이지만, 30대에 쓰신 글에 마키아벨리의 정치관이 반영되어 있는 것을 볼 때 일찍부터 마키아벨리를 중요하게 생각하셨던 것 같다. 선생께서는 일반시민

1 Arnold Brecht, *Political Theory : The Foundations of Twentieth-Century Political Thought* (Princeton, New Jersey : Princeton University Press, 1959) 참조.

의 정치교육에 대해서도 관심이 있다고 필자에게 말씀하신 적이 있고 독일의 정치교육 실태를 파악하기 위해 독일에 가신 일도 있다. 마키아벨리에 대한 관심이나 정치교육에 대한 관심은 모두 스트라우스에 그 연원이 있었다.

인산 선생의 연구업적은 대학에서 계속 보직을 맡기 시작하신 40대 초 이전 시기와 그 이후 시기로 나누어 볼 수 있다. 인산 선생의 중요한 연구업적은 대부분 40대 초 이전 시기에 나왔다. 그리고 40대 이전 시기의 연구업적은 시카고대학 유학(1958) 이전 시기와 그 이후 시기로 나눌 수 있다. 그 이전 시기의 연구업적에는 공삼 선생의 영향이, 그 이후 시기에는 스트라우스의 영향이 그의 주장을 긍정적으로 생각하였든 부정적으로 생각하였든 간에 각각 뚜렷하게 나타나고 있다.

3년 전 공삼 선생의 연구업적을 소개할 때에는 공삼이 쓰신 책, 논문, 시평 등을 거의 모두 보았으나 이번에는 이것이 여의치 못했다. 인산 선생의 글이 공삼 선생보다 훨씬 많았고, 이를 전부 찾는 것이 여의치 못했기 때문이다. 여기서는 필자가 보기에 인산 선생의 정치관이나 정치학관이 잘 나타나 있다고 생각하는 글을 중심으로 인산 선생의 연구업적 내용을 소개하기로 한다. 인산 선생이 정치학과 정치에 대해 어떠한 생각을 하셨는지를 우리들이 좀더 구체적으로 아는 것이 중요하다.

I. 40대 초 이전까지의 연구업적 내용

1. 시카고대학 유학 이전까지의 연구업적 내용

인산 선생이 대학원에 입학해서 유학을 가기 이전까지의 기간은 3년이다. 이 기간에 선생은 석사논문을 쓰셨고, 「정치학의 대상으로서의 정치현상」과 「국가이론의 변천과 현대 민주주의」라는 글을 우리 정치학과에서 발간하는 『정치학보』 제1호(1956)와 제2호(1957)에 각각 실었다. 또 루소의 『인간불평등기원론』을 1957년에, 웰던(T. D. Weldon)의 『정치학사전』을 1958년에 번역·출판하셨다. 이 기간의 인산 선생의 대표적 연구업적은 석사논문 「국가이론의 변천과 현대 민주주의」이고, 이 논문을 잘 쓰셨기 때문에 공삼 선생이 인산 선생을 전임강사로 발탁하셨다고 생각한다. 국가이론과 민주주의론은 공삼 선생이 당시 가르치던 주제였고 인산 선생은 이에 대해 석사논문을 쓰신 것이다. 인산 선생의 다른 두 글도 석사논문에서 다루고 있는 주제이다. 필자는 대학원생일 때에 인산 선생의 석사논문을 찾아보았고, 영독불의 문헌을 자유자재로 인용하고 계신 데 대해 감탄을 금치 못했던 기억을 아직도 가지고 있다.

이 논문은 서장에서는 서양의 국가이론이 그리스 시대부터 현대에 이르는 기간 동안에 어떻게 변천해 왔는가를 소개하고 있고, 제2장에서는 특히 근대국가의 권력이론이 어떻게 변화해 왔는가를 기술하고 있으며, 제3장에서는 현대 민주주의와 국가권력과의 관계를 개인과 국가와의 관계에 관한 이론, 국가와 사회와의 관계에 관한 이론, 국가기능의 확대와 단체이론의 고찰을 통해서 다루고 있고, 제4장 결론에서는 생활양식으로서의 민주주의의 본질과 과제가 무엇인가를 논의하고 있다.

이 논문은 국가, 권력, 민주주의에 관해 일가견을 낸 서양의 정치사상가들을 거의 모두 다루고 있는 논문이고, 서양 정치사상이 이러한 주제들을 중심으로 전개된 만큼 서양 정치사상사를 잘 정리하고 있는 논문이다. 인산 선생이 서양 정치사상사를 얼마나 광범위하고 철저하게 공부하셨나를 반영하는 논문이다. 또한 공삼 선생도 이러한 주제들을 중심으로 정치사상사를 가르치신 만큼 공삼 선생의 영향이 얼마나 컸는가를 나타내기도 하는 논문이다.

그러나 인산 선생이 서양 정치사상가 혹은 정치이론가들의 국가론, 권력론, 민주주의론을 검토한 것은 이에 대해 알고 싶다는 소박한 지적 호기심에서가 아니다. 인산 선생은 이러한 검토를 배경으로 해서 민주주의의 본질과 과제가 무엇인지에 대해서 뿐만 아니라, 우리가 정치학을 어떻게 공부해야 할 것인지에 대해서도 그 나름의 주장을 제4장 결론에서 펴고 있다.

인산 선생은 서양의 여러 정치이론이 나오는 배경으로서의 역사적 현실도 중요하게 생각하지만 플라톤과 아리스토텔레스로부터 근현대의 여러 정치이론가들의 이론 자체도 중요하다고 본다. 선생은 그들의 이론이 그것이 국가론이든 권력론이든 민주주의론이든 간에 현실을 이에 비추어 판단하는 기준역할을 하였고, 또 실제로 정치현실에 큰 영향을 미쳤다고 보고 있다. 서양 정치이론이 어떠한 현실적 배경으로부터 나와 어떠한 정치적 영향을 미쳤는가를 인산 선생의 석사논문 제1, 2, 3장이 잘 정리하고 있다. 그러나 이에 대해서는 우리가 어느 정도는 알고 있으므로 생략하고 여기서는 선생 자신의 주장이 보다 뚜렷하게 나와 있는

제4장 결론의 내용만을 소개하기로 한다.

제4장은 생활양식으로서의 민주주의, 민주주의의 본질, 민주주의의 과제의 세 항목을 가지고 있다. 첫째 항목은 민주주의가 정부형태일 뿐만 아니라 생활양식이라는 것인데, 여기에 정치학을 어떻게 공부해야 할 것인지에 대한 인산 선생의 시각이 나타나 있다. 이 항목은 다음과 같은 내용으로 시작하고 있는데, 좀 길지만 직접 인용해 보기로 한다.

> 인간생활은 육체적·지적 및 도덕적 제 요구를 만족시키고자 하는 자연적 충동을 전제치 않고서는 존재할 수가 없는 것이다. 제임스(James)가 말한 바와 같이 이러한 인간의 자연적 충동은 일종의 자동적 에너지가 되어 인간의 행동으로 나타난다. 인간의 사회생활사는 이러한 인간행동의 역사라고 할 수 있겠다.
>
> 그러나 우리는 로빈슨 크루소와 같은 고립된 인간의 생활을 예외적인 것으로 보지 않으면 아니되고 인간은 처음부터 타인과 아울러 집단생활을 하지 않으면 안 됨을 생각할 때 인간생활 그 자체는 집단생활과 떨어져서 있을 수 없음을 알 수 있다. 이와 같이 사회생활을 하는 "인간은 스스로가 보이지 않는 제도의 세계를 만들어내며 인간생활은 제도에 의하여 정서된다."[2] 실로 인간은 제도를 통하여 과거의 유산을 미래에 전달하며, 제도가 없다면 인간생활은 무질서하고 무의미하여 매키버가 말한 바와 같이 동물의 생활이나 다름이 없을 것이다.
>
> 이와 같이 볼 때 인간생활은 인간의 행동이 없다면 존재할 수가 없으며 이러한 행동의 양식을 규정하는 제도가 없다면 의의가 없는 것이다. 보다 더 적

2 MacIver, *The Web of Government*(N.Y. : The Macmillan Co., 1947), p. 102.

절히 표현한다면 인간의 행동은 무수한 제도의 제약을 받으며 제도의 제약을 받음으로써 의의를 갖게 된다. 인간의 계속적 행동은 부지중에 하나의 유형으로 고정화되고 이렇게 고정화된 행동의 습성은 조만간에 행동자체를 구속하는 하나의 형태로 나타난다.

인간생활에는 이상 말한 바와 같이 동적인 측면과 정적인 측면이 있다. 동적인 측면은 인간의 창조적 행동을 말하는 것이요, 정적인 측면은 고정된 형태를 갖추는 제도를 말한다. 인간의 요구는 모든 행동의 근원이 되는 것이나 행동은 제도를 통해서만 그 표현이 가능한 만큼 인간생활의 역사는 전술한 바와 같이 행동의 역사일 뿐만이 아니라 또한 제도의 역사라고도 할 수 있는 것이다.

인간의 행동 그 자체는 인간생활의 요구를 만족시키는 제도로 표현된다고 볼 때 사회의 모든 제도는 인간생활을 만족시키는 것이라 아니할 수 없다. 인간생활을 모든 창조의 근원으로 보고 인간생활이 스스로의 향상을 위하여 표현하는 것을 모두 가치 있는 것으로 본다면 제도 그 자체도 하나의 가치를 내포하는 것이라 하겠다. 인간생활의 요구가 다종다양하여 요구하는 국면의 강약이 시간과 공간에 따라서 상이한 만큼 인간사회에 나타나는 제도도 또한 다종다양하다. 어떠한 제도는 시간적으로 장수할 뿐 더러 공간적으로도 대규모의 구조를 갖게 된다. 인간생활의 요구가 변함에 따라 종전까지 존재하였던 제도가 소멸할 수도 있고, 또한 종전까지 없었던 것이 새로 생길 수도 있으며, 소멸했던 제도가 역사상에 다시 나타날 수도 있는 것이다.[3)]

국가라는 제도도 이렇게 볼 때 인간생활의 과정에서 인간생활의 어느 일면을 만족시키기 위하여 발생한 것이며 다른 모든 제도나 다름 없이 인간생활의 요구를 만족시킨다는 점에서 역사적인 의의를 갖는 것이다.[4)]

3 Cole, G. D. Howard, *Social Theory*(London : Methuen & Co. Ltd., 1923), ch. 1 참조.

인산 선생의 주장은 인간의 육체적·지적·도덕적 충동과 요구가 자동적 에너지가 되어 인간행동을 유발시키고, 이러한 행동이 계속되면 하나의 유형으로 고정화, 즉 제도가 되고 인간의 행동은 다시 이 제도의 구속을 받고, 이러한 제도는 인간생활의 요구가 변함에 따라 소멸할 수도 있고 변화할 수도 있다는 것이다. 인산 선생은 제도를 우리가 이에 따라 행동하고 생활하는 생활양식으로 보았고, 이러한 제도는 우리의 충동과 요구로 발생하며 이러한 충동과 요구의 변화에 따라 변화하는 것으로 보고 있다. 그리고 이와 같은 주장은 오늘날의 정치학 패러다임인 신제도주의의 입장과 다를 바 없다. 인산 선생은 오늘날의 신제도주의자들에게서 보는 바와 같이 그의 입장을 발전시키지 못했지만 인간생활의 역사는 제도의 역사라고 주장할 정도로 제도를 중요시하고, 이 제도의 발생과 변화에 관심을 가질 것을 촉구한 점에 있어 1950년대 말에 이미 오늘의 신제도주의자들과 같은 출발점에 서 계셨다고 볼 수 있다.

인산 선생은 결론의 두 번째 항목인 민주주의의 본질에서는 어떠한 주장을 하고 계신가? 인산 선생은 서구 민주주의 발전과정에서 대의정치의 원칙과 입헌정치의 원칙이 수립된 경위와 정치적 민주주의의 원칙과 사회적 민주주의의 원칙이 수립된 경위를 소개하고 있다. 정치적 민주주의는 억압으로부터의 자유를 의미하고, 사회적 민주주의는 인간이 창조생활을 위한 실질적 수단에 균점할 기회를 갖는 것을 의미한다. 정치적 민주주의는 사회적 민주주의가 없다면 의미가 없다는 입장을 취하고 계시다. 근세 초기 사회에서 정치적 자유가 문제시되고 사회적 자유는 문제시되지 않은 것은 이 시기에는 사회가 비교적 동질적이었기 때

4 John Burgess, *The Foundation of Political Science*, p. 198.

문이라고 보고 계시다.

인산 선생에 의하면 근세 초기에 발생한 군주국가는 버지스(Burgess)가 말한 바와 같이 봉건영주의 폭정에 대항하여 인민을 보호했다는 점에서 민주주의적이었다.[5] 또한 군주정치는 인민들이 언어, 이해관계, 관습 및 사고양식의 공통성을 갖는 민족국가 형성에 기여했고, 이러한 공통성이 인민들이 의견의 일치를 보는 객관적 조건이었다는 점에서 민주주의에 크게 이바지했다.

민주주의의 본질은 무엇인가? 인산 선생은 어느 특정 인간이 아닌 모든 인간의 존엄성에 대한 신조가 민주주의라고 주장하셨다. 민주주의는 자유와 평등도 아니고, 정부형태도 아니며, 약한 국가권력도 강한 국가권력도 아니고, 인간의 존엄성에 대한 신조라는 것이다. 선생은 자유, 평등, 정부형태, 국가권력의 약화와 강화는 그것이 인간의 존엄성에 대한 신조를 보장하는 한에 있어 민주주의적인 것이라고 주장하셨다.[6]

그렇다면 민주주의의 과제는 무엇인가? 인산 선생에 의하면 민주주의의 과제는 민주주의의 본질인 모든 인간의 존엄성에 대한 신조를 실천에 옮기는 것이다. 그러나 이러한 신조를 실천하는 데에는 실제로 끝이 없으므로 민주주의의 사명도 끝이 없다. 인산 선생은 "민주주의는 영원히 완성될 수 없는 통치형태를 의미하며, 이것이 민주주의 국가이다 하고 말할 수 있자면 민주주의는 앞으로도 몇 세기를 더 성장해야 할른지 알 수 없는 일이다"[7]라는 매키버의 주장에 동의하고 있다.

인산 선생은 현대 사회의 문명이 고도의 기술발달로 인간에게 전례

5 R. M. MacIver, *The Web of Government*, p. 175.
6 김영국, 『국가이론의 변천과 현대 민주주의』, 103–105쪽.
7 김영국, 110–117쪽.

없는 생활의 편의를 제공하고 있고 활발한 정신활동을 가능케하고 있으나 두 가지 폐단을 초래하고 있다고 지적하였다. 첫째 폐단은, 문명의 발달이 극심한 사회적 분화와 조직화를 초래하여 인간의 창조성을 위축시키고 인간을 기계적으로 만든다는 것이다. 두 번째 폐단은, 빈부의 극심한 격차와 같은 이해관계의 첨예한 대립을 가져와 민주주의의 객관적 조건인 사회적 동질성을 파괴한다는 것이다. 이러한 폐단을 해결하기 위한 방법으로는 합법적인 방법과 비합법적인 방법이 있다. 영국, 미국, 프랑스는 과거에는 1688년의 영국혁명, 1776년의 미국 독립전쟁, 1779년의 프랑스혁명에서 볼 수 있는 바와 같이 비합법적인 방법으로 능률적으로 신속하게 민주주의를 수립하였으나 이제는 합법적인 민주주의적 방법으로 점진적으로 사회개혁을 추진할 수밖에 없다고 인산 선생은 보고 계시다.

2. 시카고대학 유학 이후부터 40대 초까지의 연구업적 내용

인산 선생은 시카고로부터 귀국한 1959년 6월 말부터—1964년에 문리대 학생과장 일을 보기 시작하셨지만—1973년《대학신문》주간을 맡으실 때까지 비교적 활발한 지적 활동을 하셨다. 문리대에서는 1964년부터 1965년 한일국교정상화에 이르는 기간 동안 강열한 한일회담 반대운동이 전개되었고, 이 운동의 주동자들이 모두 정치학과 학생들이었다. 학생운동의 주역이 정치학과 학생들이니 이 보직을 맡으실 수밖에 없으셨을 것이다. 선생께서 데모하는 학생 시위대들의 옆을 따라오시던 모습이 아직도 필자의 눈에는 선하다. 그래도 선생께서 30대셨던 이 기간에 「레오 스트라우스의 정치학 논고」라는 박사학위 논문도 쓰셨고, 그 이외에도 비교적 많은 글을 쓰셨다.

이 기간에 인산 선생은 공저로 『정치학 요강』, 『사회과학개론』, 『민주주의론』을, 공편으로 『현대 정치학』을, 단독 저서로 『정치학개론』과 『레오 스트라우스 정치사상 연구』를 내셨다. 또한 클러프(W. O. Clough)의 『미국 사상의 기원』, 해리먼(W. A. Harriman)의 『변동하는 세계 속의 미소』를 번역 · 출판하셨다. 그리고 비교정치나 정치과정 분야에 속하는 글을 30여 편 잡지에 기고하셨다. 『한국정치학회보』는 1959년에 제1호를 내었으나 1973년에 가서도 제7호밖에 내지 못하는 수준이었다. 당시에는 대부분의 정치학자들이 그들의 글을 『사상계』, 『신동아』, 『정경연구』, 『월간중앙』 같은 잡지에 기고했다. 여기에 실린 글은 오늘의 기준으로 보면 그 형식과 내용에 있어 논문이라고 볼 수 없으나 당시의 정치학자들은 이러한 잡지매체를 통한 지적 활동을 하였다. 인산 선생도 이에 예외가 아니셨다. 이 기간에 인산 선생은 동독에서 서독으로 망명한 철학자 블로흐(Ernst Bloch)의 『희망의 철학』(1965)과 미국의 브레히트(Arnold Brecht)의 『정치이론』(1970), 프랑스의 뒤베르제(Maurice Duverger)의 『정치학개론』(1971), 영국의 크리크(Bernard Crick)의 『정치학을 지키기 위하여』(1971)에 대한 서평도 쓰셨다.

이상 소개한 인산 선생의 업적에서 알 수 있듯이 인산 선생은 플라톤, 아리스토텔레스, 아퀴나스, 마키아벨리, 홉스, 로크, 루소, 헤겔 등과 같은 정치사상가들의 사상을 논하는 글을 쓰지 않으셨다. 인산 선생은 1960년대에 정치사상을 가르치지 않으셨을 뿐만 아니라 이에 대해 쓰시지도 않았다. 공삼 민병태 선생께서 정치사상 분야를 전담하고 계셨기 때문에 이 분야에 대해서는 다루지 않으셨는지도 모르겠다. 선생의 레오 스트라우스에 대한 관심도 그의 과학적 정치학 비판에 있었지, 그에 의한 정치사상 연구에 있지 않았다. 인산 선생의 학문적 관심은 우리가 정치를 어떻게 연구해야만 할 것인가에 있었다. 인산 선생이 실제 정치에 대해 쓰신 30여 편의 글에도 인산 선생의 정치학 연구 접근법이 구체적으로 나타나 있다.

인산 선생은 20대 말에서 40대 초에 이르는 10여 년간 정치학을 어떻게 연구해야 한다고 생각하셨는가? 이에 대한 답을 그의 스트라우스 연구와 그의 실제 정치에 대한 글에서 찾아보고자 한다. 첫째로, 레오 스트라우스에 대한 그의 박사학위 논문에서는 이 문제에 대해 어떠한 답을 하고 계신가? 이에 대해서는 선생의 박사학위 논문 전체를 다루는 별도의 발표에서 논의될 것이므로 여기서는 인산 선생이 공삼 선생 화갑기념논총에 기고한 「정치철학과 정치과학」(1973)이라는 글을 중심으로 이 문제에 대해 생각해 보기로 한다. 인산 선생은 이 글에서 현대의 위기는 철학의 부재에 있고 정치학의 고민은 현대의 과학적 정치학이 철학을 유기한 데서 비롯된다는 스트라우스의 주장에 전적으로 동의하고 있다. 현대의 과학적 정치학이 로마가 불타고 있는 동안 제금(提琴)을 키고 있을 뿐만 아니라 로마가 불타고 있고 제금을 키고 있다는 것도 모르고 있다는 스트라우스의 혹평에 이의를 제기하고 있지도 않다. 그러나 그가 기고한 글의 내용 중 90%는 레오 스트라우스 비판으로 차 있다. 인산 선생은 스트라우스의 주장에 동의하면서도 그에 대한 비판을 더 자세하게 소개하고 있는 것이다. 인산 선생의 정치학론을 이해하기 위해서는 인산 선생이 소개한 스트라우스 비판을 살펴볼 필요가 있다. 스트라우스 비판은 그의 정치철학론 비판과 그의 과학적 정치학 비판에 대한 비판으로 구성되어 있다.

스트라우스의 정치철학론에 대한 첫 번째 비판은 스트라우스가 정치철학의 근본이라고 생각하는 정치적 선에 대해 체계적 설명을 하고 있지 않다는 것이다. 스트라우스는 공동선을 강조하는 고전적 정치철학의 중요성을 강조하고 있지만 그 선이 무엇인가를 명시적으로 제시하고 있지 않다는 것이다. 두 번째 비판은 스트라우스의 정치철학론은 정치의 고유한 문제에 대한 포괄적 검토를 방기하고 있다는 것이다. 스트라우스는 정치철학이 강조하는 공동선을 실현하는 매개체로서의 정치에 대한 고찰을 하고 있지 않다는 것이다. 스트라우스의 정치학은 권력을 위시해서 주권, 권위, 정치적 복종의 근거, 정치적 정의 등 정치학의 중요한 문제들을 탈락시키고 있다는 것이다. 셋째 비판은 스트라우스가 생각하는 민주주의와 오늘의 과학적 정치학자들이 생각하는 민주주의 간에는 커다란 간격이 있다는 것이다. 스트라우스는 민주주의를 목적이 아니라 철학적 생활을 하기 위한 조건으로 보고 있고, 현대의 대중민주정치는 균등주의적 민주정치(Equalitarian Democracy)이거나 중우정치(Democracy)라고 보고 있다는 것이다. 네 번째 비판은 스트라우스가 예지를 배양하는 명상 위주의 교육을 강조하고 있는데, 현대 교육의 대중화 현상을 감안할 때 과연 명상 위주의 교육이 가능할지 의심스럽다는 것이다.

스트라우스의 과학적 정치학 비판에 대해서는 다음과 같은 의문이 제기되고 있다. 즉 스트라우스는 과학적 정치학이 정치철학과 양립할 수 없다고 강조하고 있는데, 스트라우스가 과학적 정치학의 내용에 대해서 깊은 조예를 갖고 있는 것 같지 않다는 것이다. 특히 스트라우스는 정치에 대한 사회학·경제학·심리학적 접근을 "정치 이하"(sub-political)의 것을 통한 부당한 접근이라고 비판하고 있는데 이도 맞지 않는 애기라는 것이다.

인산 선생은 위의 글에서는 스트라우스의 정치철학론과 과학적 정치학 비판을 한편으로는 긍정적으로 평가하면서도 다른 한편에 있어서는 그가 과학적 정치학의 대안을 내놓지 못했다는 점과 그가 과학적 정치학을 깊이 이해하고 있지 못하다는 점에 대해 동의하고 있는 것 같다. 그렇다면 정치학은 어떻게 발전해야만 하는가? 스트라우스의 주장대로 그리스 시대의 고전적 정치학으로 되돌아가야 할 것인가, 그렇지 않으면 과학적 정치학으로 발전해야 할 것인가? 이 질문에 대해 인산 선생은 다음과 같이 답변하고 있다 : "스트라우스의 반과학주의적 철학이 진취적 과학주의자의 관심을 끌게 되고 과학적으로 체계화될 경우 현대 정치학의 고민은 해소되고 시민의 과학으로 발전될 계기가 마련될 것이다."[8] 여기서 진취적 과학주의자란 정치학 연구에서 가치의 중요성을 강조한 데이비드 이스턴과 같은 정치학자를 가리킨다. 인산 선생이 이러한 진취적 과학주의자들에게 스트라우스의 철학적 주장을 과학적으로 체계화할 것을 요구했다는 것은 그가 과학적 정치학에 대해 스트라우스와는 다른 입장을 가졌다는 것을 의미한다. 스트라우스가 과학적 정치학을 폄하하고 부정한 데 비해 인산 선생은 과학적 정치학의 수정을 요구하고 긍정적으로 인정할 것은 인정했다고 볼 수 있다.

인산 선생의 이러한 입장은 그가 잡지에 기고한 30여 편의 글에 나타나 있다. 스트라우스가 공동선을 실현하는 매개체로서의 실제정치에 대한 고찰을 거의 하고 있지 않는 데 비해 인산 선생은 이러한 작업을 본격적으로 하고 계신 것이다. 인산 선생은 1960년대 우리나라의 실제정치에서 문제가 되었던 중요한 주제는 거의 모두 다루셨다. 선생이 다루신

8 『공삼 민병태 박사 화갑기념논총』(서울대학교 출판부, 1973), 125쪽.

주제를 열거하면 「대통령책임제 정부조직의 기본요소」(1962), 「정당, 선거와 대중」(1963), 「민족과 국가사회」(1963), 「민주주의의 근대적 개념」(1963), 「영국의 정치문화」(1963), 「새로운 정치학」(1964), 「한국 학생의 사회참여 분석」(1966), 「정부형태의 분류」(1966), 「대의정치와 책임정치」(1966), 「민족주의 신화를 찾아서」(1966), 「정치가, 정당 그리고 정치권력」(1966), 「신생국가의 정당에 대한 분석」(1967), 「입법부의 합리적 운영」(1967), 「오늘의 한국 정치의 과제」(1967), 「한말 의병운동을 통해서 본 정치사상」(1968), 「한말 민족운동의 계보적 연구」(1969), 「한국 민족의식의 발전형태」(1969), 「국민과 군대와의 관계에 대한 연구」(1969), 「정치안정속의 불안요인」(1968), 「쿠데타」(1968), 「자유에로의 전진」(1970), 「한국 통일 이후의 질서문제」(1970), 「새로운 외교의 길 : 중립국과의 신외교관계 확립을 위한 제언」(1971), 「당선지상주의에의 경고」(1971), 「국민발안의 현대정치적 의의」(1971), 「동서 평화무드의 가면과 진면」(1971), 「남북대화의 전위적 제의」(1971), 「우리나라 선거제도에 대한 편견 : 선거구 문제를 중심으로」(1971), 「프랑스 제5공화국의 경험으로부터의 교훈 : 정치권력의 인격화의 문제」(1972) 등을 포함하고 있다. 이러한 주제는 이미 지적한 바와 같이 거의 모두가 비교정치와 정치과정 분야에 속하는 주제로 당시 정치학과에서는 준봉 구범모 선생이 가르치시던 주제이다. 인산 선생은 이러한 주제들에 대해 가르치지는 않으셨지만 자신의 생각을 글로 남기셨고, 여기에는 그의 정치학 방법론도 나타나 있다.

위에 열거한 인산 선생의 모든 글이 귀중한 가치가 있는 글이지만 여기서는 한국의 정치발전을 위해서 뿐만 아니라 한국 정치학의 발전을 위해서도 우리들에게 많은 시사점을 오늘날에도 던져주고 있는 세 편의 글의 내용을 간단히 소개하고자 한다.

인산 선생이 20대 후반에 쓰신 석사논문의 결론에서 인간생활의 역사는 제도의 역사라고 보고 제도가 중요하다는 것을 역설하였다고 이미 지적하였다. 여기서 인산 선생이 말하는 제도는 형식적·이론적·명목적인 제도가 아니라 실제로 실천되고 있는 제도를 가리키는 것이었다. 그러나 30대 중반에 쓰신 글들에서는 이러한 제도주의에 수정을 가하고 있다. 형식적·이론적·명목적인 제도에 있어서는 물론 실천되는 제도에 있어서도 정치가의 인격적 요소가 중요하고 제도의 운영방법이 중요하다는 것을 강조하고 계시다. 오늘날 신제도주의는 그것이 합리적 선택 제도주의든 역사적 제도주의든, 구성주의적(constructivist) 혹은 담론적(discursive) 제도주의든 네트워크 제도주의든 간에 정치가의 인격적 요소를 다루지 않거나 매우 소홀하게 다루고 있다. 우리들이 인산 선생의 글을 읽어보면 이러한 신제도주의적 접근법에 수정이 필요하다는 것을 강력하게 시사하고 있는 글이라는 것을 단박 알 수 있다.

인산 선생은「정치가, 정당 그리고 정치권력」에서 우리들에게 우선 정치의 본질을 올바르게 이해하고 그 다음 정치가의 인격적 요소의 중요성에 관심을 기울이라고 촉구하고 있다. 인산 선생이 주장하는 정치의 본질은 무엇인가? 인산 선생은 정치학의 시조로 알려지고 있는 아리스토텔레스는 인간의 모든 활동 중에서 정치활동을 가장 귀중히 여겼고, 따라서 그에게는 정치학이 학문의 대종(大宗)이었으나 오늘날에는 적지 않은 사람들이 정치를 "더러운 것, 모순된 것, 비생산적인 것, 또 단순한 타협, 추잡스러운 음모"로 학대하고 있으며, 이러한 학대는 나날이 심해지고 있다고 지적하고 있다. 그렇다면 우리는 이러한 정치를 어떻게 이해해야 할 것인가? 이에 대한 인산 선생의 말씀을 인용해 보기로 한다.

그러나 그렇다고 해서 이 세상에서 정치가 없어질 수는 없다. 인류는 유구한 옛날부터 아마도 영겁에 이르기까지 이 세상에 발을 붙이고 사는 한에 있어 숙명적으로 정치생활을 하게 마련이다. 이것은 엄연한 사실인 만큼 우리가 정치를 찬양하든 비방하든 이 사실은 작용하고 있는 것이다.

이러한 사실을 무시하고 정치를 비방하는 나머지 정치에 무관심하거나 정치를 부정한 것으로만 돌리게 될 경우 이로 인한 피해는 적지 않을 것이다. 왜냐하면 자기가 싫어하고 미워하는 정치는 일방으로 작용해 와서 정치를 면하려고 발버둥치면 칠수록 정치적 영향을 더욱 더 받게 되기 때문이다.

이러한 정치에 대한 지나친 비방도 경계해야 하겠지만 정치에 대한 지나친 찬양도 또한 경계해야 할 것이다. 정치는 만병통치의 약방문은 아니다. 따라서 인생의 모든 가치가 정치로만 해결될 수는 없다. 정치는 종교도 아니며 윤리도 아니며 과학도 아니며 역사도 아니며 하물며 경제도 아니다 … .

또한 정치는 보수주의니 자유주의니 민주주의니 사회주의니 민족주의니 하는 정치적 이념이나 사상과 관계가 있기는 하지만 그 중의 어느 하나도 아니며 또한 그러한 이론의 시녀도 아니다. 정치는 어디까지나 고립적인 존재이며 그 자체로서 평가되어야 할 것이다.[9)]

인산 선생의 주장은 한 마디로 하면 정치는 정치 자체의 독자성이 있다는 것이다. 민주정치든 독재정치든 간에 공통되는 정치 자체의 독자성이 있다는 것이다. "민주정치라고 해서 정치가 갖는 본래의 속성을 변경시키고 정치가 갖는 고유한 자기 표현을 음폐할 수는 없다"는 것이다. 그

9 김영국, "정치가, 정당 그리고 정치권력", 『정경연구』(2권 7호, 1966), 149쪽.

러나 "민주주의는 본래 정치인, 정당, 정치권력으로 노출되는 정치의 본질에 대한 검토를 등한시하고 정치의 존재양식을 일방적으로 규정하려는 결함이 있었기에 적지 않은 시행착오를 겪어왔으며 지금도 겪고 있다"는 것이다. 이 문제에 대한 인산 선생의 주장을 인용하면 다음과 같다.

… 일부의 현대인이 보는 바와 같이 정치인은 정권과 관직획득에만 몰두하고 있는지도 모른다. 또한 아담 스미스가 『국부론』에서 비방하고 있듯이 아무런 원칙도 없이 시시각각으로 변천하는 세태 속에서 임시적인 방편만을 찾아다니는 단견하고 음험하고 교활한 동물일지도 모른다. 또한 디스렐리가 이미 백년 전에 관찰한 바와 같이 위대한 정치가는 없어지고 통속적인 정치인만이 남아 있는지도 모른다. 그러나 정권획득의 욕망이 인간사회에서 고갈된다면 인간의 사회는 아리스토텔레스가 말한 바와 같이 신의 사회나 금수(禽獸)의 사회로 둔갑하는 수밖에 없다 … .

민주정치는 이러한 정치의 현실과는 관계 없이 '인간에 의한 통치를 법 또는 제도에 의한 통치로 대치' 시키려는 시도 끝에 정치인의 개인적인 비중을 전적으로 무시한 감이 없지 않다. 민주정치의 철학에 의하면 정권은 이성적이며 판단력 있는 국민이 특정인이나 특정집단에게 위임하는 것이며 쟁취되는 것이 아니다 … .

그러나 이러한 현상은 당시의 특수한 사회적 여건에 기인했을 뿐 영구적인 것은 아니다. 현재에는 독재국가나 민주정치의 경험이 일천한 신생국가에서는 말할 것도 없거니와 가장 민주적 전통이 강한 구미의 정치에 있어서도 정치인이 갖는 인격적인 요소가 정치를 크게 좌우하고 있다.

… "드 골 장군은 프랑스의 정치체제이다"라고 G. 브델 교수는 프랑스

의 제5공화정을 평하고 있다. 1945년부터 1953년에 이르는 이탈리아의 정국의 안정은 데 가스페리 수상의 역량과 떨어져서는 생각할 수 없다. … 미국의 정치는 워싱턴, 링컨, 몬로, 윌슨, 루즈벨트 등의 정치인과 떨어져서는 생각할 수 없고 영국의 정치도 핏트부자, 디스렐리, 블랙스, 로이드 죠지 맥도날드, 처칠 등의 정치인과 떨어져서 생각될 수는 없다.

같은 제도라도 운영하는 정치인이 누구인가에 따라서 그 효과에 큰 차이가 있다 함은 종전까지의 피상적인 관찰이고 더 깊이 생각해 볼 때 정치인은 정치인대로의 독자적인 영역과 기능을 갖고 있다는 사실이 드러나게 된다 … .

근년의 정치학이 지도자 또는 엘리트를 문제시하고 나아가서는 엘리트의 유형을 제시하고 특정한 엘리트의 육성방안을 모색하고 있다는 사실도 결코 우연한 일은 아닐 것이다.[10)]

인산 선생은 정당제도에 대해서도 같은 생각을 피력하고 계시다. 그의 주장을 직접 인용하면 다음과 같다.

일반의사를 지향하는 의지는 국민적인 통일을 기하고자 하는 목적론에서 출발했다는 점에 그 의의가 있다손 치더라도 정치가 파당에서 시작된다는 사실을 고려치 않은 점에 실천적인 숙제를 남겼다 … .

이리하여 그 후의 민주정치는 정치에 있어서의 파당적 성격을 자인해서 정당 제도를 채택하게 되었다. 그러나 정치가 인간에 의해서 이루어진다는 사실을 인정함에 있어서는 매우 인색했다 … .

정당과 파당은 물론 같은 것이 아닐 것이다. 그러나 그것이 인간을 중

10 위의 글, 150–151쪽.

심으로 이루어진 점에는 변함이 없다 … .

> 윈스톤 처칠경은 단독적인 정책결정을 내린 일이 많고, 아이젠하워 전 미국 대통령은 공화당의 구애를 별로 받지 않았다. … 현재의 드 골 대통령의 지도성은 종전까지의 정당정치개념으로서는 도저히 설명될 수 없을 것이다.
>
> 이러한 점으로 보아 제도로서의 정당은 재고되어야 할 것이다.[11]

마지막으로 인산 선생은 민주정치나 민주정치이론의 정치권력론에 대해서도 같은 비판을 가하고 있다. 다시 그의 주장을 직접 인용하기로 한다.

> 사회의 질서는 정치권력에 의해서 유지될 수 있으며 정치권력이 없는 사회는 이른바 무정부상태가 되는 수밖에 없다.
>
> 그러나 초기의 민주정치는 정치에 있어서의 인간적인 요인, 파당적 요인을 제거하려 했고 마지막으로 권력적인 요인을 음폐하려 했다. 사회계약설은 동의에 입각한 정치, 즉 정치에서 강제적 성격을 탈색한 정치를 합리화했고 최소한의 통치가 최선의 통치임을 역설했다.
>
> 이리하여 정치권력의 행사는 최소한으로 축소되고 그 최소한의 권력의 범위와 행사방법은 헌법에 의해 제도화되었다 … .
>
> 그러면 민주국가에 있어서의 지도자들은 모두 제도에 의거한 권력만을 행사했는가 하면 결코 그런 것은 아니다. 워싱톤은 이미 건국초기에 독자적인 역량을 발휘했고 글래드스톤과 디스렐리도 19세기 후반기에 개성있는 통치권을 행사하고 있다 … .

11 위의 글, 151-152쪽.

정치에 있어서는 언제나 구체적인 개인의 인격이 중요하다. 피치자란 정권이 어떤 구체적 인간에게 구현되기를 바란다.

이러한 욕망은 위기에 봉착할수록 더 현저해 진다는 것이 심리학이나 사회학에서 입증되고 있는 바다. 민주정치의 권력이론은 제도가 인간에 의해서 운영된다는 사실을 너무나도 등한시했다 … .

제2차 세계대전의 승리는 민주적 권력제도의 우월성에 있다기보다는 권력제도를 활용한 정치인의 지도권의 우월성에 있었다고 보는 것이 보다 타당할 것이다. 개인적인 지도권은 국내적인 위기를 극복함에 있어서도 크게 드러났다. 1930년대의 미국에 있어서의 경제위기의 극복은 루즈벨트 대통령의 지도권 없이는 상상 할 수 없을 것이다.[12)]

인산 선생은 한국과 같은 신생국은 민주적 경험도 부족하고 사회경제적인 난제가 산적해 있어 커다란 진통을 겪고 있는데, 이를 극복하기 위해서는 민주적인 엘리트, 민주적인 엘리트로 구성되는 정당, 그리고 민주적 지도자에 의한 합리적인 정치권력의 운영이 필요하고, 이러한 일에는 정치인의 자각뿐만 아니라 국민들의 자각과 역량배양이 요청된다는 결론으로 이 글을 마치고 있다. 한 마디로 인산 선생은 「정치가, 정당 그리고 정치권력」에서 정치를 연구하는 방법으로서 정치가들의 인격적 요소에 관심을 기울여야 된다고 강조하고 민주적인 정치발전을 위해서는 민주적인 정치인들의 양성이 필요하다는 것을 역설하였다.

인산 선생의 「합리적 의회운영론」은 정치를 연구하는 방법으로 제도의 운영에 관심을 기울여야 된다고 강조하고 있고, 구체적으로 의회라는

12 위의 글, 152-154쪽.

제도의 운영방법에 대해 논의하고 있다. 선생은 "제도와 제도의 합리적 운영의 문제는 같은 비중으로 다루어져야 한다"고 주장하고 있다. 또 "대중 민주정치 시대에 들어서면서부터 민주정치는 제도적인 문제에 대한 최종적인 해결을 보았고, 이제 운영의 문제와 대결하게 되었으며", "민주정치의 운영 문제는 날이 갈수록 더욱 더 큰 비중을 차지하게 되었다"고 주장하고 있다. 민주정치의 사활을 결정하는 의회정치의 성패 여부도 의회제도 자체뿐만 아니라, 이 제도의 운영방법에도 달려 있다고 강조하고 있다. 그리하여 우리들에게 의회제도 자체뿐만 아니라 이의 운영방법에도 관심을 기울일 것을 촉구하고 있다.

인산 선생은 우리의 정치문화, 경제적 제 여건, 선거, 정당, 행정부 등의 의회 외적인 요인이 모두 의회제도의 운영에 영향을 미치는 요인이나 이러한 외적 요인은 사상(捨象)하고 의회 내적인 다음의 네 가지 문제를 중심으로 의회의 운영문제를 논의하고 있다. 첫째는 의회가 무엇을 어떻게 대표해야 하는가의 문제이다. 이와 관련해 국회의원이 자기 선거구 대표가 아니라 국민 전체의 대표라는 에드먼드 버크의 고전적 견해는 현대의 의회에는 통용되기 어렵다고 지적하고 있다.

이러한 견해는 전제정치를 지양하고 국민적 통합을 기하려는 버크 시대에는 자명한 실천원리가 될 수 있었으나 전제정치가 청산되고 국민통합이 완료된 오늘날에 있어서는 맞지 않는다는 것이다. 국회의원이 선거구민의 지시를 따를 필요가 없고 자기의 양심을 따라야 한다는 원리도 정당정치가 수립되기 이전에는 일리가 있었으나 정당 중심의 정치를 하고 있는 현재에는 그대로 통용되기 어렵다는 것이다. 이제는 다양한 이해관계와 국가적 이해관계를 종합적으로 판단하고 정당의 요구와 자신의 양심을 최대한 반영할 수 있는 국회의원의 합리적 사고양식이 의회의 원활한 운영을 위해 우선 필요하다고 인산 선생은 주장하고 있다.

둘째는 의회가 민의와 여론을 어떻게 반영해야 하는가의 문제이다. 인산 선생은 '국민 전체의 일반적인 이성에서 생기는 일반복리의 추구'라는 막연한 원리는 의회운영의 효과적인 지침이 될 수 없다고 지적하고 있다. 인산 선생은 현대의 의회가 여론을 반영한다 하더라도 존재하는 여론을 그대로 반영하는 것이 아니라, 의원들이 취사선택하고 해석해서 반영하고 의회가 유권자들의 의사와는 독립된 결정을 내릴 수 있는 재량의 여지도 가지고 있다고 본다. 그리고 국가발전을 위해 의회가 할 일이 산적해 있는 우리의 경우, 의회가 이와 같이 독립적인 결정의 여지를 갖는 것이 중요하다고 본다. 그러나 의회가 여론으로부터 독립적일 여지를 갖는 반면 의회는 국민의 신임을 받고 있어야 하고, 이러한 신임을 획득하기 위해서는 국회의원들이 국민들과 호흡을 같이 하려는 생활자세를 가져야 한다고 주장하고 있다.

셋째는 의회의 원활한 운영을 위해 타협과 관용의 정신을 어떻게 기를 것인가의 문제이다. 인산 선생은 서양 사회는 종교전쟁의 참혹한 결과로부터 타협과 관용의 정신을 갖게 되었으나 우리나라는 이러한 정신을 기르지 못했다고 지적하고 있다. 조선 시대에는 정치보복으로 삼족을 멸했고, 일제 통치 시대에는 지배자와 피지배자 사이에 타협과 관용은 있을 수 없는 일이었으며, 이러한 자세는 오늘날에도 지속되고 있다고 강조하고 있다. 그러나 국회의원들이나 국민들이 타협과 관용의 정신을 가지지 않고서는 의회의 원활한 운영은 어렵다. 의회의 원활한 운영을 위해서 집권당이 명심해야 할 일은 다수의 힘을 믿어서는 안 된다는 것이며, 야당이 명심해야 할 일은 정치의 현실을 구국과 민주주의 수호의 표방과 같은 절대적인 진리와 결부시켜서는 안 된다고 인산 선생은 강조하고 있다.

넷째는 의회가 다른 기관과 어떤 관계를 수립해야 될 것인가의 문제이다. 이에 관해서 인산 선생은 의회에 최고성을 부여한 로크의 주장이나 삼권분립을 역설한 몽테스키외의 주장은 다음 세 가지 점에서 현대에는 맞지 않는다고 주장하고 있다. 첫째로 현대의 의회는 행정부와 사법부뿐만 아니라 정당, 관료, 사회단체 등 여러 기관과 관계를 가지고 있고, 이들과 어떠한 관계를 맺어야 되는가도 판단해야 한다. 둘째로 고전적 정치이론은 권력축소의 철학에 기반해 있는데, 현재 이러한 철학은 권력 확대의 방향으로 변화가 일어나고 있다. 셋째로 현재 의회가 입법기능만을 전담하는 것도 아니고 행정부가 행정기능만을 전담하는 것도 아니다. 입법부에도 행정기능이 생기고 행정부에도 입법기능이 있는 등 권력기관의 역할에 변화가 일어나고 있다. 인산 선생은 이러한 변화에 맞추어서도 의회를 운영해야 한다고 주장하고 있다.

인산 선생이 쓰신 「민족주의 신화를 찾아서」라는 글은 선생이 국제정세와 후진국이 택해야 할 대외정책에 대해서도 정확한 판단을 하였다는 것을 나타내 주는 글이다. 이 글에서 인산 선생은 당시, 즉 1960년대 중반 세계의 성격을 다음 네 가지로 말하고 계시다. 첫째로 오늘의 국가는 복지지향의 자본주의 국가와 공산주의 국가가 대결하는 이데올로기 국가이다. 둘째로 종전까지 세계정치를 주름잡던 서구의 우월적 지위가 쇠퇴하고 미소가 그에 대치되었다. 셋째로 아시아, 아프리카가 중요한 정치세력으로 등장하였다. 이와 관련해서 인산 선생은 세계는 목하 미소의 대립을 중추로 하고 있으나 불원 잠재력을 가진 중공, 인도 및 비서구세계의 대두가 언젠가는 이런 종류의 대립을 무색하게 할 것이라는 토인비의 예언에 동의하고 있다. 인산 선생은 미중의 대립을 축으로 하는 세계가 불원 도래하리라는 것을 1960년대 중반에 암시하고 계신 것이다. 넷째로 오늘의 세계는 원자력 시대의 세계라는 것이다. 인류는 자기의 힘 가운데 자신을 절멸시킬 수 있는 힘을 갖게 되었고, 이제 대약진이냐 절멸이냐의 양자택일의 기로에 서 있다. 이러한 상황에서 소련은 서방이 협력의 형태로 후진국에 신식민주의를 펴고 있다고 비난하고 있고, 서방은 소련이 동구의 적화에서 보는 바와 같이 후진국에 신식민주의를 펴고 있다고 비난하고 있는바, 후진국들은 이 중간에서 어떠한 길이 자국의 국가이익을 최대화하는 길인가를 찾아서 이에 기반한 민족주의의 신화를 창조해야 한다고 인산 선생은 주장하고 있다.

II. 40대 초 이후 정년퇴임까지의 연구업적 내용

이미 지적한 바와 같이 인산 선생은 40대 초 이후 60대 초까지 거의 20년 동안 서울대의 중요한 직책을 맡으셨고 연구에 필요한 많은 시간을 박탈당하셨다. 이 기간에 인산 선생은 공저로 『신정치학개론』(1980), 『현대 정치학의 대상과 방법』(1981), 『정치학개론』(1986), 『이데올로기와 사회변동』(1986), 『한국 정치사상』(1991), 『레오 스트라우스의 정치철학』(1995)을, 단독 저서로 『마키아벨리와 군주론』(1995)을 내셨고, 매키버(MacIver)의 『근대국가론』과 라스키의 『국가란 무엇인가』를 번역·출판하셨다. 이 기간에 20여 편의 글도 쓰셨다. 그 중 논문으로는 「한국에 있어서의 정치학의 발전」(1977), 「레오 스트라우스」(1979), 「Destutt de Tracy의 이데올로기론」(1981), 「마키아벨리의 정치사상론」(1983), 「이익집단과 국민윤리」(1984), 「현대 국가의 기본문제」(1986), 「자유민주주의의 재검토」(1987), 「현대 사조와 한국 사상의 과제」(1988), 「민주발전과 평화통일의 과제」(1988), 「자유민주주의에 대한 이론적 고찰과 반성」(1989), 「한국 민주화의 현재와 미래」(1990)가 있고, 학술연구보고서로 「청소년의 가치관과 정치의식」(1976), 「대학 사상교육의 현황과 문제점」(1982), 「국가 이념교육의 현황과 문제점」(1984), 「현대 급진사상의 계보」(1987), 「사회변동과 정신교육 정립을 위한 연구」(1989)가 있다. 인산 선생은 이 기간에 매키버의 『마르크스 사상의 구조』(1983), 맥렐런의 『칼 마르크스의 사상』(1984), 아비네리(Shlomo Avineri)의 『칼 마르크스의 사회사상과 정치사상』(1985), 맥렐런의 『마르크스주의 논쟁사』(1987)에 대한 서평도 쓰셨다.

인산 선생이 일찍부터 정치학이란 어떤 학문이고 어떤 방향으로 발전해야 할 것인가에 관심을 가지고 계셨다는 것은 이미 지적한 바와 같다. 이 문제에 대한 인산 선생의 관심은 40대 초 이후 정년 퇴임시까지 지속되고 있다. 인산 선생은 이 기간에는 지난 10년간과는 달리 비교정치와 정치과정 분야에 대한 글은 거의 쓰지 않으셨다. 공동선을 이룩하는 매개체라고 볼 수 있는 정치가와 정당과 같은 주제에 대해서 쓰지 않으셨다. 이념교육 문제에도 관심을 가지셨지만 한국 정치학을 어떻게 발전시켜야 될 것인가에 대한 관심, 근대 이후 과학적 정치학을 부정하고 고전정치학으로 돌아갈 것을 주장한 레오 스트라우스에 대한 지속적 관심, 마키아벨리에 대한 관심, 그리고 자유민주주의 이론에 대한 관심이 인산 선생의 주요 관심사였다. 이러한 관심은 모두 우리가 정치학을 어떻게 공부해야만 될 것인가에 대한 관심으로부터 유래하는 것이었다.

인산 선생은 「한국에 있어서의 정치학의 발전」(1977)에서 일본 정치학, 미국 정치학, 프랑스 정치학이 모두 건국이념과 목표에 따라 수립되고 발전해 왔음에 비해 우리나라에서는 건국을 준비하는 과정에서 정치학 교육과 연구의 목적에 대해 한 번도 거론된 적이 없었다는 점에 대해 놀랍다고 비판하고 있다. "그동안 우리의 정치학은 주체의식 없이 외국학문을 모방하고 자기 나라의 현실을 남의 나라의 현실처럼 방관하고 남의 나라의 현실을 자기 나라의 현실처럼 착각하는 오류"를 범했다고 본다.[13] 그리하여 한국 정치학의 발전방향은 연구의 대상과 방법, 그리고 인접 학문과의 관계를 올바르게 수립하는 데 있다고 주장하고 계시다. 연구의 대상과 방법에 대해서는 "학문적으로 가장 앞섰다고 생각하는 방법을 통한 교육과 연구가 현실적으로는 메우기 어려운 공허감을 주는 경우가 많음"을 지적하고[14] "The Great Books"에 대한 교육과 연구와 한국 정치현상에 대한 연구와 연구방법론 개발이 중요하고, 인접학문과의 관계에 대해서는 우리의 현실에서 정치학이 어떠한 인접학문과 긴밀한 관계를 맺는 것이 필요한가에 대해 생각할 것을 촉구하고 있다. 인산 선생은 결론으로 정치학이 사회에 필요한 의미 있는 지식을 제공할 수 있는 방향으로 발전해야 한다고 강조하고 있다.

인산 선생은 미국과 같은 외국이 아니라 우리에게 맞는 정치학 연구의 필요성을 강조했을 뿐만 아니라 우리에게 맞는 정치학 교육의 필요성도 주장하셨다. 「Destitutt de Tracy의 이데올로기론」(1981)은 이데올로기라는 말을 처음 만들어낸 드 뜨라시(1754-1836)의 생애와 업적을 소개하면서 그가 교육을 중시했다는 점을 강조하고 있다. 오늘날에는 이데

13 김영국, "한국에 있어서의 정치학의 발전", 『한국정치학회보』 제11집(1977), 40쪽.
14 위의 글, 46쪽.

올로기가 여러 의미로 쓰이지만 드 뜨라시는 "제 관념의 과학"(Science of Ideas)이라는 의미로 이데올로기를 사용했고, 그의 이데올로기의 체계는 문법학, 논리학, 경제학, 도덕학, 입법학, 물리학, 기하학, 미적분학을 포괄하는 체계라고 지적하고 있다. 그러나 인산 선생이 드 뜨라시 연구에서 특히 주목하는 바는 그가 그의 이데올로기론을 통해서 국민교육을 실시하려고 했다는 점과 실제로 1848년에 설립된 행정대학은 그의 제안에 의한 것이었다는 사실이다.

인산 선생이 스트라우스의 강의를 들은 1959년 이래 1972년에는 그에 대해서 박사학위 논문을 쓰셨고 그 이후에도 계속 그에 대한 글을 여러 군데 게재하였다. 이 각각의 글들은 학위논문에 기반한 것이지만 인산 선생이 스트라우스를 수용하는 정도가 글마다 다르다. 이미 지적한 바와 같이 인산 선생이 1973년에 기고하신 「정치철학과 정치과학」에서는 양적으로 보아 그 글의 내용 중 10% 정도만 스트라우스의 주장을 소개하고 90%가 스트라우스 비판으로 차 있고 여기서는 과학적 정치학이 스트라우스의 정치철학을 수용할 것을 촉구하고 있다. 스트라우스에 의하면 이는 불가능한 일이나 인산 선생은 이것이 가능하다고 보고 계신 것이다.

그러나 인산 선생이 스트라우스의 생애와 사상을 소개하기 위해 1979년에 기고한 「레오 스트라우스」에서는 그의 주장을 85% 정도의 지면에 소개하고 있고, 그에 대한 비판은 15% 정도의 지면만 차지하고 있다. 그 비판은 세 가지이다. 첫째는 그의 철학이 비교적(秘敎的)이라는 것이다. 철학은 사회존립의 기반이 되는 정치, 신앙, 관습, 규범, 세론 등의 정당성을 의심하지 않을 수 없게 되고, 이러한 의심은 사회를 해체시키고 위태롭게 하기 때문에 철학자는 사회의 기초가 되고 있는 의견을 존중해야 하나, 그것의 진짜 의미를 소수인들에게 전달해야 한다는 입장을 스트라우스는 가지고 있다는 것이다. 둘째는 이미 지적한 바와 같지만 스트라우스가 공격하는 철학이나 학설에 대한 대안을 제시하지 않는다는 것이다. 셋째는 그가 고전적 철학의 재생이라는 목적에 도달하는 방법이 고전의 정독 혹은 일종의 내용분석이라는 것이다. 선생께서 1983년에 『한국정치학회보』에 기고한 「마키아벨리의 정치사상론」에서도 스트라우스의 마키아벨리론을 다루고 있다. 이 글의 85%는 마키아벨리가 가치와 사실을 구별하고 근대적 과학주의 정치학을 세우고 고전적 철학과 단절을 초래시킨 시조라고 비판하는 스트라우스의 주장을 소개하고, 나머지 15%의 지면에서는 이에 대한 세 가지 비판을 싣고 있다. 첫째는 고전 철학과의 단절은 마키아벨리가 아니라 그 이전의 기독교 신학의 등장으로 이루어졌다는 것이다. 둘째로 스트라우스의 마키아벨리 연구에 새로운 것이 없고 이데올로기의 예시에 불과하다는 것이다. 셋째로 스트라우스가 주장하는 것이 구체적으로 무엇인지 알 수 없다는 것이다.

인산 선생은 퇴임하시는 1995년에 『레오 스트라우스의 정치철학』을 공저로 내셨다. 인산 선생은 이 책에 "레오 스트라우스의 정치학론"(pp. 17-82)이라는 긴 글을 싣고 계시다. 이 글에서는 사실과 가치의 구별을 신랄하게 비판하고, 그리스 시대와 같이 정치학이 시민적 학문으로서의 성격을 가져야 한다고 주장하며 투표행태, 집단이론, 선전 등의 연구를 통해서 정치를 이해하려는 과학적 정치학은 아주 잘못된 것이라는 스트라우스의 주장을 자세하게 소개하고 있다. 그리고 스트라우스에 대한 로스만(Stanley Rothman)과 샤르(John H. Schaar)와 울린(Sheldon S. Wolin)의 비판도 길게 소개하고 있다. 로스만은 근대 및 현대의 과학이 스트라우스가 이해하고 있는 바와 같이 연구의 대상에서 가치의 문제를 배제하지 않고 있고 상식과 전(前)과학적 지식을 무시하지 않고 있다고 주장하고 있다. 샤르와 울린은 과학적 정치학이 (1) 새로운 지식을 조금도 제시하지 않았고, (2) 정치에 대한 상식적 이해와 일상세계를 배척하였으며, (3) 정치적 적합성의 명확한 기준을 결여하고 있고, (4) 무엇이 순수히 정치적인 것인가에 대한 명확한 이해를 결여하고 있으며, (5) 사실과 가치를 부당히 구별하고 있다는 스트라우스의 비판에 동의하지 않고 있을 뿐만 아니라, 스트라우스가 계승했다고 하는 아리스토텔레스의 정치학의 본질에 대해서도 스트라우스에 동의하지 않고 있다. 인산 선생은 위의 글에서 이와 같은 스트라우스 비판이 부당하다고 적극적으로 스트라우스를 옹호하고 계시다.[15] 인산 선생의 스트라우스 이해가 비판적 이해에서 전면적 수용으로 기울어진 것 같은 느낌을 필자는 위의 글에서 받았다.

그러나 이와 같은 필자가 느낀 인산 선생의 스트라우스에 대한 이해는 다시 수정이 필요할 것 같다. 인산 선생은 퇴임시에 『마키아벨리와 군주론』도 출간하셨기 때문이다. 이 책에는 근대 정치학의 시조로서의 마키아벨리를 소개하는 인산 선생의 글과 『군주론』의 번역이 실려 있다. 스트라우스의 마키아벨리 비판은 이 책에는 실려 있지 않다. 인산 선생은 정치학 연구의 등대로 서로 정반대되는 입장에 서 있는 스트라우스와 마키아벨리를 후학들에게 지목하고 있다고 해석할 수 있다.

인산 선생은 석사논문 작성 때부터 민주주의에 대해 지대한 관심을 가지셨다. 이러한 관심은 30대에는 민주주의 정치과정에 게재되는 여러

15 어떻게 옹호하고 있는가에 대해선 김영국 외, 『레오 스트라우스의 정치철학』(서울대학교 출판부, 1995), 65-81쪽 참조.

요소에 대한 분석으로, 50대 후반에는 「자유민주주의의 재검토」(1987)와 「자유민주주의에 대한 이론적 고찰과 반성」(1989)으로 이어졌다. 「자유민주주의의 재검토」는 자유민주주의가 드러내고 있는 몇 가지 근본적인 문제점들을 다루고 있다. 인산 선생에 의하면, 첫째로 민주주의라는 용어가 옛날부터 서양에서는 "다수에 의한 통치"를 의미했고, 탁월한 군주에 의한 군주정치나 절제 있는 귀족정치보다 못한 정치였으며, "다수에 의한 통치"가 "도덕적으로 타락했거나 법을 준수하지 않는 다수에 의한 통치"로 될 경우에는 그것은 가장 나쁜 통치가 되는 것으로 이해되었다. 이렇게 평가를 받지 못하던 민주주의가 근대에 와서 자유주의와 결합하여 인간의 정신적·정치적 및 경제적 자유를 기본으로 삼는 이념으로 각광을 받게 되었고, 그 이후 우리들이 신봉하는 이념이 되었다. 이 시기에는 민주주의는 자유라는 접두사가 없어도 자유민주주의를 뜻했다. 이러한 민주주의가 파시즘과 공산주의의 도전을 받은 후 자유를 강조하기 위해 자유라는 접두사가 붙는 자유민주주의가 되었다. 이 자유민주주의는 민주주의와 양립할 수 없는 모든 이념, 사상, 세력을 사회적으로 허용하고 관용했던 자유방임적 혹은 자유주의적 민주주의와는 다르다. 자유민주주의는 자유를 위협하거나 도전하는 세력으로부터 자유를 수호한다는 자기방어적 성격을 갖는다.

둘째로 자유민주주의는 사회보다는 개인을 인간사회의 주체로 보고 있다. 그러나 이러한 근대 개인주의는 경험에 근거한 것이 아니라 자연법 사상과 같은 인간에 대한 특정의 신조를 기초로 하는 것이다. 이러한 신조는 기존의 전체정치와 사회질서에 대항하는 반항의 성격이 컸기 때문에 공동체 형성에 대해서는 소극적이었고, 그 때문에 민주주의는 많은 어려움을 겪었다. 루소의 『사회계약론』은 이 문제를 다루고 있고, 일반의사에 따른 공동체 형성을 주장하고 있다. 그의 공동체 형성 원리는 전체주의적이라고 지탄을 받을 정도로 강력한 통치를 밑받침하는 사상이다. 그러나 오늘날의 민주사회는 과거의 비교적 동질적인 사회와는 다른 다원사회이고, 이 사회는 구심점 없는 다원사회로 전락할 위험성을 가지고 있다.

셋째로 일반의사론에 입각한 인민주권의 원리는 이를 현실적으로 적용함에 있어 기술적 과정이 크게 문제가 된다. 인민주권의 원리는 고대 그리스의 직접민주주의적 성격이 농후한 것이나 현대 민주주의의 원형이 된 서구의 민주주의는 대의민주주의이고, 이와 관련해 여론, 정당, 선거가 중요하게 되었다. 그러나 대의민주주의는 직접민주주의의 모형에 불과하고 여론, 정당, 선거도 국민의 의사를 반영하지 못하는 위험성을 항상 가지고 있다.

넷째로 민주주의는 다수결의 원리에 입각하고 있는데, 이 원리에도 많은 문제점이 있다. 특히 오늘날에는 산업의 발달로 사회가 다원화되고 동질성이 파괴되고 있어 다수결 원리의 적용은 더욱 어렵게 되었다. 유럽 여러 나라의 합의제 민주주의는 이러한 다수결 원리의 문제점을 해결하는 하나의 방법으로 볼 수 있으나 다수지배의 횡포를 견제하고 소수의 약자를 보호하는 완전한 대책은 아직도 나오고 있지 않다.

다섯째로 경제발전은 반드시 정치발전을 수반하지는 않지만 민주주의의 발전을 위해 필요하다. 자본주의와 공산주의는 제2차 세계대전 후 서로 대결하는 가운데 서로가 상대방을 의식하면서 자체 수정을 해왔다. 자본주의는 국민복지 이념을 경제지표로 삼게 되고 공산주의는 자본주의를 서서히 도입하게 되었다. 자유민주주의 경제체제가 지금까지의 사회주의와의 대결 속에서는 우위의 고지를 점령하여 온 것은 분명하지만 앞으로 새로운 차원의 자체수정이 필요한 것도 분명하다.

「자유민주주의에 대한 이론적 고찰과 반성」(1989)은 자유민주주의가 전통적으로 자유에다 최고의 가치를 부여하고 국가의 도덕적 중립성을 강조한 결과로 위기에 봉착해 있다는 문제의식에서 자유민주주의 이론을 전통적 민주주의 이론과 근대적 민주주의 이론으로 나누어 고찰하고 자유민주주의의 발전방향을 제시하고 있다.

인산 선생에 의하면 민주주의는 목적과 이상에 초점을 맞추어서 정의할 수도 있고, 과정이나 방법에 초점을 맞추어서 정의할 수도 있다. 이에 대해서는 자유민주주의적 방법이 우리 이상의 실현에 가장 합당하다는 논리로 설명할 수 있지만 어떠한 경우에도 민주주의의 이상에 대한 검토는 필요하다. 민주주의를 선호하는 가장 큰 이유는 그것이 개인의 이익을 최대한 보호해 주기 때문이라고 볼 수 있다. 그러나 평등은 자유의 제한을 통해 확대될 수밖에 없으므로 평등은 자유의 적정한 한계를 결정해 주는 요인이라고 할 수 있다.

자유민주주의에서 민주주의는 국가권력이 인민의 수중에 있다는 것을 의미하는 반면 자유는 이러한 국가권력의 제한을 의미한다. 자유민주주의는 자유주의가 우선임을 나타내는 사상이나 자유주의를 강조하면 평등이 약화되고 민주주의를 강조하면 자유주의가 약화된다. 자유민주주의는 자유가 정치권력 없이 살아남을 수 없는 반면 정치권력은 자유를 근절시킬 수도 있다고 하는 성격상의 딜레마 속에 빠져 있다.

전통적 민주주의 이론들은 18세기 중반에서 19세기 중반 사이에 공식화된 이론들인데, 다수결 원리, 정치적 평등, 참여 등의 일반원리를 공유하나 다수결 원리의 조건 및 도덕적 정당화에 대해서는 중대한 불일치를 보여주고 있다. 이 이론들은 보통 자유민주주의(개인주의적 민주주의)와 비자유민주주의(집산주의적 민주주의), 전통적 자유민주주의 이론과 급진적 민주주의 이론, 혹은 자유입헌주의 이론(영미형 민주주의론)과 급진적 민주주의 이론(대륙형 민주주의 이론)으로 대별될 수 있다.

영미에서 풍미한 전통적 자유민주주의 이론 혹은 자유입헌주의 이론은 자유를 우선시하고 동의의 의한 정부를 중요시한다. 이 이론에서 동의는 정치적 권위의 정당성을 위한 토대가 되나 인민의 역할은 소극적인 것에 머물러 있다. 동의는 두 차원으로 구성된다. 하나는 인민의 동의 대상으로 정부 자체의 존속, 정부형태, 정부정책 등이 포함되고, 다른 하나는 동의의 구성요소로 협박에 의한 묵종에서부터 조작된 묵종, 습관적 · 전통적 묵종, 자유로운 승인에 이르는 다양한 요소를 포함한다. 동의의 이와 같은 성격이 근대 자유민주주의 국가의 인민들의 비자발성과 비자율성을 은폐하는 역할도 했다고 볼 수 있는 근거이다.

대륙의 급진적 민주주의자들은 자유주의의 도덕적 핵심 요소(자유, 존엄성, 생명의 보장)를 수락했고 또 정치적 핵심 요소(개인의 동의, 대의제와 대의정부, 입헌주의, 인민주권)를 지지했지만 그 정치적 골자를 루소의 관점에서 해석하였다. 그것에 의하면 모든 정치권력은 인민으로부터 직접 나와야만 하고, 다수는 직접 또는 의회를 통해서 모든 결정을 할 수 있다. 이에 따라 그들은 인민의 의사의 행사에 어떠한 제한도 반대하고 경제적 핵심 요소(시장을 중심으로 한 계약론적 자유)에 대한 근본적 유보를 나타내기 시작했다. 그러나 그들은 사회주의를 옹호하지는 않았다.

인산 선생에 따르면 이와 같은 영미형의 전통적 자유민주주의 이론과 대륙형의 급진적 민주주의론의 혼합형으로 나타난 이론이 신이상주의적 민주주의 이론이다. 이 이론의 대표주자들의 주장을 소개하면 그린(T. H. Green)을 비롯한 영국의 이상주의 철학자들은 소극적 자유에 만족하지 않고 적극적 자유의 실현을 주장하였고, 홉하우스(L. T. Hobhouse), 홉슨(J. A. Hobson), 존 듀이, 존 롤즈는 공동체적 가치, 상호 의존, 보다 적극적인 자유개념을 강조하였으며, A. D. 린제이와 바커(E. Barker)는 토의 과정을 통해 공동이익을 도출해낼 것을 주장하였다.

인산 선생에 의하면 이상 살펴본 바와 같은 전통적 민주주의 이론은 이론과 실천 사이에 괴리가 존재한다는 문제점을 가지고 있다. 근대적 민주주의 이론은 이를 극복하기 위한 대안으로 나온 것이고, 엘리트 민주주의 이론과 다원주의적 민주주의 이론으로 구성된다. 이 두 이론의 공통점은 기존의 전통적 이론과는 괴리가 있는 민주주의 정치체계의 현실을 인정하고, 전통적 시각에서는 민주주의의 기초를 손상시키는 것으로 간주되던 점들을 바로 민주주의의 구성요소로 이해한다는 점이다.

엘리트 민주주의론은 민주주의 국가에서도 엘리트들이 정치체계를 운영하고 있다고 본다. 그럼에도 불구하고 이 체계를 민주적이라고 보는 이유는 엘리트로의 문호가 개방적이고 엘리트가 교대로 집권하고 인민들이 경쟁하는 엘리트 중에서 집권 엘리트를 선출하기 때문이다. 즉 엘리트 사이의 경쟁의 결과가 민주주의인 것이다. 죠셉 슘페터가 이 이론의 대표적 주창자이다.

다원주의적 민주주의론은 매디슨의 이론과 압력집단 이론의 두 가지가 있다. 매디슨은 민주주의 국가에서는 사익을 추구하는 파벌들이 존재하고 자유롭게 활동하고 있으나 어느 한 파벌도 정부권력을 독점하지 못하도록 함으로써 정부를 파벌의 폐해로부터 보호할 수 있다고 생각했다. 매디슨은 삼권분립과 연방주의가 어느 한 파벌도 정부권력을 독점하지 못하도록 막아 정부를 파벌의 폐해로부터 보호할 수 있다고 주장했다.

압력집단이론은 압력집단이나 파벌의 존재가 자유민주주의의 정치과정을 잠식하기보다는 오히려 그 과정을 구성한다고 본다. 이 이론은 선거는 중요하지만 선거만 가지고는 인민들의 견해, 이익, 선택의 다양성에 부응하기에 역부족이고, 어떠한 중요한 정책결정도 내리기 어렵다고 본다. 여기서 이 이론은 인민들이 압력집단을 만들어 그들의 요구를 표출해야만 될 이유를 찾고 있다. 그러나 이러한 집단성향의 근대적 민주주의 이론도 집단의 결정을 개인들의 이해관계에 따른 결정으로 보고 있고, 이러한 점에 있어서 전통적 민주주의 이론의 자유주의적 개인주의와 연속성이 있다고 인산 선생은 강조한다.

인산 선생에 의하면 자유민주주의는 정치적 자유, 제한정부, 정당한 법절차 등을 수립하는 데 성공적 이었지만 그 안에서 원자화, 소외, 아노미, 특수이익집단에 의한 정책결정, 공공 의사의 조작현상 등이 나타나는 문제점을 노정하고 있다. 그리고 이러한 문제점들이 나타나는 이유는 자유민주주의가 자유주의적 개인주의를 너무 강조한 나머지 정치적 도덕성이나 공공선의 기준을 발전시켜오지 못했다는 데에도 있다.

이와 관련하여 인산 선생은 도덕적 권위가 개인의 선택에 맡겨져서는 안 되고 공동의 이해와 제도에 맡겨져야 한다고 주장하는 다음과 같은 공동체주의자들의 견해를 소개하고 있다. 우선 매킨타이어는 개인주의가 고대 및 중세의 위계적 사회구조를 파괴했으나 이와 더불어 기존의 목적론적 관념도 파괴했다고 본다. 그리고 목적론적 관념이 없을 경우 인간은 자신들의 최고 목적과 선을 알 수 없다고 주장한다. 그는 자아에 대한 자유주의적 시각을 비판하고 사회관계의 맥락에서 개인을 이해해야 한다고 강조하고 있다. 다음으로 마이클 왈쩌는 사회 내의 지배현상이 특정인의 사회적 재화에 대한 통제에 기인한다고 보고 사회적 재화의 분배에 있어서 복합적 평등(complex equality)을 실현할 것을 주장하고 있다. 인산 선생은 그의 정의론을 위한 도덕적 권위의 원천이 인권개념에 있지 않고 공동생활에 대한 이해의 공유에 있다고 본다. 그 다음으로 제임스 바버는 원자론적 개인주의를 극복하기 위해 인민들이 대화, 토론, 결정, 행동 등을 통해 적극적으로 정치과정에 참여하는 강력한 민주주의를 주장하고 있고, 캐롤 페이트먼은 참여가 개인을 공동체와 연결시켜 주는 근본적인 유대라고 보고 있다.

이 글의 결론으로 인산 선생은 자유민주주의의 위기를 극복하기 위한 철학으로 레오 스트라우스의 주장을 소개하고 있다. 스트라우스는 역사주의, 실증주의, 상대주의, 허무주의를 자유민주주의의 위기이자 우리 시대의 위기로 보고 이를 정치철학의 복권을 통해 해결해야 한다고 주장하였다.

김영국 선생의 박사학위 논문 「레오 스트라우스의 정치학 논고」에 대한 소고

김홍우(서울대학교 명예교수)

I.

김영국 선생님께서는 1973년 3월 「레오 스트라우스의 정치학 논고」로 박사학위를 취득하셨다. 선생님께서는 '미국무성 장학생'으로 선발되어 1958년 8월부터 '시카고대학교 대학원 정치학과'에 유학하시고, 두 번째 학기인 1959년에 레오 스트라우스 교수의 정치철학 과목을 처음으로 수강하셨고, 그 후 14년이 되는 1973년에 마침내 학위를 마치신 것이다. 선생님께서 스트라우스 교수의 강의를 수강한 1959년은 또한 스트라우스의 주저로 꼽히는 『정치철학은 무엇인가?』(*What is Political Philosophy?*)가 출판된 해이기도 했다. 선생님의 학위논문은 바로 이 주저를 집중적으로 조명한 연구서로서 스트라우스를 한국에 체계적으로 소개한 최초의 저작이라고 할 수 있다. 선생님께서는 본 논문의 "범위와 저술방식"을 다음과 같이 정리하신다.

… 본고에서는 그[레오 스트라우스]의 정치철학론과 현대의 과학적 정치학에 대한 비판을 중점적으로 다룬다. 정치철학론은 그가 직접 요약한 『정치철학은 무엇인가?』를 중심으로 하고 이 논문의 해석에 필요한 한에 있어 다른 저술을 참고했다. 그리고 현대 사회과학에 대한 비판은 막스 베버와 과학적 정치학에 대한 비판론을 중심으로 엮었고 여기에 스트라우스의 이론에 대한 대표적 비판론을 첨가하였다.

『중략』

본고는 스트라우스가 위인의 저서를 읽을 때 지킨 원리를 서술의 원리로 삼는다. … 여기서는 스트라우스의 저술의 내용 자체만을 이해의 대상으로 했으며 그의 사상을 그의 성장과정이나 교육배경, 사회적 여건과 결부시켜 이해하려고 하지 않았다. 그러므로 본고는 스트라우스 정치학론의 주석 성격을 벗어나지 못할 것이다. 그러나 아퀴나스(Thomas Aquinas)의 아리스토텔레스 정치학에 대한 주해서가 시대적 의의와 독자성을 가졌다는 사실을 상기하면서 작은 보람을 찾으려 한다(p. 9).

II.

선생님의 학위논문은 제1장 "서론", 제2장 "정치철학론", 제3장 "과학적 정치학의 비판", 그리고 제4장 "결론"의 4개 장으로 구성되어 있으며, "서론"에서는 먼저 "과학적 정치학 속에서 오랫동안 매몰되어 온 정치철학을 부활시키려는 레오 스트라우스의 정치학론을 고찰"하려는 데 목적이 있음을 밝히신 다음 이러한 고찰의 필요성과 배경에 대해 다시 다음과 같이 부연하신다.

> "과학적 정치학이 발달함에 따라 과학은 정치학에 있어서 전통적 철학이 수행해 온 기능을 수행하게 되었다. 오귀스트 콩트(A. Comte)가 주장한 바와 같이 정치학에 있어서도 형이상학적 또는 철학적 이해는 실증적 또는 과학적 이해로 대체되어야 한다는 신조[가] 과학적 정치학의 기조가 되고 있다." 실제로 "20세기에 접어들면서 정치에 대한 과학적 연구가 융성해지고 과학적 연구의 업적이 각광을 받게 됨에 따라 정치학 연구에 있어서 철학의 문제는 소외되었을 뿐 아니라 정치에 대한 철학적 접근은 오히려 시대낙후적인 것으로 비방돼"기도 했다. "그동안 정치철학은 정치사상사 및 정치학 방법론 속에서 그 여맥을 이어왔다. … 더구나 과학적 정치학이 정치사상사를 연구하는 입장은 과거의 특정한 정치철학의 내재적 가치를 인정하려 함에 있지 않고 과학적 연구를 위한 착상을 얻어내려 함에 있다. 그러므로 철학의 문제는 정치학 방법론에서만 다루어졌다고 해도 과언은 아닐 것이다. 그러나 방법론에 있어서도 철학이 차지하는 역할은 매우 제한되어 있다. 방법론은 개념규정의 영역에서만 주로 철학을 이용하고 있다. 그러므로 현대 정치학에서 철학은 개념규정, 즉 현대 정치학에서 사용되는 용어의 의미를 규명하는 용도"로 축소되었다. 이런 점에서 "정치철학은" 일찍이 "스트라우스가 말한 바와 같이 '쇠퇴하고 [뿐만 아니라] 타락한 상태'에 있다고 볼 수 있다"(pp. 3-4).
>
> 다른 한편 과학적 정치학은 "정치와 사회에 관한 연구에 있어서 출발부터" 많은 난관에 봉착해 왔다. "정치와 사회의 현실은 자연적 현실에서 보는 바와 같이 전적으로 사물로 구성되는 것은 아니다. [그럼에도 불구하고 만일] 정치의 현실을 전적으로 '사물화' 하려고 시도할 경우 정치학은 정치개념이 없는

과학의 일부가 되지 않을 수 없다." 또 "과학적 정치학은 과학개념을 독자적으로 개발할 능력이 없고 자연과학에서 개발된 과학개념의 일부를 차용해서 정치적 사물에 대한 설명을 시도"할 수밖에 없으므로, 이러한 상태가 지속되는 한, 정치학은 "독립성을 상실하고 그 발전은 언제나 자연과학의 발전에 의존하지 않으면 안 될 것이다." 이와 같은 난점 외에도 "과학적 정치학의 타당성에 관한 도덕적 문제가 있다. 정치의 현실에는 정치적 이념과 정치적 사물이 혼재해 있다. 그러므로 어떤 정치적 현실도 정치적 신조, 이념, 목적 또는 사명관을 떠나서는 설명될 수 없다. 그리고 정치학 자체의 목적이나 사명이 무엇이 되어야 하는가의 문제는 과학적으로 설명될 성질의 것이 아니다. 정치학자도 한 사회구성원이며 한 정치체의 구성원이다. 그러므로 사회인이나 시민으로서의 행동규범을 벗어날 수는 없다. [그러나] 과학적 정치학은 사회인이나 시민으로서의 정치학자가 가져야 할 행동규범은 물론 사회인이나 시민일반이 가져야 할 행동규범에 대해서[도] 교시하는 바가 없다." 이에 대한 반성에서 "50년대 이후 정치학계를 풍미하던 이른바 행동과학의 개척자의 한 사람이었던" 데이비드 이스턴(David Easton)은 "1969년 미국 정치학회 회장 취임사에서 과학적 정치학, 특히 행동과학주의적 정치학에 도전하는 후기 행동과학적 혁명(post-behavioral revolution)"을 제창하였다. 그에 의하면, "후기 행동과학적 혁명의 전투적 구호는 적합성(relevance)과 행동(action)"에 있다(pp. 4-5).

그러나 김영국 선생님은 "이러한 [과학적 정치학의] 문제에 대한 원천적 해결[은] 과학주의에 의해서 이루어질 수는 없"으며, "정치학이 사실과 가치를 포괄하는 통일된 체계를 갖추었을 때 비로소 해결될 수 있"다고 보신다(p. 6). 다음에 "사실과 가치를 포괄하는 통일된 체계"로서의 "정치학"이란 과연 어떠한 정치학인지에 대해 선생님의 계속되는 논의를 통해 알아보기로 한다.

Ⅲ.

선생님께서는 제2장 "정치철학론"을 다시 1. 정치철학의 문제, 2. 고전적 정치철학, 3. 근대적 정치철학, 4. 정치철학과 역사주의, 그리고 역사학의 4개의 소주제로 나누어 검토하신다.

1. 정치철학의 문제

"인간의 정치행동에 있어서는 언제나 보수와 혁신의 입장이 있다." "보다 나쁜 방향으로의 변동을 방지하기 위해 인간은 보수를 원하게 되고 보다 좋은 결과를 가져오려고 할 때 변동을 원하게 된다. 그러므로 모든 정치행동의 향방은 선악 또는 정·부정의 이념에 의해서 좌우된다." "그러나 정치행동에 선악 또는 정·부정이 있다손 치더라도 현실 속에서 이를 식별하기는 매우 어렵다. 그러므로 인간은 의심의 여지가 없는 선 또는 정의가 무엇인가를 끊임없이 모색하게 된다. 이와 같이 인간이 선 또는 정의가 무엇인가에 관한 지식을 의식적으로 습득하려할 때 정치철학이 생기게 된다." "정치철학은 보다 큰 철학 일반의 일부이다. 그러므로 정치철학이 무엇인가를 밝히자면 우선 철학이 무엇인가를 잠정적으로나마 밝힐 필요가 있다." "스트라우스는 철학의 본질을 보편적 지식,

즉 전체에 관한 지식탐구로 규정"한다. "이러한 보편적 지식 또는 전체에 관한 지식은 쉽사리 얻어질 수 있는 것이 아니"며, "도대체 그러한 지식을 인간이 습득할 수 있는지의 여부도 분명치 않다. 그러나 보편적이며 전체적 지식이 없다고 해서 인간이 보편적인 것 또는 전체적인 것에 대한 상념[idea 필자 주]을 갖지 않는 것은 아니다. 우리는 막연하게나마 보편적인 것과 전체적인 것에 관한 자기 나름대로의 상념을 갖는다. 그러나 그러한 상념은 한낱 개인의 소견이지 지식이 아니다. 이렇게 볼 때 철학은 소견을 지식으로 대체시키려는 시도이다." 이러한 시도의 대표적인 예가 소크라테스의 "나는 아무것도 모르고 있음을 안다"는 말이다. "가장 중요한 사물에 대한 무지의 통찰은 철학자로 하여금 지식탐구에 전념케 한다"는 것이다. 따라서 "중요한 사물에 대한 문제를 회피하거나 해답이 없다는 이유로 그러한 의문을 무시하는 사람은 이미 철학자가 아닌 것이다." "정치철학은 이러한 의미를 갖는 철학의 일부"인 것이다. 요컨대 "정치철학은 정치적 사물의 본질에 관한 소견을 정치적 사물의 본질에 관한 지식으로 대체시키려는 시도이다"(pp. 10-11).

"그렇다면 정치적 사물이란 무엇인가[?]" "정치적 사물[은] 선악 또는 정·부정의 입장에서 판단되어야" 하는 것이기 때문에 그 본질상 "찬·반, 선취와 배척, 찬양과 배척의 대상이 된다." 그것은 본질상 "중립적일 수가 없"으며, "인간에 대해서 복종, 충성, 결정 또는 판단"을 요구한다. 같은 이유에서 "선 또는 정의의 기준에 비추어 가려내지 않는" 한, "정치적 사물을 있는 그대로 이해"할 수 없다. "정치적 사물이란 무엇인가?"라는 물음은 궁극적으로 "정치란 무엇인가"에 대한 지식을 전제로 한다. 그러나 "정치의 본질이 무엇인가에 관해서[는] 오늘날까지 정견이 없다. 정치의 개념규정이 학자에 따라서 다르고 학자의 수만큼 많다는 것이 오늘의 현실이다. 한 가지 명확한 것은 현대의 정치학자들은 존재론적 입장에서 정치의 개념을 규정하려는 정향을 표시하고 있다는 점이다. 그러나 존재론적 입장의 정치의 개념도 따지고 보면 의식적이든 무의식적이든 목적론적 입장을 배제하지는 못한다." 왜냐하면 "정치의 본질은 정치의 궁극적 목적을 이해하는 정도에 따라서 파악"되기 때문이다. 이런 점에서 선생님은 스트라우스의 "정치의 개념규정 방법은 오늘날의 과학적 정치학자의 개념규정 방법과 근본적으로" 판이하다고 본다. 특히 스트라우스는 "적(敵)과 아방(我方)의 대결"을 정치의 본질로 규정[한] 슈미트(Carl Schmitt)의 『정치적인 것의 개념』(*The Concept of the Political*)을 이상과 같은 '목적론적 입장'에서 통렬히 비판한다. 그리고 슈미트와 같이 목적개념을 이탈한 현대 정치학의 모든 정치개념을 비정치적인 것으로 규정한다. 마침내 스트라우스는 "정치적인 것을 공동선(common good)으로 규정"하기에 이른다. 여기서 스트라우스는 "정치적인 것"이 "포괄적 공동사회, 즉 그리스 폴리스나 근대의 국가와 관련되는 것"임을 분명히 한다. 그러나 선생님에 의하면 "현대 정치학에서는 정치적인 것을 국가적인 것으로 보는 견해는 매우 낡은 견해로 본다. 그리고 정치현상을 국가현상으로 인정하는 일부의 학자들도 스트라우스와 같이 도덕적 입장에서 국가를 파악하지는 않는다"는 것이다.

반면 스트라우스는 "이상과 같은 특성을 갖는 정치철학[이] 오늘날 없어져 가고 있음을" 개탄한다. "오늘날 정치철학의 문제는 주로 정치사상사에서 다루어진다. 그러나 정치사상 자체를 그는 철학에 비해 열등한 것으로" 본다. "왜냐하면 정치사상 그 자체는 소견과 지식의 구별과는 무관하기 때문이다. 이에 반해서 정치철학은 정치적 근본에 관한 소견을 지식으로 대체시키려는 의식적이고 냉철하며 일관된 노력이다. 정치사상은 확고한 신념이나 선동적 신화의 해설이나 옹호에 불과하며, 그 이상을 바라지도 않을 것이다. 그러나 정치철학은 항상 신념 또는 신조와 지식 간의 구별에 유념한다. 정치철학자가 아닌 정치사상가는 특정한 질서나 정책에 관심이나 집념을 가짐에 반해서 정치철학자는 진리에 관심과 집념을 갖는다." "설사 정치사상사에서 정치철학을 다룬다 하더라도 정치철학이 역사적 연구목적으로 다루어지고 있을 뿐이며, 현실생활의 교리로서 다루어지지 않고 있다고 본다"(pp. 11-13).

2. 고전적 정치철학

"스트라우스는 정치절학[이] 인류 역사상 특정한 시기에 특정한 철학자로부터 비롯되었다고" 보고 "전 정치철학적 사고와 정치철학적 사고"를 준별한다.

고전적 정치철학은 모든 정치적 전통이 무너지고 정치철학의 전통이 아직도 존재하지 않았던 미개척기에 생겼기 때문에 비전통적이다. 그 후 정치적 사물에 대한 정치철학자의 연구는 정치철학의 전통을 매개로 하여 이루어졌으니 고전적 정치철학의 전통은 철학자와 정치적 사물 간에 존재하는 일종의 스크린의 역할을 하였다.

그런 까닭에 스트라우스는 고전적 정치철학자들은 "후세의 어떤 철학자보다도 더 직접적으로 정치적 사물에 접했다"고 말한다. 여기서 그는 "고전적 정치철학의 특징을 정치생활과의 직접적 관련성에서 찾는다." 그리고 그는 이러한 "직접성"을 "오늘날의 과학적 정치학과 현저하게 대조"되는 점으로 본다. "오늘날의 정치학[이] 정치적 사물과 직접적인 관련성을 갖지 못하고 현대 자연과학이나 현대 자연과학의 [방법]을 통해서, 또한 철학적 전통에서 유래하는 몇 가지 기본 개념을 통해서 접하"는 데 비해 고전적 정치철학은 "일상의 정치생활과 직결돼"어 있었다. 고전적 정치철학이 "제기하는 문제는 보통 성인이면 누구나 식별할 수 있는 비중"의 문제였다. "즉 큰 문제, 작은 문제 또는 중요한 문제, 그다지 중요치 않은 문제 또는 현실적 문제, 항구적 문제의 식별이 일반적으로 가능했다." 또 "방법에 있어서도 큰 문제는 없었다. 정치생활의 특징이 상이한 주장 [간]의 갈등에 있다고 본다면 어떤 주장을 내세우는 사람들은 보통 자기의 주장이 자기에게 좋은 것으로 믿"고, 또 그러한 "주장이 공동사회를 위해서도 좋은 것으로 믿"으며, 그 때문에 그 믿음을 공공연하게 "공언한다. … 그리고 갈등의 당사자들은 자기들 주장을 정당화하기 위한 자료를 제공한다. 이 경우 어느 주장이 더 정당한가를 판가름하자면 권위 있는 심판자가 있어야 한다. 정치철학자는 특히 이러한 심판자의 구실을 하는 사람"이었다. 정치철학자는 "설득을 통해서 내란을 종식시키고 시민 간의 합의를 촉구하기 위한 선량한 시민의 한 사람으로 등장"했다. 그는 "중요한 정치적 분쟁을 해결하려고 노력"하였다(pp. 22–24).

"정치철학자가 특히 심판자임은 입법자의 스승이 됨에 있다. 모든 정치적 분쟁이 적어도 어떤 사람이 그 사회를 지배해야 하는가의 문제와 관련된다고 생각할 때 정치적 분쟁의 정당한 해결은 탁월한 입법의 기본이 된다." "사회 내부에서의 개인 또는 집단의 권력투쟁은 … 특정한 정치사회의 최선의 정치질서가 무엇인가의 문제를 제기한다." "정치철학자가 입법자의 스승이 되는 것은 바로 이 최선의 정치질서가 무엇인가에 대해서 해답을 제시하고 또 최선의 정치체의 청사진을 마련함에 있다.” 스트라우스에 의하면 “정치철학자는 어떤 환경에도 구애됨이 없이 가장 유리한 조건을 상정해서 자유로이 성찰할 수 있기 때문에 이 문제에 대한 해답을 내릴 수 있다”는 것이다. “이상과 같이 고전적 정치철학은 정치생활과 직접적으로 연결되어 있기 때문에 본질적으로 실천적 성격을 갖는다.” 이런 점에서 “그것은 현대의 정치이론과 다르다.” 고전적 정치철학은 “정치생활의 서술이나 이해[에] 그치지 않고 정치생활의 올바른 교도를 핵심 문제로 삼는다.” 고전적 정치철학은 바로 이와 같은 “실천적 목적” 때문에 “‘가치판단’의 지배를 받았고 또 가치판단으로 끝을 맺었다.” 따라서 “가치판단을 배제하는 서술적이며 분석적 정치학은 고전적 정치철학자에서는 생각할 수조차 없었다.” 어떤 점에서 고전적 정치철학자는 오늘날의 ‘정치평론가’나 조선 시대의 ‘사관’(史官)의 역할을 보다 일관성 있게 체계적으로, 그리고 높은 수준에서 수행했던 것으로 보인다(pp. 24-27).

“고전적 정치철학은 최선의 정치질서를 모색했기 때문에 ‘선’ 또는 ‘정의’가 무엇인가에 관해서 관심을 가졌다. 선과 정의는 오늘날 많은 논쟁을 야기하고 있으나 고전적 정치철학에 있어서는 그다지 어렵지 않게 처리되었다. 고전적 정치철학은 일상생활에서 이루어지고 있는 도덕적 기준을 출발점으로 삼았다. 가령 용기와 비겁, 정당과 부당, 친절과 이기, 온정과 잔인, 문명과 야만 등이 어떤 것인가는 우리의 일상생활에 있어 그 대부분이 분명하게 드러난다. 이러한 구별은 실제 생활에 있어 구태여 증명을 필요로 하지 않는다.” 그렇다고 해서 정치철학이 일상생활의 기준을 그대로 수용하는 것은 아니다. “철학자는 전 철학적 정치생활이 이해하고 있는 바를” 그 출발점으로 삼고 있지만, “‘무엇’(What)인가라는 기본적 문제를 제기함으로써 전 철학적 이해의 차원을 초월할 수 있게 된다." 아울러 "이러한 문제에 대한 해답"으로부터 "정당한 근거를 갖는 것[소견]과 그렇지 못한 것이 있음을 식별"하게 된다. 스트라우스는 또한 "고전적 정치철학[이] 오늘날 두 가지의 공통된 반대론에 직면하고 있"음도 인정한다. 첫째는 "고전적 정치철학[이] 반민주적인 까닭에 나쁘다"는 것이고, 두 번째는 "고전적 정치철학"이 입각하고 있는 "고전적 자연철학 또는 고전적 우주관"은 "현대 자연과학의 성공으로 허위임이 입증되"었다는 것이다. 그러나 스트라우스는 첫째 "민주주의에 대해서 고전적 정치철학이 훨씬 더 깊이 있는 이해를 하고 있다"고 옹호하고, 둘째 "고전적 정치철학"의 "낡은 우주론"의 문제에 대해서는 "인간을 인간 이하(sub-human)로 이해"하는 "현대 자연과학과는 다른 입장에서 인간을 보았기 때문에 현대 자연과학의 반대론의 논거는 부당하다"고 말한다(pp. 27-34).

3. 근대적 정치철학

"스트라우스는 소크라테스를 시조로 해서 플라톤, 아리스토텔레스, 스토아학파, 기독교 사상가, 특히 토마스 아퀴나스에 의해서 발전된 정치철학을 고전적 정치철학으로, 그리고 마키아벨리, 토마스 홉스, 존 로크 등에 의해서 비롯된 정치철학을 근대적 정치철학으로 분류"한다. 특히 "근대적 정치철학은 다양한 내용을 가지"지만 "한 가지 원리 면에 있어 공통된다"고 본다. "그 원리는 고전적 정치철학을 비현실적인 까닭에 배격하자는 원리이다. 이러한 실증적 원리를 기초로 하는 근대적 정치철학"의 창시자는 마키아벨리라는 것이다(p. 34).

마키아벨리는 "정치철학의 모든 전통과의 결렬을 시도했고 또 실제 이에 성공했다." 그는 "의식적으로 사회행동의 기준을 저하시켰다." "무엇이 사회의 선 또는 공동선인가는 덕성에 비추어 규정할 것이 아니라, 사회의 선 또는 공동선에 비추어 덕성을 규정해야" 한다는 것이다. "여기서 공동선이란 모든 사회가 현실적으로 추구하는 목적이다. 구체적으로는 외국 통치로부터의 자유, 안정성 또는 법에 의한 지배, 영광 또는 제국 등을 의미한다. 마키아벨리에 의해서 새로이 규정된 덕성은 이러한 목적의 달성에 필요하거나 목적달성을 촉구하는 습성의 총체를 뜻한다. 우리의 행동은 이 목적달성에 이바지할 경우에 한해서 도덕적인 것이 된다. 그리고 이 목적을 위해 효과적으로 이루어지는 모든 일이 바람직한 좋은 일이 된다. 따라서 이 목적은 모든 수단을 정당화[하며], 덕성은 시민적 덕성, 즉 애국심 또는 집단적 이기에의 충성으로 전환된다." 마키아벨리가 구상한 "정당한 질서는 고대 로마의 모범을 따른 공화제이면서도 고대 로마의 공화제를 더욱 쇄신한 것"이었다. "그것은 로마인들이 우연히 또는 본능적으로 이룩한 것을 의식적으로 [그리고] 면밀하게 검토해서 이룩한 것"이었다. 뿐만 아니라 "마키아벨리에 의해서 해석된 로마식 공화주의는 근대 정치사상의 유력한 조류의 하나가 되었다."

그러나 마키아벨리는 로마의 창설자가 형제를 죽인 살인자였음을 상기하면서 도덕은 도덕에 의해 창조될 수 없다고 말한다. "환언하면 도덕의 가능한 맥락은 부도덕에 의해서만 마련된다는 것이다." "인간은 본래 악하나 강제를 통해서 선하게 되어야만 한다." 그러면 무엇이 "악인으로 하여금 다른 악인을 강제로 선하게 만들려고 애쓰게 하는가?" 마키아벨리는 그 동기를 "영광의 소원(所願)에서 찾았다. 영광의 소원의 최고 형태는 완전히 새로운 의미의 군주, 즉 새로운 사회질서의 발견자, 여러 세대에 걸친 인간의 주조자가 되려는 소원이다." 여기서 스트라우스의 논의는 '새로운 군주'에 관한 교리로 전환된다. "마키아벨리의 가르침에 의하면 모든 무장한 예언자는 정복을 하고 모든 비무장 예언자는 실패했다고 한다. 무장한 예언자의 대표적 예는 모세이며, 비무장 예언자의 대표적 예는 예수 그리스도이다. … 예수 그리스도는 극형을 받은 점으로 본다면 실패했다고도 볼 수 있다. 그러나 그가 확립한 새로운 양식과 질서는 여러 민족에 의해서 또 여러 세기에 걸쳐 받아들여지고 있다는 점으로 본다면 그는 결코 실패한 것은 아니다." 여기서 마키아벨리는 예수가 승리한 원인을 "선전"에서 찾는다. "비무장 예언자 예수 그리스도는 선전 덕분에 사후의 승리를 얻었다"는 것이다. 스트라우스에 의하면 이러한 예수의 예는 바로 마키아벨리 자신에게 적용된다. 다시 말하면 마키아벨리는 "선전" 말고는 "정복할 희망"을 가질 수 없는 비무장 예언자의 예에 속한다는 것이다. 이런 점에서 스트라우스는 "마키아벨리야말로 계몽을 통해서 새로운 유행과 질서를 확립하려고 했던 일련의 많은 근대 사상가 중 최초의 사상가였다"고 말한다(pp. 34-40).

그러나 스트라우스는 "마키아벨리의 이론은 그 반항적 성격으로 인해서 수정되지 않을 수 없었다"고 말하면서, "마키아벨리의 이론을 수정해서 마키아벨리가 의도한 성공을 거의 완전히 달성"한 것은 "홉스였다"고 주장한다. "마키아벨리는 『군주론』을 저술했음에 반해서 홉스는 『시민론』을 저술"함으로써 이제는 "형제살해나 근친간통을 한 영웅이 아니라 의지할 곳 없는 가련한 중생이 문명의 진정한 건설자라는" 점을 분명이 했다. "정부가 수립[된 이후] 횡사(橫死)의 공포는 통치체에의 공포로 전환된다. 그리고 자기 보전의 욕망"은 "권력"의 욕망으로 발전한다. "권력정치의 보호를 받으며 또 권력정치로 가능한 안락하고 평범한

육감주의, 그리고 인간의 숭고한 목적과는 관계가 없는 절제가 홉스에 의해서 수정된 마키아벨리즘"이라는 것이다. 다른 한편 "로크는 홉스의 근본도식을 그대로 받아들이면서 한 가지 점에서만 변화시켰다." 그것은 "재산권"이었다. "로크는 홉스와는 달리 인간이 자기 보존에 필요한 것은 힘이 아니라 식량, 더 일반적으로 말해서 재산이라고 하였다. 이리하여 자기 보존의 욕망은 재산취득으로 변하고 자기 보존의 권리는 무제한의 취득의 권리가 된다." 계속해서 스트라우스는 "로크의 경제주의[를] 몽테스키외에서도 찾아볼 수 있다"고 말한다. 몽테스키외의 『법의 정신』은 "덕성을 원리로 하는 로마공화제와 정치적 자유를 원리로 하는 영국 사이를" 한동안 "방황"하지만, 결국에는 "영국[의] 교역과 재정"에서 "로마의 덕성에 대체될 수 있는 것을 찾아냈다"는 것이다. 그리고 이와 같은 "재정의 세계"는 "장 자크 루소의 통렬한 반발을 야기시"켰다고 본다. "루소는 재정의 세계, 그가 처음으로 지칭한 부르주아의 세계에서 덕성과 도시의 세계시민의 세계로 돌아갔다. 루소에서 비롯된 로맨티시즘은 대체로 태고로의 복귀를 목적으로 하는 것이었다. 그러나" 역설적으로 "그것은 17세기와 18세기의 사상보다도 더 고전적 사상을 벗어나는 것이었다. 루소의 사상은 홉스와 로크의 도식을 따라 사회의 기초를 자기 보존의 권리에서 찾"았음에도 불구하고 "실정법의 기준으로서의 자연법의 의의를 말살시키고 말았다." 이것은 "그의 일반의사론에서 가장 분명"하게 드러난다. 이제 "사회는 도덕에 기반을 갖지 않고 도덕이 사회에 기반을 갖"게 된다. 여기서 스트라우스는 "루소의 사상[은] … 모든 가능한 인간적 현실을 초월하는 것을 제거시키려는 세속적 운동의 결정적 시발점"을 마련하게 된다고 선언한다. 그리고 이러한 '세속주의'는 니체(F. Nietziche)의 허무주의에서 정점에 이른다고 논한다(pp.

40–48).

4. 정치철학과 역사주의, 그리고 역사학

스트라우스는 한편으로는 고전적 정치철학을 역사철학으로 대체시키려는 현대의 역사주의에 반대하는 한편 이와 동시에 정치철학과 역사학의 차이, 그리고 양자의 상호보완관계를 강조한다. 그는 첫째, "현대의 역사주의"란 "철학"을 "동굴에서 벗어남"이 아닌 또 다른 "동굴에의 귀속"으로 보는 견해라고 정리한다. "고대인에 의하면 철학은 동굴을 벗어남을 뜻함에 반해서 현대인에 의하면 모든 철학은 본질적으로 '역사적 세계', '문화', '문명', '세계관'(weltanschauung), 즉 플라톤의 이른바 동굴에 속함을 뜻한다. 우리는 이러한 견해를 '역사주의'라고 부[른]다" (pp. 48–49).

둘째, 스트라우스는 '역사주의'의 특징을 다음과 같이 열거한다.

(1) 역사주의는 가치와 사실 간의 구별을 포기한다. 왜냐하면 제아무리 이론적인 것이라 할지라도 모든 이론은 특정한 평가를 시사하기 때문이다.

(2) 역사주의는 현대 과학의 권위주의적 성격을 거부한다. [왜냐하면 역사주의는] 현대 과학을 인간의 허다한 사고정향의 하나로만 보기 때문이다.

(3) 역사주의는 역사과정을 기본적으로 진보적인 것, 더 일반적으로 말해서 합리적인 것으로 보려고 하지 않는다.

(4) 역사주의는 비인간으로부터 인간으로의 진화로는 인간성을 설명할 수 없다고 주장함으로써 진화론적 학설의 타당성을 인정하지 않는다.
(5) 역사주의는 정치철학과 양립할 수 없는 입장으로서 실증주의와 더불어 정치철학의 2대 적으로 간주된다(pp. 21-22, 48, 55-60).

셋째, 스트라우스는 "정치철학은 역사학이 아님"을 강조한다. 다시 말하면 "정치적 사물 및 최선의 정당한 정치질서의 본질에 관한 문제는 역사적 문제와는 근본적으로 상이하다"는 것이다. "그것은[역사적 문제] 언제나 개체, 개별적 집단, 개별적 인간, 개인적 업적, 개별적 문명, 인간문명[의] 시초로부터 현재까지 이르는 하나의 개별적 과정 등을 문제로 삼는다. 특히 정치철학은 정치철학사 자체와도 근본적으로 다르다. 정치적 사물의 본질에 대한 [물음] 및 해답은 어느 특정한 철학가나 철학자 전체가 철학적 문제에 어떻게 접근해서 어떻게 논하고 어떠한 해결을 내렸는가의 문제와 혼동되어서는 안 된다. 이것은 정치철학이 역사와 아무 관계가 없음을 뜻하"지 않는다. 사실 "각 시대의 여러 나라의 다양한 정치제도와 정치적 신조의 경험이 없었다면 정치적 사물 및 최선의 정당한 정치질서의 문제도 제기될 수 없었"을 것이다. "역사적 지식이 있[음]으로 인해 특정한 시대의 특정한 국가의 정치생활의 특성을 정치적 사물의 [보편적] 본질로 오인하는 과오를 면할 수 있다. 정치사상사나 정치철학사에 대해서도 같은 말을 할 수 있다. 정치철학에서 역사적 지식이 큰 비중을 차지하기는 하나 그것은 정치철학에 대해서 예비적 또는 보조적 역할밖에는 하지 못한다." 간단히 말해서 "역사적 지식은 정치철학의 구성부분이 되지 않는다"는 것이다. 스트라우스는 이러한 주장을 고전적 철학의 입장에서 정당화한다. "플라톤은 『국가론』(*Republic*) [의] 연구계획 속에 산술, 기하학, 천문학 등을 언급하고 있으면서도 역사학을 들고 있지 않다"는 점과, 아리스토텔레스는 "시(詩) [가] 어느 정도 보편적인 것을 진술함에 반해서 역사는 개별적 사실만을 진술하는 까닭에 시는 역사보다도 더 철학적"이라고 말한 점 등을 근거로 스트라우스는 "역사학과 철학은 서로 다른 양극에 자리 잡고 있다"고 본다. "철학이 종을 종으로서 다루고 있음에 반해서 역사학은 개체 속에 종을 제시하지 않고 또 개체를 통한 종을 밝히지 않는다." "철학은 전쟁 또는 국가 자체를 다룸에 반해서 역사학은 투키디데스의 경우에서 보는 바와 같이 펠로폰네스 전쟁과 아테네 국가를 다"룰 뿐이다. 말하자면 "역사학은 비철학적이며 전 철학적"이라는 것이다(pp. 49-50).

넷째, 이상과 같이 스트라우스는 정치철학과 역사학의 차별성을 강조함에도 불구하고 정치철학에 대한 역사적 연구를 반대하지는 않는다. 이것은 특히 "투키디데스의 역사학"이 비록 "소크라테스, 플라톤 및 아리스토텔레스의 정치철학과는 상이하"지만 "서로 보완관계를 갖는다"는 대목에서 알 수 있다. "플라톤의 『국가론』이나 아리스토텔레스의 『정치학』(*Politics*)은 정지상태에 있는 도시국가를 서술하고 있음에 반해서 투키디데스의 주제는 운동상태에 있는 도시국가를 서술하고 있다. 소크라테스는 운동상태에 있는 최선의 도시국가를 찬양 또는 서술할 수가 없었다." 따라서 "소크라테스는 정치철학을 보충 또는 완성시킬 수 있는 투키디데스와 같은 사람을 필요로 한다"는 것이다. 스트라우스는 "역사학과 정치철학 간에는 본래 이[와] 같은 밀접한 관련성이 있는 것이[었으]나 이러한 관계[가] 오늘날 이른바 역사주의에 의해 부당하게 파괴되었다"고 개탄한다(pp. 50-51, 60).

끝으로 스트라우스에 의하면 "과거의 철학자들은 정치이념을 해명함에 있어 구태여 역사적 해명을 하지 않았다"는 것이다. 그것은 "고전적 정치철학[이] '자연적 의식', 즉 전근대적 의식에 [직접적으로] 제시된 정치현상으로부터 출발함으로써 정치철학의 근본개념을 얻어냈음에 반해서 근대적 정치철학은 '자연적 의식'에서 출발하지 않고 그전의 정치철학을 수정 또는 반대함으로써 출발"한 데 기인하며, "근대 철학의 고전철학에의 특이한 의존성으로 인해서 근대 철학은 본질적으로 철학에 대한 철학적 역사의 성격을 부각시키게 되었다." "이렇게 볼 때 철학에 대한 역사적 연구는 근대인에 한해서 의미를 갖"는 특이한 현상으로 볼 수 있다는 것이다(p. 61).

IV.

선생님께서는 제3장 "과학적 정치학의 비판"을 (1) 사실과 가치의 구분, (2) 시민적 학문으로서의 사회과학, (3) 과학적 정치학, 그리고 (4) 스트라우스 정치철학에 대한 비판론의 4개의 소주제로 나누어 검토하신다. 아래에서는 그 순서를 (1), (3), (2), (4)의 순으로, 다시 말하면 1. 사실과 가치의 구분, 2. 과학적 정치학, 3. 시민적 학문으로서의 사회과학, 그리고 4. 스트라우스 정치철학에 대한 비판론으로 그 순서를 다소 바꾸어 살펴보고자 한다.

1. 사실과 가치의 구분

"현대의 실증주의는 현대 과학이 신학[이나] 형이상학과는 달리 '왜'(Why)라는 절대적 지식을 추구하지 않고 '어떻게'(How)에 대한 상대적 지식만을 추구한다는 이유만으로 … 최고의 지식형태라" 할 수 있다는 점에 있어 [스트라우스는] 콩트와 의견을 같이한다. 그러나 공리주의, 진화론, 신칸트학파에 의해서 수립된 실증주의는 이미 콩트가 주장한 것과는 다르다. 그것은 19세기 말엽에서 20세기에 접어들면서 사실과 가치에 대해서 새로운 해석을 하기 시작했던 것이다. 실증주의자들의 새로운 해석에 의하면 사실과 가치 간에는 근본적 차이가 있으며, 사실의 판단만이 과학의 영역에 들어갈 수 있다는 것이다. 환언하면 과학적 사회과학은 가치판단을 할 수가 없는 까닭에 … '몰가치적'이거나 '윤리적으로 중립적'"이어야 한다는 것이다. "스트라우스는 이러한 입장의 대표자를 막스 베버(Max Weber)로 보고 그의 이른바 가치중립적 사회과학의 정향을 비판한다."

첫째, 스트라우스에 의하면 "베버는 '가치'를 어떻게 이해하고 있는가에 대한 설명은 하지 않"고 다만 "가치와 사실 간의 관계에 관심을 가졌다. 사실과 가치는 절대적으로 이질적이며, 어떠한 사실로부터도 그 사실의 가치성을 입증할 수가 없다." 따라서 사회과학은 제 사실과 제 사실의 원인의 문제에 대한 해답을 할 수 있을 뿐이며, 가치문제에 대한 해답은 할 수가 없다고 한다. 그러나 스트라우스는 "존재와 당위의 근본적 이질성을 근거로 사회과학이 가치판단을 할 수 없다는 결론이 반드시 타당할 수는 없다"고 말한다. 왜냐하면 "우리가 진정한 가치체계를 확립할 수만 있다면 사회과학은 그 가치체계를 해명하고 실천시키는 수단의 구실을 할 수" 있으며, 마찬가지로 "사회과학이 진정한 목적에 대한 지식을 갖춘다면 그 목적을 달성하는 적절한 수단에 대한 연구를 하게 될 것"이기 때문이다. 그리고 이와 연관된 "특정한 정책에 대해서 객관적이며 구체적인 가치판단도 할 수 있게 되며, 진정한 정책결정을 위한 과학이 될 수도 있을 것이"기 때문이다(pp. 15, 63-65).

둘째, "베버는 사회과학에 있어서의 가치판단의 배제를 요구하면서도 그 자신은 사회현상을 몰가치적인 것으로 보지는 않았다." 예컨대 "베버는 종교사회학은 '정신' ethos)과 '생활기술'의 근본적 구별을 전제한다. … 그렇다면 사회학자는 순수한 정신과 단순한 생활기술을 특정한 현상 속에서 색출해내야만 할 것이다. 환언하면 종교사회학자는 종교적 성격을 갖는 현상과 비종교적 성격을 갖는 현상을 구별해야만 한다. 그러자면 종교사회학자는 우선 종교가 무엇인가를 알아야 할 것이다. 이러한 이해는 베버의 의도와는 반대로 순순한 종교와 사이비 종교, 수준이 높은 종교와 수준이 낮은 종교를 구별하지 않고서는 이루어질 수 없다." 여기서 스트라우스는 사실과 가치를 구분한 베버를 공격한다 : "베버의 종교사회학 전체는 '의도의 윤리'와 '순수한 형식주의'(확실화한 격률), '숭고한 종교사상'과 '순수한 마술', '외형으로만 그치지 않는 진실로 심오한 통찰의 참신한 원천'과 '전적으로 비직관적이며 상징주의적 영상의 혼란', '조형적 상상'과 '책상머리 생각' 등의 구별에 성패가 달려 있다. 그가 거의 지속적으로 적절한 언어, 즉 찬양과 비방을 나타내는 언어로 사실상 모든 지적 및 도덕과 악을 언급하지 않았다면 그의 모든 저작은 권태스러울 뿐 아니라 무의미했을 것이다." 스트라우스는 베버가 "자신은 그렛첸(Gretchen)과 창녀의 구별을 못하는 사람에 대해 분노를 금치 못하였으면서도 그렛첸과 창녀의 구별을 금하는 [일관성 없는] 이론을 정립했다"고 꼬집는다(pp. 67-69).

셋째, 다른 한편 "베버는 필수적 가치판단을 회피함으로써 사실상 부정확한 사건의 묘사를 하지 않을 수 없었다." "가령 우리가 강제수용소에 관한 사실[을] 기술[할] 경우 잔인하다든가 비인도적이라는 표현을 할 수" 없다면 이러한 "사실의 기술은 결국 풍자의 성격을 갖게 된다"는 것이다. 실제로 베버의 "칼빈주의 연구에서"는 "칼빈주의의 본질을 칼빈 자신이 본질적인 것으로 본 것과 동일시"하기를 피함으로써 "역사적 객관성마저도 위협하게 된다." 뿐만 아니라 가치판단의 배제는 "해석의 객관성도 위협한다. 역사학자는 특정한 사건의 해석에 앞서 당연히 자기의 평가기준을 제시할 수 있"다. "그러나 사건의 서술에 있어 일체의 가치판단을 배제하게 된다면 역사학자는 자기의 주관적 서술의 기준조차 사전에 제시할 수가 없게 된다. 객관적 가치판단이 불가능함을 인정하는 역사가는 객관적 가치판단이 가능하다는 전제에 입각하는 과거의 대부분의 사상을 심각하게 다룰 수가 없게 된다." 만약 "그 사상이 기본적으로 환상에 입각하고 있음을 사전에 안다면 어느 역사가[가] 과거를 과거가 이해한 바와 같이 이해해야 하겠다는 유인을 갖"을 수 있겠는가라고 스트라우스는 의문을 제기한다. 여기서 그는 "베버가 사회과학의 중립적 성격을 주장한 진정한 이유는 존재와 당위의 근본적 대립에 대한 신념"보다는 "당위에 대한 진정한 지식이 없다는 신념" 때문이며, 이것은 과학의 발전에 따른 "자연적 이해", 즉 "상식"에 대한 당시의 깊은 불신감을 나타내는 것으로 본다. 그러나 스트라우스는 "상식 옹호"로서 그의 말을 끝맺는다.

… 개인의 상식이나 가치관은 단순히 그것이 상식이나 가치관이라는 이유에서 불합리하고 주관적이고 객관성이 전혀 없다는 입장을 용납될 수 없을 것이다(p. 74).

2. 과학적 정치학

스토링(Habert J. Storing)이 편찬한 『과학적 정치학논집』(*Essay in the Scientific Study of Politics*)에서 "스트라우스와 스트라우스학파"라 불리우는 일단의 "학자들은" 특히 "상식"의 입장에서 '과학적 정치학'을 비판한다. 먼저 '투표행태'와 관련하여 월터 번즈(Watter Bons)는 "투표행태 연구로 정치적인 것"을 과연 설명할 수 있을까?라고 묻는다. 그의 답변은 "설명할 수 없다"는 것이다. 왜냐하면 투표자에 대한 "설문[이] 주제인 투표, 더욱 구체적으로 말해서 투표의 목적에 의하지 않고 오히려 과학적 방법의 범위 내에서 결정"되기 때문이다. 따라서 대부분의 "설문은 추상적이거나 간접적으로 이루어지는 경우가 많다. 그 결과 설문양식은 추상화된 도식에 의해서 결정되고 상식과의 거리는 더욱 커진다." 번즈에 의하면 "인간도 동물이나 마찬가지로 외부의 자극에 대해서 무의식적 반응을 나타낼 수는 있다. 그러나 인간이 다른 동물과 다른 것은 인간만이 자기의 반응에 대한 이유를 설명할 수 있다는 점이"다. "이러한 특이한 자성에서 정치적인 것이 설명되어야 함에도 불구하고 현대의 과학적 정치학은 이 문제를 소홀히 하고 있다고 한다." 또 "스토링은 현대의 과학적 행정학자의 한 사람인 사이몬"(Harbert A. Simon)을 비판한다. "사이몬에 대한 비판도 우선 상식에 대한 사이몬의 입장"에 그 초점을 맞춘다. 스토링은 사이몬의 "과학[이] 과학적 지식만을 진정한 지식으로 인정"하며, 설사 "상식의 진리성[을] 인정한다손 치더라도 그것이 과학적 지식에 부합되는 한에 있어 그 진리성을 인정한다"고 말한다. 여기서 스토링은 "과학적 정치학자가 인정하는 지식의 척도는 과학성 여부에 있는 것이지 옳은 행동의 지침 여부에 있는 것은 아니"라는 점을 강조하면서 사이몬의 정치학은 상식을 도외시한 "비정치적 정치학"의 표본이라고 비판한다(pp. 89–92).

다음으로 "와인스타인(Leo Weinstein)은 과학적 정치학의 주요 분야의 하나인 정치과정론을 벤트리(Arthur F. Bentley)의 『통치과정론』을 통하여 검토한다." 벤트리의 책은 "1908년에 출판"되었으며, 그 당시에는 "크게 평가"되지 않았으나 "1950년대에 들어서면서 정치학자의 필독서가 되었다." 벤트리에 의하면 "사회란 사회를 구성하는 집단의 복합체 이외에 아무것도 아니다. 따라서 집단을 떠난 사회적 실체는 존재하지 않는다." 그러나 "정치적인 것을 전체 사회의 존재에서 찾으려 하는 입장에서 볼 때 이익집단의 존재만을 강조하는 벤트리의 이론은 용납"되기 어렵다고 말할 수 있다. 여기서 와인스타인은 벤트리의 저서가 "보편적 지성과 이성을 인정하지 않는 민주주의를 신봉"한다고 지적하면서 상식에 입각한 민주주의의 중요성을 강조한다. 상식의 중요성은 라스웰의 정치학에 대한 비판과 공격에서도 나타난다. "호로비츠(R. Horwitz)는 시종일관해서 라스웰을 소원이나 행위에 있어 이념론자, 조작가, 선전가로 특징짓는다." 호로비츠는 "라스웰[이] 단순한 조작가, 선전가"의 단계를 넘어 특히 "통제를 원하는 조작가, 선전가"라는 점을 강조한다. 라스웰은 "과학적 정치이론"이 "조건을 진술"하는 데 반해 "정치철학"은 "선취를 정당화”하는 점에서 구분된다고 밝히면서 “과학적 정치이론”은 “통제”를 포괄한다는 점에서 “정치철학”보다 우월하다고 주장한다. “명상적 분석[정치철학]은 다만 서술과 예언만을 포괄하나 과학적 정치이론은 여기에 더해서 통제를 포괄한다.” “통제의 목적[은] 궁극적이며 지배적 목적”이기 때문에 “서술과 예언은 통제목적을 위해서만 필요한 것이”고, 따라서 정치철학, 즉 “명상적 분석은 조작적 분석에 예속된다”는 것이다. 호로비츠에 의하면 라스웰의 이와 같은 주장은 그의 과격한 “상식의 거부”에서 비롯되며, 이러한 거부는 결국 “정치학자를 타락시[킬] 뿐 아니라 정치학자가 이행해야 할 의무를 일탈케 한다고 비난한다”(pp. 92-97). 김영국 교수님은 당신의 논의를 다음과 같은 라스웰의 글을 인용하면서 끝맺는다.

> 장래에는 선전가가 역사를 다시 쓰고, 현실의 요청에 이바지하고 산재하고 있는 자료를 그에게 제공해 줄 한 무리의 정직한 교수들을 의지하게 될 것이다(p. 97).

이상의 연구 분야별 비판들은 스트라우스 자신에 의해 종합된다. 스트라우스는 한편으로는 “새로운 정치학”의 “희생의 윤리”를 부인하지 않는다. 말하자면 “새로운 정치학의 신봉자들은 진리탐구를 위해서 일신의 안전, 수입 및 명예 등의 모든 고려를 희생시키겠다는” 일종의 “히포크라테스 선서의 구속을 받고 있다”는 점을 인정한다. 그러나 그는 “새로운 정치학이 전통적 정치학”의 오랜 습성 중의 하나인 “상식”을 거부하도록 촉구하는 데 대해 강한 경고를 보낸다 : “새로운 정치학은 하사관의 자세를 취하고 있는 우리에게 우리의 과거의 습성, 즉 상식과 해명도 없이 전적으로 결별하라는 요구를 해서는 안 된다." 스트라우스에 의하면, "철학과 과학은 본래 같은 것이었으나 17세기에 일어난 혁명의 결과로 과학과 철학은 구별되기 시작했다." 특히 "근대의 물리학"은 "고전적 물리학"과는 달리 "형이상학을 떠난 점에 있어" 가장 대표적인 성공사례가 되었다. 그 결과 "윤리학과 독립된 경제학", "비정치적 결사를 연구하는 사회학"이 생기게 되었고, "동시에 정치철학과 정치과학이 분리되었다." "과학적 정치학은 형이상학을 떠나서 새로운 물리학의 정향을 따르는 까닭에 새로운 물리학이 갖는 가치중립적 원리와 상식을 떠난 개념규정의 원리, 전문용어 사용의 관례 등을 따르지 않을 수 없게 된다. 과학적 정치학은 정치적 사물을 국외에서 중립적 관찰자의 입장에서 보게 되고, 일상생활에서 흔히 쓰이는 용어가 아닌 전문용어를 마련해내지 않으면 안 되게 되었다. 그러나 정치적 사물은 본질적으로 자연적 사물과 다른 까닭에 정치적 사물을 자연적 사물과 같이 다룸은 정치적인 것을 비정치적인 것 또는 정치 이하의 것(sub-political)으로 다루는 것이 되[어] 많은 부조리와 불합리성이 드러나"게 된다. 왜냐하면 "인간을 비인간적인 것 또는 인간 이하의 것으로 다룰 [경우], 인간의 본질을 결코 포괄적으로 이해할 수는 없을 것"이기 때문이다.

스트라우스에 의하면 "과학적 정치학이 고전적 정치철학에 비해 근본적으로 미숙함은 과학적 정치학이 의존하고 있는 논거를 더듬어 볼 때 더욱 선명하게 이해"된다. "과학적 정치학의 논거"는 "논리학과 경험주의"이다. 특히 "경험주의"는 "상식과 과학적 지식을 구별한다." "상식에 의한 이해는 [다른] 질을 갖는 여러 가지 사물을 통한 이해이며, 과학적 이해는 서로 다른 여러 가지 사건의 연속[적인] 기능적 제 관계를 통한 이해[이]다." 그러나 "경험주의"의 문제는 "상식"과 "과학"을 구분할 뿐, "과학적 지식"이 "상식"을 전제하고 있다는 사실을 부인하는 데 있다. 스트라우스는 이렇게 말한다 : "우리는 사물의 일부를 감각적으로 인식할 수 있다손 치더라도 … 인식이 가능한 유일한 대상이 감각적 자료라 함은 감각적 자료를 통해서 알 수 있는 것이 아니"다. 왜냐하면 우리의 "감각적 자료나 [감각의] 구성체는 … 상식적 인식을 기초로" 비로소 이해될 수 있기 때문이다. 이와 같은 "과학적 정치학의 난점"은 스트라우스에 의해 2가지로 집약된다.

> 첫째, 새로운 정치학은 항상 상식으로부터 지식을 빌려오지 않을 수 없는 만큼 정치적 사물에 관해서는 순수한 과학이전의 지식이 존재하며, 이 지식은 모든 과학적 지식의 기조가 되고 있다는 사실을 무의식중에 입증하게 된다. 둘째, 새로운 정치학의 기초가 되는 논리학은 정확성의 기준을 충분히 제공할 수는 있겠으나 객관적 적합성(relevancy)의 기준을 제공하지 않는다(p. 102).

여기서 김영국 선생님은 "과학적 정치학이 적합성의 기준을 제공하지 못한다는 점을 스트라우스[가] 중요시한다"는 점을 특히 강조하신다. "상식에 의한 정치적 사물의 이해와의 결렬로 과학적 정치학은 정치적 이해(理解)에 고유한 적합성의 기준을 버리지 않을 수 없게 되었"다. "적합성의 기준 없이 보편성을 찾아내려는 과학적 정치학은 마침내 정치적 사회를 전체의 차이를 불문에 부치고 일종의 집단으로 규정하게 된다. 그러므로 정치적 사물을 이해하는 관건은 집단에 공통되는 이론이 되어야 한다고 본다. 이 결과는 정치적 사회가 갖는 모든 특이성을 사상하고 정치사회를 모든 집단을 망라하는 막연한 일반론의 형식으로 재진술하는 까닭에 정치사회가 무엇인가를 조금도 알 수 없게" 만들고, "어떤 의미에서 과학적 정치학이 정치적 사물을 이해하는 방향을 상실하게 되는 결과를 가져왔다"는 것이다. 김영국 선생님께는 "스트라우스의 과학적 정치학에 대한 평가"를 다음의 말로 끝맺는다.

> … [새로운] 정치학은 마키아벨리적인 것도 되지 못한다. 그것은 네로적인 것도 아니다. 그럼에도 불구하고 새로운 정치학을 평해서 로마가 불타고 있는 동안 제금을 키고 있다고 말할 수 있을 것이다. 새로운 정치학은 두 가지 사실로 인해서 용서될 수 있다. 즉 그것은 제금을 키고 있다는 것을 모르고 있으며, 로마가 불타고 있다는 것도 모르고 있다(p. 97).

V.

지금까지 필자는 김영국 선생님의 학위논문을 충실히 요약함으로써 차후에 독자들이 스트라우스의 글에 보다 용이하게 접근할 수 있도록 정리하려고 노력해 보았다. 그러나 이하에서 다루게 될 "시민적 학문으로서의 사회과학"(pp. 75-86)은 선생님 논문의 핵심 주제라고 보아 이를 본 논문의 마지막 항목으로 다루고 나머지 주제들, 즉 "스트라우스 정치철학에 대한 비판"(pp. 105-119)과 "결론"(pp. 120-129)은 이 글의 "맺는 말"에서 간략하게 언급하는 정도로 마무리하고자 한다.

선생님의 "시민적 사회과학론"은 오늘날의 분과화된 사회과학의 문제에서부터 출발한다. "오늘날의 사회과학은 다수의 전문분야로 분화되고 있으며, 이 분화작용은 앞으로 더욱 계속될 가능성을 내포하고 있다."

이런 점에서 오늘날의 "사회과학은 사회에 관한 다수학문의 집합체의 성격을 갖는다"고 말할 수 있다. 이 때문에 선생님께서는 "사회를 전체적으로, 사회적 인간을 전체적으로 다룬다고 자부할 수 있는 사회과학"은 "이미 존재하지 않게 되었다"고 말씀하시면서 "고전적 사회철학자나 정치철학자, 또는 근대 초의 대표적 사회철학자나 정치철학자는 말할 것도 없"고 "사회학의 개척자로 알려진 콩트(A. Comte), 정치학에 있어서의 토크빌(Alexis de Tocqueville)이나 브라이스(Lord James Bryce)도 이제는 현대적 의미의 사회과학자라고 보기가 어렵게 되었다"고 피력하신다.

"일부 사회과학자[들] 간에는 이른바 공동연구(Inter-disciplinary Study)가 역설되고 또 개인적으로는 상이한 학문 간의 협동적 연구가 추진되고 있기는 하[지만], 공동연구나 개인적 협력이 전문분야 자체의 통합을 가져오는 것도 아니고 전문분야 간의 진정한 계서적 질서를 가져온 것도 아"님을 강조하신다. 다른 한편 현대 사회과학의 "전문화"는 다음과 같은 "전제에 입각해 있다고 볼 수 있다. 즉 전체를 이해하기 위해서는 우선 전체를 분석하거나 전체를 그 구성요인으로 분해하고 그 구성요인 자체를 연구하고 구성요인으로부터 출발해서 전체를 재구성한다"는 것이다. "이 경우 전체가 각 분야별로 완전히 분해될 수 있는가도 문제겠지만 더욱 큰 문제는 … 오늘날 사회과학 내의 어느 전문분야도 사회 전체에 대한 재구성을 시도하지는 않고 있다"는 사실이다. 선생님의 "시민적 사회과학론"은 이처럼 "재구성의 시도조차도 하지 않"는 "전문화"에 대한 반발을 표시한다. "사회현상 자체는 전문분야별로 구획되어 있는 것은 아니"며, 또 "특정 학문의 대상이 되고 있는 현상도 독립적으로 존재하는 것은 아니다. 그것은 무수한 다른 요인과 직접 또는 간접적인 연관성을 갖는다." 이와 같은 사회현상에 적절히 접근하기 위해서는 "전문화"된 관점보다는 "상식"에 입각한 전체적 안목이 더 요구된다는 것이다. 이 점은 스트라우스의 다음과 같은 지적에 잘 나타나 있다.

> 기본적으로 알려지는 전체는 상식의 대상이다. 그러나 상식을 불신 또는 전적으로 배척함은 과학정신, 적어도 사회과학 내에서 드러나고 있는 정신의 본질이다. 상식적 이해는 상식적 언어로 표현되나 과학적 사회과학자는 과학적 전문용어를 창조 또는 안출해낸다. 이리하여 과학적 사회과학자는 특정한 추상을 얻어낸다. 추상화에는 조금도 잘못이 없다. 그러나 본질로부터의 추상작용은 매우 타당치 못하다(p. 76).

위의 말과 관련하여 선생님은 스트라우스가 "시민적 학문으로서의 사회과학"이 자연과학의 정향에 따라서 추상화된 전문용어만을 사용해야 하는지에 대해서 일찍이 의문을 제기한 바 있음을 상기시킨다. 예컨대 "오늘날 사회과학자가 흔히 사용하는 … '체계', '역할', '신분', '역할기대', '상황', '제도화' 등을 사회생활을 하고 있는 개인은 전혀 다른 용어로 경험"한다는 것이다. 선생님에 의하면 "이것은 같은 사실을 사회과학자"와 "시민"이 "전혀 다른 용어로 표현한다는" 것만을 뜻하지 않는다. 이것은 "이론가로서의 사회과학자"가 "사회적 현실의 행위자로서의 시민의 연관관계와는 전적으로 상이한 과학적 연관체계를" 따른다는 것을 보여준다. 사실 "사회과학자의 문제의식은 이론적 관심에서 제기"되지만 "실제 사회생활을 하고 있는" 시민의 입장에서 보면 "아무런 연관성도 없다. 과학적 사회과학자는 행동의 규칙성에 관심을 가지나 시민은 살기 좋은 사회에 대해서 관심을 갖는다. 시민은 현실적으로 인간행동과 사상, 제도, 조치 등에 대해서 관심을 가지나 사회과학자는 가치와 사실 간에 명확한 선을 긋고 가치판단을 할 수" 없다는 입장을 취한다. 이와 같은 "사회과학의 전문화"와 "과학주의"의 위험성을 극복하기 위해서 선생님은 "사회과학은 상식적 사고양식, 즉 시민적 사고양식으로 되돌아가려는 의식적 노력을 해야" 하며, 연구"주제의 선정과 연구결과의 종합도 사회의 전체적 목적에 비추어 이루어져야" 한다고 주장하신다. "바꾸어 말하면 사회과학의 모체는 시민적 양식이 되어야 하며, 일반적 과학개념이나 과학적 방법이 되어서는 안 된다는 것이다." 왜냐하면 "이렇게 함으로써만 사려 깊고 도량이 넓은 시민이 사회생활을 이해하는 바와 같이 사회의 현실을 이해할 수 있"기 때문이라는 것이다.

선생님은 "그렇다고 해서 사회과학이 시민적 상식의 수준을 벗어나지 못한다면 사회과학의 존재이유가 없어진다"고 보면서, "사회과학"이 비록 "시민적 상식과 시민적 관심으로부터 출발한다손 치더라도 일반시민보다 더 멀리 또 더 깊이 사회의 현실을 알아내야 한다"고 강조하신다. 그래야만 시민적 계몽에 이바지할 수 있다는 것이다. 선생님에 의하면 이것은 또한 스트라우스가 말한 "고전적 철학자들의 시민적 태도"와도 다르지 않다는 것이다. 스트라우스에 의하면 "고전적 철학자들은 자기들의 교리를 이해시킴에 있어 처음부터 철학적 입장을 취하지 않았다. 가장 상식적인 문제를 단계적으로 깊이 있게 해명해 나갔"으며, 이런 방식으로 "시민적 계몽에 이바지했다"는 것이다. 이와 같은 스트라우스의 언명에 대해 선생님은 현대의 사회과학이 고전적 정치철학의 입장으로 되돌아갈 수 있는가에 대해서는 많은 문제가 있다고 일단 의문을 제기하시면서, "적어도 사회과학자가 높은 시민적 양식과 시민적 상식을 초월하는 통찰, 탁견, 예지를 가져야 한다는 점에서는 이론이 없을 것"이라고 동의하신다. 다른 한편 선생님은 "시민과 정치가의 입장에서 사회현상을 본다는 것은 시민이나 정치가의 모든 견해를 무조건 타당하다고 인정하는 것"과는 다르다고 말씀하시면서, "그것은 상식에 대한 상식적 이해가 아닌 상식을 지식으로 대체하려는 철학적 탐구의 시작을 의미할 뿐"이며, "이런 점에서 우리는 스트라우스가 '철학은 소견을 지식으로 대체시키려는 시도' 라고 한 말을 다시 상기할 필요가 있"음을 시사하신다.

또 선생님께서는 "전문화를 거듭하[면 할수록] 목적의식을 더욱 상실해 가는 정치과학은 사회과학의 전통적 여왕인 윤리학의 지배를 받아야 한다"고 피력하신다. "사회과학자는 인간사회를 연구하는 학도이다. 그러므로 그가 자기 과제에 충실하자면 자기가 인간과 인간적 사물을 다루고 있음 잊어서는 안 된다. 그는 인간을 인간으로서 고찰해야 한다." 이런 점에서 "사회과학[이란] 언제나 자기 인식이라는 사실을 유념해야 할 것이며, 인간사에 대한 인간적 지식을 탐구하는 사회과학은 인간을 진정한 인간으로 완성시키는 인간에 관한 지식을 그 근본 속에 포함시켜야 할 것이다. 아리스토텔레스가 윤리학을 인간에 관한 자유로운 탐구의 기본으로 삼은 이유는 [같은] 사정에 연유한다고 볼 수 있는 것이다. 스트라우스는 시민적 학문으로서의 사회과학은 근본적으로 인간에 관한 학문의 성격을 아울러 가져야 한다고 주장한다. 시민은 시민 이전에 인간이기 때문이다. 그리고 인간의 본질을 파악함에 있어 윤리학은 필수불가결한 것으로" 보기 때문이다.

뿐만 아니라 선생님께서는 스트라우스가 "그 자체[의] 독자적 정견을 갖지 않고 모든 의견에 대해서 개방적 성격을 가짐을 자부하는 태도"는 "얼핏 보기에 모든 가치나 입장에 대해서 무한한 이해를 나타내는 … 매우 훌륭한 것 같이 보"이지만 그 실상을 따져보면 "상대주의"라고 규정하면서 이에 대해 다음과 같이 경고한 바 있음을 상기시킨다. 즉 "상대주의자는 우리의 서양 전통에 고유한 절대성, 즉 합리적이며 보편적 윤리 또는 자연법의 가능성에 대한 신조에 근거를 갖는 절대성을 경박감을 갖고 거부한다. 그는 전통을 편협한 것이라 하며 비난한다." 따지고 보면 "상대주의는 … 어떠한 가치의 절대성도 인정치 않고 상대주의가 어떤 가치관보다도 우월하다는 불손한 저의를 숨기고 있다"는 것이다. 선생님은 이러한 스트라우스의 "상대주의 비판"이 오늘날에도 "이른바 과학적 가치상대주의"—"'궁극적'·'최고적'·'절대적' 가치나 '가치기준'은 심의(心意)나 의사에 의해 '선택'되거나 아마도 '신앙' 직관 또는 본능에 의해서 '파악'되나 과학에 의해서 증명될 수 없"으며, "과학은 다만 그러한 가치에 관한 이념의 의미와 그 가치를 달성하려고 할 때 생기는 결과와 위험률을 명확히 하는 데 도움을 줄 뿐"이라는 "과학적 상대주의"—에 그대로 적용될 수 있다고 주장하면서, 결국 "시민적 학문으로서의 사회과학[은] 과학주의나 과학적 가치상대주의를 기초로 할 수는 없다"고 논하신다.

끝으로 선생님께서는 시민적 학문으로서의 "사회과학은 당연히 국가적으로 또한 시대적으로 중요한 문제를 다루어야 할 것"이라고 확신하면서 가치판단의 기준으로서 일상적 "생활"이 중요함을 강조하신다. 이와 같은 견해는 선생님의 박사학위 논문이 아닌 서울대학교 출판부에서 1969년 2월에 펴낸 『사회과학개론』 가운데서 발견된다. 선생님에 의하면 "가치개념은 선악, 정의와 부정, 아름다운 것과 추악한 것, 쾌락과 고통, 유익한 것과 해로운 것 중에서 어느 것을 취하고 어느 것을 버리는 취사개념에서 생긴다." 그리고 이러한 "취사선택"은 우리의 "관심"에 따라, 그리고 이것은 또 "우리 생활"과의 "관계"에 따라 달라지기 때문에

오늘 선생님의 10주기를 맞이하여 이 중차대한 세계학문의 전통을 몸소 체득하시고, 또 후학들에게 물려주신 선생님의 한없이 넓으신 학은을 생각하면 벅찬 감격의 눈물을 억제할 길이 없다. 다시 한 번 삼가 선생님의 명복을 빌면서 이 글을 선생님의 영전에 바친다.

2

인산 김영국 선생의 관심 사상가와 연구 분야

마키아벨리의 정치론 : 레오 스트라우스의 마키아벨리론 재고찰

김경희(성신여자대학교 조교수)

I. 서론

고 인산 김영국 교수님의 10주기를 맞이하여 준비된 이 논문은 김영국 교수님의 주된 관심사였던 마키아벨리의 정치이론을 다루려 한다. 김영국 교수님은 대한민국에서 마키아벨리(Niccolò Machiavelli) 연구의 선각자이셨으며, 나아가 현대 정치철학자 중에서도 레오 스트라우스(Leo Strauss)에 대한 본격적인 연구를 최초로 수행하신 분이다. 레오 스트라우스는 고전 정치철학을 옹호하면서 마키아벨리를 근대 정치사상의 정초자이자 '악의 교사'로 낙인 찍은 철학자로 유명하다. 도덕과 종교를 정치철학에서 제외시켰다고 마키아벨리를 비난한 스트라우스에 대한 연구에 이어 마키아벨리의 정치사상을 일관되게 연구하신 김영국 교수님의 문제의식을 살피고 그것을 나름대로 발전시켜 마키아벨리의 정치이론을 살펴보는 것은 유럽과 영·미 지성사의 관점에서 마키아벨리를 바라보는 것이 아니라 우리의 관점에서 마키아벨리를 살펴본다는 점에서 의의가 있다.

본 논문에서는 우선 레오 스트라우스의 마키아벨리론에 대해 간단히 살펴볼 것이다. 스트라우스의 마키아벨리 비판의 핵심은 그의 근대성 비판과 맥을 같이 한다. 고전 정치철학과 결별하게 된 근대와 현대 정치철학의 핵심 문제는 가치와 사실을 구별하고 보편적 선(善)의 실재를 부정함으로써 실증주의와 역사주의에 자리를 내주게 된 것이다. 이러한 근대성의 시초를 이룬 이가 마키아벨리라는 것이다. 마키아벨리는 도덕과 종교를 배척했으며, 나아가 선의 실재성과 영원성을 부정하고 가치보다는 실재를 추구하였다는 것이다.

이러한 스트라우스의 마키아벨리론을 살펴본 후에 김영국 교수님이 본 스트라우스의 마키아벨리론과 그 비판에 대해 고찰할 것이다. 교수님은 스트라우스의 마키아벨리론이 마키아벨리에 대한 관심에서 비롯된 것이 아니라 고전 정치철학의 부활이라는 목적에서 이루어진 것이라고 파악한다. 나아가 스트라우스의 정치철학이 '정치'보다는 '철학'에 방점이 찍혀 있음을 강조한다. 정치학이 현실과 동떨어질 수 없는 실천과 현실의 학문이라고 했을 때 스트라우스는 정치적 현실의 여러 가지 문제를 도외시하고 있다는 것이다. 그리고 그 중의 하나가 바로 마키아벨리의 정치론이 담고 있는 통치성과 권력/힘에 관한 문제이다.

김영국 교수님의 이러한 문제의식에 기대어 본 논문에서는 마키아벨리의 통치성과 권력의 문제를 그의 주 저서인 『군주론』을 중심으로 살펴볼 것이다. 그의 가장 악명 높은 저서인 『군주론』에서 마키아벨리는 통치를 위해서는 국가공동체 구성원들 간의 관계를 잘 구성해야 함을 언급하고 있다. 귀족과 인민이라는 핵심 세력 간의 관계 속에서 정치가 구성되고, 그 구성이 어떻게 되느냐에 따라 힘이 응집되기도 하고 흩어지기도 한다고 말한다. 이렇게 볼 때 마키아벨리는 정치를 절대적 선이 그대로 적용되어야만 하는 부동의 존재로 바라보지 않는다. 구체적 인간들과 정치세력들의 관계 속에서 구성되는 정치는 유동적이고 역동적인 것이 된다. 선은 그러한 정치의 역동성 속에서 관계적으로 구성되는 것으로 나타난다. 나아가 권력도 가지고 있는 재화나 무기의 객관적 양에 의해 규정되는 것이 아니다. 한 정치공동체에 살고 있는 시민들을 포함한 가용 자원들의 관계를 어떻게 구성하는가에 따라 그 공동체의 힘이 달라지는 것이다. 정치는 관계이고, 그 관계를 어떻게 구성하는가에 따라 권력과 힘의 생성과 고사가 일어나는 것이다. 이것이 바로 통치의 핵심 주제가 되는 것이다. 마키아벨리의 주된 관심은 관계로서의 정치를 어떻게 잘 구성하여, 즉 통치하여 공동체에 활력을 불어넣어 힘을 배가시키는 것이라고 할 수 있다.

II. 마키아벨리의 정치론

1. 레오 스트라우스의 마키아벨리론

스트라우스의 문제의식은 "현대가 당면하고 있는 위기를 진단하고 그 처방"을 찾아내는 데 있었다(김영국 1995, 211). 스트라우스의 제자들에 따르면 그 "위기의 가장 분명한 징후는 동구 공산주의로부터 오는 생존의 실제적인 위험이었다" (Tarcov/Pangle 2007, 456). 그런데 이러한 전제정의 위협보다 더 위험한 것은 현대 서구가 세운 목표에 대한 불신에 있었다.[1] 그리고 서구가 이러한 목적의 확실성을 상실한 이유는 서구 근대의 교리인 과학적 실증주의와 역사주의에 있었다.

과학적 실증주의와 여기서 나온 과학적 사회과학, 나아가 현대 정치과학은 가치의 판단을 배제하며 윤리적인 중립을 유지한다. "선과 악의 갈등에 대해서 중립적인 것이다"(김영국 1972, 16). 그런데 이러한 실증주의는 필연적으로 역사주의로 변모하게 된다고 한다(스트라우스 2002, 32). 자연과학에 기반한 사회과학의 특성상 그것은 근대 서구 사회의 특징들을 인간사회의 본질적 특징으로 간주하는 우를 범하기 쉽다. 그것을 극복하기 위해 현재와 과거 및 다양한 문화들에 대한 연구를 수행하지만 근대 서구 사회에 기반한 개념구조를 통해 구성된 사회과학은 타문화를 이해하기에 역부족이라는 것이다. 이런 어려움을 극복하기 위해 사회과학은 역사적 이해에 의존하게 되고, 그것은 사회과학을 역사적 연구로 대체시키게 되는 것이다. 이렇게 사회과학을 역사주의화하게 될 때 "사회과학의, 그리고 궁극적으로 근대 과학 전체의 상대화에 이르게" 된다(스트라우스 2002, 33).[2] 이러한 상대화를 통해 인간의 생각과 행동에 대한 합리성과 목적성에 대한 믿음이 무너지고 절대성에 대한 신뢰를 상

1 현대 서구가 세운 특별한 목적은 "자유롭고 평등한 남녀들이 인간에 의한 자연정복의 수단으로써의 과학을 통해 보편적인 풍요와 정의 그리고 행복을 누릴 수 있는 하나의 보편사회를 건설하는 것"이라고 한다(Tarcov/Pangle 2007, 456).

2 한편 스트라우스는 역사주의가 실증주의와 다른 점들을 다음과 같이 구분한다 : 1) 역사주의는 사실과 가치의 구분을 포기한다. 2) 역사주의는 근대 과학의 권위적 성격을 부인한다. 3) 역사주의는 역사의 과정을 근본적으로 진보적인 것으로, 또는 좀더 일반적으로 기술하여 이성적인 것으로 간주하는 것을 거부한다. 4) 역사주의는 비인간으로부터 인간에로의 진화가 인간의 인간성을 설명하지 못한다고 주장함으로써 진화론의 적실성을 부인한다(스트라우스 2002, 34).

실하게 된다. 서구는 외부의 위험에 취약해졌을 뿐만 아니라 안에서 스스로 무너지고 있었던 것이다.

이렇게 '과학'과 '역사'에 의해 서구를 무너트린 근대성의 폐해를 극복하기 위해 스트라우스는 고전 정치철학의 부활을 시도한다. 스트라우스에게 고전 정치철학은 가치에 대한 절대적 기준, 선과 악, 그리고 정의와 불의에 대한 올바른 기준이 어딘가에는 존재한다는 것을 인정하고 그것을 탐구하는 것이었다. 정치철학은 '지혜에 대한 탐구'라는 철학의 일부분으로서 '좋은 삶과 좋은 사회'의 본질이 무엇인가를 탐구하는 것이었다.

> 정치철학이란 바로 정치적인 것들의 본질, 그리고 정의, 선, 정치질서를 포함하는 모든 것들에 대해서 진정으로 알고자 하는 시도인 것이다(스트라우스 2002, 13).

또한 고전 정치철학은 정치적인 것들에 대한 의견과 지식을 구분하고 그 의견을 정치적인 것들의 본질에 대한 지식으로 대체하려 시도한다. 상대성을 특징으로 하는 의견이 아니라 객관성과 절대성을 특징으로 하는 지식을 추구하는 것이다. 이렇게 가치와 선 그리고 도덕 및 지식의 객관성을 추구하던 고전 정치철학이 상대주의와 역사주의를 특징으로 하는 근대 정치철학에 자리를 내주게 된 데는 마키아벨리가 결정적인 역할을 수행했다고 스트라우스는 파악한다.

스트라우스가 마키아벨리를 근대 정치철학의 시조로 보는 이유는 다음과 같다. 의식적으로 정치철학 전체의 전통과 단절하려고 노력했던 마키아벨리는 고전 정치철학이 일관되게 추구했던 문제를 의도적으로 회피했다. 『군주론』 15장에서 명시하고 있듯이 그는 '사물의 실제적인 진실' 이라는 구호 하에 '인간이 어떻게 살아야 하는가' 라는 질문 대신에 '인간이 어떻게 살고 있는가' 라는 질문에 집중해야 함을 설파하고 있다. 소위 이러한 '현실주의' 를 통해 마키아벨리는 고전 정치철학의 가르침을 전복시킨다. 고전 정치철학에서는 "도덕적 가치나 특히 지적인 가치(인간의 목적이나 자연이 부여한 영혼의 완벽함으로써)에 정치를 복속시키려" 하였다. 하지만 마키아벨리는 현실주의 속에서 인간의 현실을 뛰어넘는 불멸성이나 전체성 같은 것들을 망각하였으며, 덕성을 정치에 복속시키고 도덕을 무도덕으로 대치하였다는 것이다(Tarcov/Pangle 2007, 470). 절대적 선으로서 종교와 도덕은 배척되고, 인간의 삶을 지도해야 할 덕성은 현실의 삶을 위한 수단이 되었으며, 현실의 목적을 위해서는 부도덕한 것도 기준으로 삼아야 함을 주장했다는 것이다.[3] 도덕과 선 대신에 현실의 유용함이 들어선 것이다. 이렇게 현실주의는 목표 성취의 가능성을 증대시키기 위해 궁극적 목적의 기준을 완화하였던 것이다(스트라우스 2001, 219). 이렇게 마키아벨리 정치철학의 반종교성과 반도덕성을 강조함으로써 스트라우스는 그를 "악을 가르치는 선생" 으로 묘사했던 것이다(스트라우스 2006, 11).

3 스트라우스는 이것을 통해 마키아벨리가 그가 주장하듯이 전인미답의 길을 개척했거나 지평을 넓혀놓은 것이 아니라 오히려 지평을 좁혀놓았다고 평가한다. "훌륭한 정치의 기준을 낮춤으로써 이론 속에서 가능한 정치질서의 현실화를 보장받을 수 있었기" 때문이라는 것이다(스트라우스 1992, 450).

2. 김영국 교수의 마키아벨리론

김영국 교수의 마키아벨리 연구는 크게 3가지 저서에서 관찰된다. 우선 그의 박사학위 논문을 들 수 있다. 이것은 레오 스트라우스의 정치철학론을 살펴보는 글로서 마키아벨리에 대한 고찰은 2장 '정치철학론' 의 3절 '근대적 정치철학' 부분에서 주로 논해지고 있다. 그것은 앞서 서술한 스트라우스의 마키아벨리론을 소개하는 데 주로 할애되고 있다. 두 번째는 1983년 『한국정치학회보』에 실린 「마키아벨리의 정치사상론–레오 스트라우스의 이론을 중심으로」라는 논문이다.[4] 4개 장으로 구성된 이 논문에서 김영국 교수는 스트라우스의 근대성 이론과 그의 마키아벨리론을 서술한 다음에 스트라우스에 대한 비판론을 언급하고 있다. 그는 스트라우스의 마키아벨리론에 대한 비판론 3가지를 소개한다. 그 첫째는 근대 정치철학의 시조로서 마키아벨리를 단정한 것에 대한 비판이다. 고전 철학의 전통은 이미 마키아벨리 전에 기독교 신학의 등장으로 단절되었다는 것이다(김영국 1983, 15). 두 번째는 스트라우스의 정치철학 연구 일반에 관한 것이다. 고금의 유명한 정치철학자를 거의 다 다루었기 때문에 "개별적인 철학자에 대한 연구가 소홀히 되고 철학사상(哲學史上)의 새로운 사실의 발견이 등한시될 가능성이 크다"는 것이다(김영국 1983, 16). 세 번째는 스트라우스의 주장이 구체적으로 무엇인지 알아낼 수가 없다는 비판이다. 그가 근대 철학을 비판함에 있어 고전철

4 이 논문은 1995년에 편집된 『레오 스트라우스의 정치철학』이란 책에 실린 "마키아벨리론"의 일부로 확대 편집되어 실리고 있다.

학을 준거로 삼았음에도 어디서도 고전철학의 내용을 구체적으로 정리해서 밝히지 않았다는 것이다(김영국 1983, 16). 이러한 스트라우스에 대한 비판론 소개에도 불구하고 필자의 눈길을 끄는 곳은 김영국 교수가 본인의 생각을 적는 부분이다. 스트라우스의 마키아벨리론을 언급하면서 그는 다음과 같이 말한다.

> 그(스트라우스필자 주)의 마키아벨리에 대한 연구는 마키아벨리 자신에 대한 관심에서 비롯된 것이 아니라 고전 정치철학의 부활과 근대 정치철학의 배척을 위한 목적에서 비롯되었다고 보아진다(김영국 1983, 224).

스트라우스의 마키아벨리 연구가 마키아벨리 자체에 대한 관심에서가 아니라 고전 정치철학의 부활이라는 다른 목적을 위한 것이라는 것이다. 마키아벨리를 객관화시키는 것이 아니라 마키아벨리의 입장에서 그의 정치철학을 살펴봐야 한다는 것으로 읽힐 수도 있는 대목인 것이다. 사실 스트라우스에 대한 김영국 교수의 비판적 의식은 그의 박사학위 논문에서도 찾아볼 수 있다. 그는 '철학'의 관점에서 '정치학'을 바라보는 스트라우스와는 달리 '정치'의 입장에서 '정치학'을 바라본다. 정치학을 '실천과학'으로 인정하면서 도덕적 목적이 실천되는 매개체로서 '정치'의 역할을 인정하는 것이다. 나아가 그는 정치 현실에서 권력이란 문제의 중요성을 강조하고 있다.

> 그(스트라우스필자 주)의 철학적 입장은 또한 정치의 고유한 문제에 대한 포괄적 검토를 소외했다고 볼 수 있다. 그가 강조하는 도덕적 기준의 확립은 철학의 기본문제의 하나이며, 이러한 근본적 문제에 대한 일반적 해결책이 있을

수 있음을 시인한다손 치더라도 정치학이 실천과학임을 감안할 때 도덕적 목적을 실천하는 매개체로서의 정치에 관한 고찰은 응당 있어야 할 것이다. (…) 이러한 문제의 제기에 비추어 볼 때 스트라우스의 문제의 제기는 현실적으로 정치성이 희박하다. 그는 권력의 문제를 어느 곳에서나 따로 다루지 않고 있다. 정치학의 핵심 문제가 설사 권력이 아니라손 치더라도 정치의 현실에서 권력의 문제를 제외할 수는 없을 것이다. 이렇게 볼 때 그의 정치학에서는 권력을 위시해서 주권, 권위, 정치적 복종의 근거, 정치적 정의 등의 문제는 탈락되고 있는 것이다(김영국 1972, 124-126).

이렇게 실천학으로서 정치학과 그것이 대상으로 삼는 정치현실, 그리고 그 핵심 문제의식으로서 권력에 대한 관심은 마키아벨리 연구에 있어 마키아벨리 자체와 그 역사적 배경에 대한 관심으로 확장된다.

1995년 마키아벨리의 『군주론』을 번역하면서 김영국 교수는 "마키아벨리 자신이 마키아벨리스트는 아니었으며 마키아벨리즘의 인생을 보낸 것도 아니다"라고 말한다. 마키아벨리는 결코 흔히 말하는 마키아벨리스트는 아니었음을 강조하며 "선량한 마키아벨리가 올바르게 평가되기를 바란다"고 적고 있다(김영국 1995b, 10). 김영국 교수에게 마키아벨리는 더 이상 '악을 가르치는 선생'이 아니었다. 마키아벨리는 "근대 국가이론의 시조"였으며, 오늘날도 여전히 "정치에 있어서 힘의 원리"를 설명하는 데 많은 설득력을 지닌 정치이론의 설파자였던 것이다(김영국 1995b, 9).

요약하자면 김영국 교수는 스트라우스의 고전 정치철학이 지적하는 근대 실증주의와 역사주의의 폐해에는 동의하였다. 그러나 그 근대성의 기원으로서 '악의 교사'라는 마키아벨리관에는 동의하기 힘들었던 것처럼 보인다. 과학적 실증주의에 기반한 정치과학이나 철학의 관점에서 바라본 고전 정치철학과는 다른 실천과학으로서 '정치학'을 바라보았던 것이다. 그 속에서 정치현실을 바라보았고, 정치에서 권력과 힘의 원리, 나아가 통치원리에 대한 관심으로 나아갔던 것이다. 이것이 스트라우스와 달리 "생각하기에 따라서는 지금도 살아 있는 정치의 지침서"로서 마키아벨리의 『군주론』을 바라볼 수 있었던 배경이다(김영국 1995, 11).

3. 『군주론』에 나타난 힘의 정치

아래에서는 앞서 김영국 교수가 언급했던 정치, 힘 그리고 통치원리의 관점을 확장해서 마키아벨리의 주저인 『군주론』에 적용, 분석하고자 한다.

우선 정치는 '관계'로 파악할 것이다. 마키아벨리는 『군주론』에서 국가 혹은 정치체를 인간 몸의 비유 속에서 설명한다. 인체가 다양한 구성인자들로 이루어지듯이 국가도 중요한 정치세력 간의 관계로 구성된다는 것이다. 그들은 인민과 귀족으로 이들의 관계가 정치의 핵심을 이루는 것이다.

나아가 이들의 관계가 어떻게 구성되는가에 따라 한 국가의 힘이 결정된다고 볼 수 있다. 귀족들이 자신들의 권한을 제한하고 인민들과 정치적 권력을 나눌 때 그 국가공동체의 힘은 배가 되는 것이다. 마키아벨리가 『군주론』에서 일관되게 비판하고 있는 용병 사용의 문제는 귀족들이 인민들에게 무기를 나누어 주고 그것을 통해 정치권력을 나누는 것을 주저할 때 생기는 문제를 지적한 것이다. 귀족이 권력을 독점하여 인민과 정치를 나누지 않을 때 그 국가의 힘은 쇠퇴하게 되는 것이다.

이렇게 볼 때 통치의 문제는 관계로서의 정치를 어떻게 힘의 생산의 문제와 연결시키는가에 있다. 다시 말해 지배자 일인, 즉 군주나 소수의 힘을 배가시켜 국가 전체의 힘을 약화시키는 것이 아니라, 군주나 소수의 힘은 제한하되 다수 인민의 힘을 참여시켜 국가공동체 전체의 힘을 배가시키는 것이다.[5]

● 관계로서의 정치

마키아벨리는 인간 신체의 비유를 통해 정치공동체를 파악한다. 『군주론』에 나타난 신체의 비유는 크게 두 가지로 나눌 수 있다. 그 하나는 신체의 각 부분들을 정치체의 부분들과 비유적으로 설명하는 것이며, 다른 하나는 의학론의 하나인 체액설의 용어를 사용하여 정체의 형성과 특징을 그 구성요소들의 관계 속에서 파악하는 것이다. 첫 번째 비유는 『군주론』 26장에 나타난 머리와 사지의 비유를 통해서 볼 수 있다. 당시 이탈리아의 나약함을 언급하면서 그 이유로 마키아벨리는 이탈리아에 "(몸의 사지인) 개개인들에게는 탁월한 역량이 잠재해 있는데, (머리인) 지도자들은 이러한 역량을 가지고 있지" 않음을 지적하고 있다.[6] 한편, 『군주론』 3장에서 나타난 소모성 열병의 비유는 의학적 비유를 통한 국가 통치의 문제를 언급하고 있다.[7] 그러나 정치공동체를 인간의 몸과 비

5 이하 3장의 각 절들의 서술은 많은 부분에서 다음 글에 의존하고 있다. 김경희, "마키아벨리의 선정론(buon governo) : 『군주론』에 나타난 건국(建國)과 치국(治國)의 정치학", 『한국정치학회보』 제42집 3호(2008), 51-73쪽.

6 Machiavelli, Niccolò, 강정인 · 김경희 역, 『군주론』(서울 : 까치글방, 2008), 171쪽.

7 "의사들이 소모성 열병에 대해서 말하는 바가 이 경우에 해당됩니다. 그 병은 초기에는 치료하기 쉬우나 진단하기가 어려운 데에 반해서, 초기에 발견하여 적절히 치료하지

유하는 핵심 이념은 그가 체액설의 용어를 사용하는 데서 잘 나타난다. 마키아벨리는 『군주론』 9장에서 모든 도시는 인민과 귀족의 두 계급으로 구성됨을 언급한다. 이 때 계급으로 번역되는 말이 바로 umori이다. 이것은 라틴어 humores에서 유래한 것으로 그것은 umor에서 나온 말이다. 그것은 '체액' 혹은 '습기'의 의미를 가진다.[8] 체액설은 고대 그리스 이래로 서양 의학의 핵심 가설을 이루는 것이었다.[9] 체액설의 핵심 가설은 몸을 구성하는 체액들의 조화와 균형이 유지되어야 건강을 얻을 수 있다는 것이다. 반면에 그것이 불균형을 이룰 때 몸은 병이 들게 된다. 마키아벨리에 의하면 정치공동체는 인간의 몸과 같이 체액, 즉 핵심 구성 요인들로 이루어진다. 그들이 바로 인민(popolo)과 귀족(grandi)인 것이다.

그런데 이들은 서로 다른 성질들을 가지고 있다. 귀족은 지배욕을 가지고 있는 반면[10] 인민은 자유욕을 가지고 있는 것이다. 정치·경제·사

않으면 시간이 흐름에 따라서 진단하기는 쉬우나 치료하기는 어려워집니다. 국가를 통치하는 일도 또한 마찬가지입니다. 왜냐하면 정치적 문제를 일찍이 인지하면(…) 문제가 신속히 해결될 수 있기 때문입니다. 그러나 인식하지 못하고 사태가 악화되어 모든 사람이 알아차릴 정도가 되면 어떤 해결책도 더 이상 소용이 없습니다" [Machiavelli, Niccolò, 강정인·김경희 역, 『군주론』(서울 : 까치글방, 2008), 25쪽].

8 Basu, Sammy, "A Crazy Time The Crazy Come Out Well : Machiavelli and The Cosmology of His Day", *History of Political Thought*, Vol. XI, No. 2, 1990, p. 221.

9 체액설의 핵심 주장은 인간의 몸은 혈액(blood), 점액(phlegm), 흑담즙(black bile) 그리고 황담즙(yellow bile)과 같은 4개의 체액들로 구성된다는 것이다. 그리고 이들의 구성에 따라 인간의 성격이 결정되며, 그것들의 조화와 균형에 따라 건강과 병의 상태가 결정된다는 것이다[Parel, Anthony J., *The Machiavellian Cosmos*(New Haven and London : Yale University Press, 1992), pp. 101–102].

10 보나데오는 귀족을 뜻하는 용어는 'grandi' 외에도 'nobili', 'signori', 'ricchi', 'principali', 'gentiluomini', 'potenti', 그리고 'ottimati' 등이 있다고 한다(Bonadeo, Alfredo, "The Role of the 'Grandi' in the Political World of Machiavelli", *Studies in the Renaiss-*

회적인 자원을 풍부히 소유하고 있는 귀족들은 지배하려 하고 억압하려 한다는 것이다. 반면에 그러한 것들을 지니고 있지 못한 인민들은 단지 억압받지 않고 자유롭게 살고자 하는 욕구만을 가지고 있는 것이다.[11] 이렇게 서로 다른 정치·사회적 기반 하에서 이들은 서로 대립적인 이해관계와 기질들을 가지고 있기 때문에 이들의 관계는 항상 긴장 속에 있다. 그리고 그 권력의 불균형으로 인해 일어날 수 있는 과도한 지배관계 속에서 공동체는 무질서와 혼란에 빠지게 되는 것이다. 이러한 혼란상태의 극복과 질서의 회복이 바로 『군주론』의 핵심 문제인 것이다.

마키아벨리는 『군주론』 9장에서 정치체제가 국가의 핵심 구성원들의 관계 속에서 이루어짐을 명확히 밝히고 있다.

> 모든 도시에는 인민(populo)과 귀족(grandi)의 두 계급(umori)이 있기 때문입니다. 이러한 상황은 한편으로 인민은 귀족에 의해서 지배당하거나 억압당하는 것을 원하지 않기 때문에, 다른 한편으로 귀족은 인민을 지배하고 억압하고자 하기 때문에 초래됩니다. 도시에 존재하는 상이한 이 두 요인으로부터 세 가지 가능한 결과가 초래되는데, 곧 군주정, 공화정 그리고 무정부가 그것입니

ance, Vol. 16, 1969, p. 11). 마키아벨리는 『군주론』에서 'grandi' 외에도 'nobili' (12장), 'potenti' (19장) 그리고 signori (8장) 등을 사용한다.

11 popolo는 피렌체에서 정치투쟁의 용어였다. 귀족과 인민들 간의 대립이 격화되어 공화정의 부활을 위한 시위가 일어났을 때 인민들이 구호로 사용했던 용어가 바로 '인민' (popolo)과 '자유' (liberta)였던 것이다. 이런 의미에서 나제미는 popolo를 귀족과는 대립하는 비(非)귀족층 시민들을 가리키는 정치투쟁 용어로 표현한다[Najemy, John M., *A History of Florence 1200-1575* (Malden, MA : Blackwell Publishing, 2006), p. 35]. 마키아벨리의 popolo의 개념에 대해서는 보나데오(Bonadeo, Alfredo, "The Role of the People in the Works and Times of Machiavelli", *Bibliothque d' humanisme et renaissance*, Vol. 32, 1970)를 참조.

다(Machiavelli 2008, 68–69).

질서가 잡힌 정치체제는 군주정과 공화정이고 그렇지 못할 경우 무정부상태로 빠진다는 것이다. 하지만 그 어느 경우이든지 염두에 두어야 할 것은 국가 구성세력들의 관계에 의해 구성된다는 것이다. 초점은 관계의 구성이지 어느 행위자 하나가 아닌 것이다. 국가를 구성하는 핵심세력에 대한 강조는 『군주론』 19장에서 고대 로마의 황제정을 언급하는 부분에서도 명확히 드러난다. 로마 황제정 시기에는 인민과 귀족 외에도 군인이라는 또 다른 핵심 세력이 있었다는 것이다. 따라서 마키아벨리는 황제들의 정치를 분석할 때 군인이라는 핵심 변수를 놓치지 않았던 것이다.[12]

한편 마키아벨리는 『군주론』 2장에서 공화국은 다른 저술에서 다루었기 때문에 『군주론』의 서술대상이 아니라고 언급한다. 그렇다면 군주제와 무정부상태만이 남게 된다. 무정부상태는 질서가 부재하는 상태를 의미한다. 『군주론』에서 말하는 무질서상태는 7장의 로마냐 지방을 언급하는 데서 그 내용을 볼 수 있다 : "예전의 영주들은 신민들을 올바르게 다스리기는커녕 약탈의 대상으로 삼았으며, 그 때문에 영주들 스스로가 질서보다는 무질서의 근원이었습니다."[13] 귀족들의 권력독점을 통한 남용과 전횡의 상태가 바로 무질서상태이며, 그로 인해 인민들의 삶이

12 "첫째로 지적할 사실은 다른 군주국에서는 귀족의 야심과 인민의 무례함만을 염두에 두면 되었지만 로마 황제들은 세 번째 문제에 직면했다는 점입니다. 곧 그들은 군인의 잔악함과 탐욕스러움에 대처해야 했습니다." [Machiavelli, Niccolò, 강정인 · 김경희 역, 『군주론』(서울 : 까치글방, 2008), 129쪽].

13 Machiavelli, Niccolò, 강정인 · 김경희 역, 『군주론』(서울 : 까치글방, 2008), 53쪽.

극도로 피폐해지는 상태를 말한다고 볼 수 있다. 이러한 무질서상태를 극복하는 것이 바로 『군주론』에서 이야기되는 군주정의 역할이라고 할 수 있다.

무질서에서 질서를 회복시켜야 하는 신군주는 국가 구성세력들인 인민과 귀족의 관계에 주목해야 한다. 그 관계는 권력의 관계였고 힘의 관계였다. 그 권력의 관계를 어떻게 잘 조율할 수 있는지가 신군주가 이룩해야 할 일의 관건이었던 것이다. 이런 의미에서 마키아벨리는 신군주는 우선 인민의 지지를 얻어야 함을 밝히고 있다. 귀족들보다는 인민의 지지에 기반한 군주정을 선호하는 것이다. 귀족들의 야망에 대한 불신도 그 한 이유이겠지만 무엇보다도 귀족은 군주에게는 견제의 대상이기 때문이다. 새로운 질서를 세워야 하는 신군주에게는 귀족은 무질서의 원인이기 때문에 제어의 대상이다. 반면 인민은 자국군의 기반이자 귀족에 대항해 신군주의 권력을 공고히 해줄 기반이다.

● 정치공동체를 위한 권력/힘의 정치

정치공동체의 성립과 운영을 귀족과 인민 간의 세력관계 속에서 사고했던 마키아벨리에게 정치는 관계적이었고, 그 관계는 맥락적이었다. 이러한 맥락에 대한 사고는 마키아벨리로 하여금 군주국을 세우는 데 두 단계를 구분하게 만든다. 무질서에서 질서를 세우는 것은 무질서의 원인을 제어하는 것이 그 첫 단계이고, 그것과 동시에 질서의 확립을 꾀하는 것이 두 번째 단계이다. 이러한 과정은 권력의 서로 다른 모습을 포착하게 만든다. 폭력과 강권에 대항하여 그것을 제어해야 하는 또 다른 폭력과 강권이 그 하나이고, 다른 하나는 질서를 기초지우며, 한 국가의 힘의 근간으로서 권력이다. 이 두 가지 권력에 대한 통찰을 통해 마키아벨리는 정치공동체 구성원들로 이루어진 가용자원의 최적의 조합을 통해 힘과 활력의 생산을 꾀했다고 볼 수 있다.

마키아벨리는 『군주론』 19장에서 "국가를 세우기 위해 필요한 조치"와 "이미 오랫동안 확립된 국가를 보존하기 적합한" 조치를 구분하고 있다.[14] 이것은 『군주론』 16장에서 "지배자가 되고자 노력하는 단계"와 "이미 지배자가 된" 후의 단계를 구분하고 있는 것과 비슷하다고 할 수 있다.[15] 19장에서는 전자의 조치를 취한 이의 대표적인 예로 세베루스(Severus)를 들고 있으며, 후자의 대표적인 예로는 마르쿠스 아우렐리우스(Marcus Aurelius)의 경우를 들고 있다. 세베루스는 "매우 사나운 사자이자 매우 교활한 여우였고, 모든 사람들에게 두려움의 대상이자 존경의 대상이었다"고 적고 있다.[16] 반면에 마르쿠스는 "국가의 보전을 위해 적합하고 영광스러운 조치를 취했다"고 말하고 있다.

한편 16장의 언급에서는 "전자의 경우, 넉넉한 씀씀이는 유해하고, 후자의 경우, 씀씀이가 넉넉하다고 여겨지는 것은 분명히 필요합니다"라고 적고 있다. 위의 두 경우들에서 보이는 것처럼 전자의 경우들은 덕과 윤리 같은 좋고 후덕한 정치보다는 강력하고 냉정한 정치의 필요성을 강조한다. 반면 후자들의 경우에서는 전자와는 다른 방법을 제안한다. 그런데 이런 차이는 바로 매 상황의 다름에서 기인하는 것이다. 무질서에서 질서를 세우는, 즉 새로운 군주국을 세워야 하는 단계는 그 무질서의 원인으로서 사적 권력을 남용하는 강력한 귀족의 힘을 제어해야 하

14 Machiavelli, Niccolò, 강정인 · 김경희 역, 『군주론』(서울 : 까치글방, 2008), 138쪽.
15 Machiavelli, Niccolò, 강정인 · 김경희 역, 『군주론』(서울 : 까치글방, 2008), 110쪽.
16 Machiavelli, Niccolò, 강정인 · 김경희 역, 『군주론』(서울 : 까치글방, 2008), 133쪽.

는 단계이다. 그리고 그 힘의 기반으로는 인민의 지지가 반드시 필요한 것이다. 반면 귀족을 제어하고 나서 질서를 안착시켜야 할 시기에는 직접적인 폭력이나 권력의 행사보다는 제3의 공적 제도를 통해 정치를 수행해야 하는 것이다. 이렇게 단계를 구분하거나 서로 다른 방법을 사용해야 하는 이유는 세력들 간의 역관계가 상황에 따라 다르기 때문이다.

이러한 서로 다른 단계와 그에 따른 방법의 차이를 압축적으로 보여주는 것이 『군주론』 7장에서 나타난 체자레 보르지아(Cesare Borgia)의 정치이다. 아버지였던 교황 알렉산더(Alexander) 6세의 비호 하에 교황군의 사령관이 되어 정복전쟁을 펼치던 보르지아는 로마냐(Romagna) 지방을 점령한 후 그 지방이 혼란에 빠져 있음을 발견한다. 그 이유는 귀족 혹은 영주들의 전횡으로 무법과 무질서가 횡행하는 지역이 되어버렸던 것이다. 이러한 무질서를 파타하고 질서를 회복하기 위해 보르지아는 두 단계로 이루어지는 정치를 펼친다. 우선 그는 자신의 심복이자 무자비한 인물인 레미로 데 오르코(Remirro de Orco)를 파견한다. 오르코는 과감하고 결단성 있는 정치를 펼쳐 신속하게 귀족들의 발호를 제어하게 된다. 하지만 보르지아는 그것으로 끝내지를 않는다. 그는 다시 회복된 질서와 평화를 유지하기 위해 시민재판소를 설치하게 된다.

> 로마냐 지방을 점령한 후, 공작은 무능한 영주들이 그곳을 다스렸다는 것을 발견했습니다. 예전의 영주들은 신민들을 올바르게 다스리기는커녕 약탈의 대상으로 삼았으며, 그 때문에 영주들 스스로가 질서보다는 무질서의 근원이었습니다. 그 결과 그 지역은 도둑질, 싸움 그리고 온갖 불법적인 행위가 횡행하고 있었습니다. 그는 그 지역을 평정하고 주민들을 그의 군주적 권위에 복종시키기 위해서 선정(buon governo)을 베풀 필요가 있다고 생각했습니다. 따라

서 그는 레미로 데 오르코라는 잔인하지만 정력적인 인물을 그곳에 파견하고 그에게 전권을 위임했습니다.

레미로는 단기간에 질서와 평화를 회복했으며, 가공할 만한 명성을 얻었습니다. 나중에 공작은 레미로의 너무 큰 권력이 반감을 살 염려가 있기 때문에 바람직하지 않다고 생각하게 되었습니다. 따라서 공작은 그 지역의 중심부에 저명한 재판장이 관장하는 시민재판소(iudizio civile)를 설치하고, 각 도시로 하여금 법률가를 파견하게 했습니다.[17]

여기서 볼 수 있는 보르지아의 정치와 권력관은 상황에 따라 두 가지로 나누어질 수 있다. 그 하나는 폭력에 대항하는 폭력이다. 신민들의 피폐와 무질서의 도래는 영주들의 사적 권력과 폭력의 독점에 기인한 것이었다. 이것을 제어하기 위해서는 똑같은 폭력 혹은 더 강력한 힘을 필요로 하였던 것이다. 강권과 폭력의 독점 하에 무자비한 정치를 수행하게 한 것은 귀족의 폭력에 대항하기 위한 것이었다. 그러나 귀족을 제어하고 질서를 보전하기 위해서는 독점된 강권과 폭력으로는 불가능한 것이었다. 레미로 데 오르코를 제거하고 시민재판소를 세운 것은 회복된 질서의 유지를 위해서는 다른 권력과 정치가 필요함을 인지했기 때문이다. 그것은 바로 공적 제도를 통해 공동체 구성세력들 간의 갈등을 해소하고 그들을 국가의 기반으로 활용하는 것이다.

공적 제도의 기능은 정치공동체에 내재한 갈등의 평화적인 해소에 있다. 귀족들은 권력을 독점하고 인민들을 억압하려는 성향을 가지고 있다. 반면 인민들은 억압받지 않는 자유로운 삶을 원하기에 귀족과 인민

17 Machiavelli, Niccolò, 강정인 · 김경희 역, 『군주론』(서울 : 까치글방, 2008), 53–54쪽.

들 간의 대립은 항상 상존하는 것이다. 잠재된 갈등이 분출될 때 그것을 어떻게 처리하는가는 군주의 핵심 과제라 할 수 있다. 물론 귀족과 인민 간의 권력관계가 심한 불균형에 처해 있을 때, 즉 귀족이 전횡을 일삼을 때 신군주는 귀족을 제어해야 하고, 그 때는 권력의 독점과 폭력은 필요악이 될 수 있다. 하지만 마키아벨리는 이러한 신군주의 권력독점이 계속해서 지속되어야 하는 것으로 인정하지 않는다. 그것은 신군주뿐만 아니라 공동체를 위험에 빠트리기 때문이다. 『군주론』 19장에서 언급된 프랑스의 고등법원에 대한 칭찬은 바로 이러한 문제를 잘 드러내 준다. 프랑스를 잘 질서 잡힌 왕국으로 만든 것은 바로 고등법원이었는데, 그것은 귀족과 인민의 관계를 평화적으로 조율하는 공적 기구였기 때문이다.

> 그 중 으뜸가는 제도가 엄청난 권위를 누리고 있는 고등법원(parlamento)입니다. 그 왕국을 개혁한 사람은 귀족들의 야심과 거만함을 익히 알았기 때문에 이를 통제하기 위해서 귀족들의 입에 재갈을 물릴 필요가 있다고 생각했습니다. 반면에 그는 인민이 귀족을 두려워하고 미워한다는 점을 알았기 때문에 그들을 보호하려고 했습니다. 그러나 그는 이 견제 역할을 왕의 특별한 임무로 삼고 싶어하지 않았습니다. 그는 인민들을 호의를 가졌다는 이유로 귀족들에게 미움을 사거나 귀족들에게 호의를 가졌다는 이유로 인민들에게 미움을 받기를 원하지 않았기 때문입니다. 그 결과 그는 왕이 직접 적개심을 불러일으킬 필요가 없는 중립적인 제3의 심판기관을 내세워 귀족들을 견제하고 인민들을 보호하도록 했습니다. 군주와 왕국 자체를 강화시키는 데에 이보다 더 신중한 조치나 적절한 제도는 있을 수 없었습니다.[18]

18 Machiavelli, Niccolò, 강정인 · 김경희 역, 『군주론』(서울 : 까치글방, 2008), 127–128쪽.

정치에 내재적인 귀족과 인민의 대립을 평화적으로 해소하는 대립의 완충지대로서 제3의 공적 기관을 만드는 것이다. 이러한 공적 기구가 없을 경우 갈등은 내란으로 번지게 되고, 그 귀결은 무질서와 국가의 나약화로 나아가는 것이다. 따라서 이러한 공적 기구는 공동체를 구성하는 세력들, 즉 한 국가의 인적 자원의 응집을 이끌어낼 수 있는 기제가 되는 것이다. 질서를 유지하기 위한 단계와 상황에서의 권력은 군주 한 사람에게 집중되고 소유되는 폭력이나 강권을 필요로 하지 않는다. 오히려 그것은 갈등과 반목을 증폭시켜 질서가 성립된 공동체 전체의 권력을 약화시킬 수 있기 때문이다. 이 시기에는 공동체 구성세력들을 묶어내는 것이 필요하다. 한쪽을 배제시키고 다른 쪽 편만 드는 것이 아니라 불편부당(不偏不黨)한 공적 기관을 내세워 공동체 성원들을 분열시키지 않고 통합시켜내는 것이다.

한 나라의 국력은 바로 이러한 공동체 구성원들의 결집을 통해서 생산 가능하다. 앞서의 인용문 마지막에서 볼 수 있듯이 군주뿐만 아니라 왕국을 강화시키는 것으로서 제3의 심판기구가 언급된다. 이것은 인민의 지지를 이끌어낼 뿐만 아니라 귀족의 불만을 잠재우고 그들의 호의를 이끌어낼 수 있기 때문이다. 인민의 지지의 중요성은 『군주론』 10장에서도 언급된다. 이 장은 그 제목부터 우리의 관심을 끌기에 충분하다. "군주국의 국력은 어떻게 측정되어야 하는가." 이에 대한 마키아벨리의 대답은 명쾌하다. 인민의 지지가 바로 그것이다. 인민의 지지에 기반한 군주는 그들로 구성된 자국군을 가지고 어떤 적에 대항해서도 자신을 방어할 수 있다는 것이다. 마키아벨리는 이것이 바로 당시 이탈리아 군주들에게 부재했던 것이라고 파악한다. 그는 『군주론』 24장에서 근래 나라를 잃은 이탈리아 군주들을 살펴보았을 때 다음의 문제들이 있었다고 말한다. 첫째는 군사적 취약성이다. 둘째는 인민들이 호의적이지 않았고, 셋째는 인민들이 호의적이었더라도 귀족들이 적대적이 됨으로써 군주가 자신의 지위를 유지할 수 없었다고 말한다. 다시 말해 귀족을 제어하고 인민의 지지를 얻어야 나라를 수호할 수 있다는 것이다.

그런데 이렇게 인민과 귀족의 관계를 잘 구성함으로써 나오는 힘은 양적인 거대함보다는 관계의 응집력에서 나오는 활력과도 같은 것이다. 방금 언급한 24장의 뒷부분에서 마키아벨리는 자신들을 공격한 로마나 그리스의 힘에 비해 그 권력과 영토가 보잘 것 없었던 마케도니아의 필리포스 왕이 오랫동안 전쟁을 수행할 수 있었던 것에 대해 다음과 같이 언급한다. "인민들의 환심을 사고 귀족들로부터 자신의 안전을 지키는 방법을 알았기 때문"이다.[19] 이렇게 귀족을 존중하고 제어하며 인민들로부터 미움을 받지 않고 지지를 얻는 방법, 그리고 그것을 통해 정치공동체의 힘을 최적화시키는 것이 바로 좋은 통치술이 되는 것이다.

● 통치론

마키아벨리의 『군주론』에 나타나는 통치론의 핵심은 군주 자신의 권력을 제한해야 한다는 것이다. 자신의 권력을 분산함으로써 자신의 지위, 나아가 국가의 안전을 보장할 수 있다는 것이다. 이러한 주장이 나오는 배경은 바로 정치는 공동체를 구성하는 핵심 세력 간의 상호관계에 의해 구성된다는 것이다. 통치는 바로 이들의 관계를 어떻게 구성하는가에 따라 달라질 수 있는 것이다. 혼란과 위기에는 강권과 권력의 독점을, 하지만 질서의 확립기에는 권력의 분산을 필요로 한다는 것은 관계 속의

19 Machiavelli, Niccolò, 강정인 · 김경희 역, 『군주론』(서울 : 까치글방, 2008), 160쪽.

정치를 파악했을 때만 나올 수 있는 통치론의 핵심이다.

공동체 구성의 핵심 세력 간의 대립과 반목이 극에 달했을 때 그 공동체는 무질서와 혼란에 빠지게 된다. 이것을 극복하기 위해 뛰어난 역량을 가진 신군주는 폭력의 사용도 불사하며 인민을 억압하는 귀족을 제어해야 한다. 여우와 사자의 기질이 필요한 때는 바로 이러한 시기인 것이다. 역관계에서 열세에 처해 있을 때는 시니갈리아에서처럼 속임수도 불사해야 한다. 하지만 주도권을 쥐고 있을 때는 사자와 같이 행동해도 되는 것이다. 그러나 그러한 무질서를 극복하기 위해서는 폭력과 강권을 사용해야만 하는 상황에 도달해야 하고, 그것은 권력의 독점을 가져온다. 귀족의 권력독점은 신군주의 권력독점을 통해서 극복 가능한 것이다. 하지만 질서의 회복 이후 군주가 계속 권력을 독점하려 한다면 그것은 귀족의 불만과 인민의 미움을 받기 때문이다.

이것은 군주의 강한 권력이 그들을 언제 해할지 모른다는 불안에서 오는 것이다. 군주는 자신에게 붙어 있는 폭력의 기억을 떼어내야만 한다. 폭력의 수단과 강권을 독점하고 있다면 그것은 또 다른 야망가의 표적이 될 뿐만 아니라 그것을 언제가는 사용해야 할 때가 오기 때문이다. 귀족과 인민의 갈등은 정치공동체에 항상 내재해 있기 때문이다. 따라서 질서를 회복한 군주는 자신의 권력을 공적 제도에 내주어야 한다. 제3의 공적 기구에 갈등의 해결 권한을 내주는 것이다. 힘을 분산시켜 권력을 유지하는 것이다. 갈등과 불만의 집적이 혼란의 원인이라면 권력의 집중은 그것을 배가시킬 것이기 때문에 공적 제도 속에서 해소되도록 하는 것이다.

이렇게 볼 때 마키아벨리에게 통치는 인민과 귀족 간의 관계를 잘 풀어나가는 것이었다. 그들 사이에 잠재되어 있는 갈등과 불만이 해소되지 못하고 역관계가 불균형을 이룰 때 정치는 혼란에 빠지고 공동체의 힘은 고사되는 것이다. 반면 좋은 통치는 인민과 귀족의 힘을 공동체 내에서 최적화시키는 것이다. 그것은 양자의 불만을 공적인 기관을 통해 해소시키고 공동체에 서로 복무시키는 것이다. 이것을 위해 군주는 권력을 자신의 수중에서 내주는 법을 알아야만 했다. 권력을 유지하기 위해서는 권력을 나눌 수 있어야 한다. 자신의 권력은 근본적으로 자신의 힘에 의해서가 아니라 인민과 귀족의 힘에 의해서 유지되기 때문이다.

Ⅲ. 결론

공동체를 구성하는 핵심 세력들의 관계 속에서 정치를 사고하고, 그들의 관계 속에서 공동체의 힘이 생성되며, 나아가 그것을 포괄하는 것이 통치라는 관점에 입각하여 마키아벨리의 『군주론』에 담긴 정치관을 살펴보았다. 『군주론』은 군주 혼자만으로 이루어진 독존(獨存)의 정치를 대변하지 않는다. 군주는 귀족과 인민의 관계를 통해 정치를 수행해야 하기 때문이다. 이것은 기본적으로 『군주론』의 정치가 독존의 정치가 아니라 공존(共存)의 정치임을 보여준다. 이렇게 볼 때 스트라우스가 말했던 폭군의 정치는 『군주론』에 나타난 정치의 일면만을 보여줄 뿐이다. 도덕 혹은 질서를 '세우기' 위해서는 비도덕적인 폭력의 힘이 필요하다. 하지만 그것은 일부분이다. 그 질서를 '유지하기' 위해서는 폭력과 독점된 권력을 내주어야 한다. 왜냐하면 정치는 귀족과 인민들의 관계로 이루어져 있기 때문이다. 보르지아의 경우에서 보았듯이 귀족의 전횡을 단기간에 해결해 준 레미로에게 인민들은 두려움을 느끼고 그를 미워했던 것이다.

이렇게 관계 속에서 끊임없이 변화하는 정치를 중심에 놓고 보면 전통적인 도덕정치는 그 빛을 잃게 된다. 좋은 통치는 더 이상 전통적인 추덕(樞德)에 기반한 정치가 아니다. 덕과 윤리도 관계에 따라 변하기 때문이다. 관계에 착목하게 되면 좋은 의도로 행한 선한 행동이 선한 결과만을 가져올 수는 없다는 것을 알게 된다. 다양한 세력들 간의 반목과 경쟁이라는 관계 속에서 이루어지는 정치에서는 의도와 결과 간의 불일치가 발생하게 된다. 선한 의도가 정치관계 속에서 나쁜 결과를 가져올 수 있기 때문이다.

『군주론』 15장에서 18장에 이르는 부분에서 설명되는 내용은 바로 그 아이러니를 지적한 것이라고 할 수 있다. '관후함', '인자함' 그리고 '사랑받음'이라는 덕은 그것을 실천할수록 그 덕의 본래 좋은 목적과 멀어질 수 있다는 것이다. 덕치는 좋은 가치가 될 수 있으나 정치영역에서 적용되었을 때 다른 이야기가 될 수 있다. 선행이 악덕을 낳고 악행이 선덕을 낳을 수 있다는 사실은 관계 속의 정치관 속에서만 이해할 수 있다. 나아가 권력을 유지하고 생산하기 위해서는 그것을 군주의 수중에 장악하는 것이 아니라 분산시켜야 함도 관계 중심의 정치관 속에서만 이해 가능하다.

다양한 세력들의 관계 속에서 구성되는 정치체(body politic)와 정치에 초점을 맞추게 되면 『군주론』은 군주가 아니라 군주국 중심의 저서로 다시 드러나게 된다. 군주는 궁극적으로는 군주국을 구성하는 한 요소에 지나지 않기 때문이다. 군주국을 구성하는 주요한 세력들인 인민과 귀족들의 관계를 잘 구성해서 정치의 안정화와 나아가 국력의 최적화를 꾀해야 하는 것이 군주의 궁극적인 역할인 것이다. 질서가 확립된 후 군주 개인만을 위한 권력의 강화는 군주국 전체의 권력 약화를 초래한다는 지적은 바로 이런 관점에서만 가능한 것이다.

마키아벨리는 『군주론』 12장에서 모든 국가의 주된 토대는 좋은 법과 좋은 군대임을 명백히 언급한다. 나아가 군주가 자신의 권력을 위한 확고한 토대로 얻어야 하는 것은 자국군과 인민의 지지임을 여러 군데서 밝히고 있다. 군주 자신의 권력은 자신의 수중에 있는 자금이나 성곽 같은 물질적인 것에 있는 것이 아니다. 자신의 몸에 소유할 수 있는 사적인 것이 아니라 국가공동체를 구성하는 공적인 것이 바로 군주 권력의 기반인 것이다. 결국 『군주론』의 핵심 주제는 군주가 아니라 군주국이다. 공동체를 구성하는 세력들, 즉 인민과 귀족 간의 권력관계 속에서 군주의 권력이 문제였으며, 그들로 구성되는 공동체 전체의 힘이 문제였던 것이다. 군주 개인의 권력이 아니라 군주국 전체의 힘이 문제였던 것이다. 이렇게 볼 때 『군주론』은 폭군을 위한 저서가 아니다. 군주가 주인공이 아니라 공동체 구성세력들로 이루어진 군주국이 핵심 주제였던 것이다.

프랑스혁명의 루소와 칸트의 루소

홍광엽(한림대학교 명예교수)

I. 강대국의 횡포에 맞서 약소국의 해법을 모색한 정치사상가 루소

루소는 열강이나 소수 강자의 월권에 대하여 보편론적 비판을 가하였고, 자유/평등/자연의 의미에 대하여 힘 있는 열변을 토로하였기 때문에 모든 민주주의적 혹은 민족주의적 저항운동에서 그의 이름이 거론된다. 공자와 노자의 사상을 익히 아는 우리나라 사람들은 루소가 폴란드와 코르시카의 독립을 주장하고 도시문명의 소외에 대하여 신랄한 비판을 하는 대목에서 이해와 공감을 하게 된다.[1] 루소는 동양사상을 몽테

1. 공자는 패권주의적 침략과 병합을 지탄하였다. 국가적 폭력을 오직 명분과 도리에 부합되도록 명분적 의미를 분명히 밝히고, 보편성이 결여된 이익을 추구하지 말도록 종용하였다. 한편 노장자는 자연이나 자율성에 어긋나는 정치나 관료주의의 개입을 불행한 인위로 보았다. 따라서 권력집중에 의한 명령과 복종의 질서라든지 지식과 전문

스키외와 디드로 등 계몽사상가들로부터 간접적으로 접촉하였으나 그의 준거는 항상 그리스 문화와 로마공화정에로 향하였다.

루소는 그리스의 폴리스라는 민주적 소도시의 모델로 일찍이 민족자결 원리의 헌법을 내걸고, 당시 주위 강국, 이태리와 프랑스에 대하여 독립을 선언한 코르시카의 헌법적 구상을 위촉받아 사회계약론에 입각한 공화국 원리를 제시하였는데, 열강들에 의하여 위협받는 작은 나라의 안보를 위하여 부국강병보다 자력갱생의 힘을 강조하였다.

> 코르시카 섬은 돈을 벌어들이고 축적하는 노력보다 인간의 저력에 투자해야 한다. 금고에서 오는 힘보다 인민으로부터 오는 힘이 더 믿음직하다. 사람들의 손과 팔뚝의 작용은 감추기 어려운 고로 투명한 공익성에로 향한다. 그러나 돈의 사용은 그렇지 못하다. 돈은 특수한 목적에로 흘러가 용해된다. 어느 목표를 위하여 돈을 모으면 그것은 전혀 다른 곳에 오용된다. 국민은 자신을 보호해 주도록 세금을 내지만 결국 자신을 억압하는 일에 돈은 지출된다. 따라서 돈을 많이 보유한 국가는 허약성을 보여준다. 반대로 사람들이 풍부한 나라는 강한 모습을 보여준다. 사람들이 늘어나기를 원한다면 양식을 늘려야 하고, 그것은 농업의 장려를 뜻한다. 그렇다고 농업기술을 연구하고, 농업전문학교를 늘

성에 근거한 권위를 배척하였다. 근대국가 성립 이전에 중국은 대국주의와 조공의 서열화된 국제관계를 고수하였지만, 중국과 한국 간에 비교적 평화로운 선린관계가 유지되도록 하고 동아시아적 정치의 기초를 이룩하는 데 이러한 에피스테메적 기초가 형성되어 있었음을 의식하면서 정치사상을 논하지 않으면 아니된다. 이데올로기적인 성격이 강하지만, 동북아에 유럽적 자유주의와 사회주의의 논의와 가치규범이 신속하고 광범위하게 전달되도록 하고, 민주주의를 확산시키고, 포스트 모더니즘으로 넘어가도록 하는 데 본래의 문화적 전통, 언어와 역사 등이 매개적 역할을 하였던 것이고, 루소와 칸트의 사상은 이 지역의 근대국가 형성에 중대한 의미를 구현하였던 것이다.

리고, 농업기술 서적을 많이 발간해야 한다는 의미는 아니다. 그보다는 헌법을 만들 때, 어떻게 인구가 나라 전역에 골고루 퍼져 전국 방방곡곡에 정주하면서 농사를 아끼고 경작을 통하여 생활필수품이 수확되고 사람들이 이러한 시골을 좋아하여 그곳을 벗어나 외지로 나갈 마음이 생기지 않도록 하는 배려가 중요하다는 말이다.[2)]

코르시카는 1776년 영국에 대항하여 독립운동을 전개해야 했던 역사를 가지고 있었으며, 이것은 미국민에게 큰 감명을 주었다. 특히 버지니아, 메인, 루이지아나 등지에서는 코르시카의 지도자 파올리를 외치고 그의 이름을 도시에 붙이도록 하는 운동이 일어날 정도로 획기적인 투쟁사상을 고취하였다.

이미 1771년 유럽 전역에 민주주의자로 소문이 난 루소에게 폴란드의 개혁가들이 당시 위협세력이었던 러시아와 프러시아 등에 의하여 분할점령되었던 폴란드의 정치적 문제를 분석하고 독립의 대안을 마련하기 위한 신생국의 틀이 어떻게 되어야 할 것인지 문의해 왔다. 루소는 폴란드 신헌법에 대한 그의 구상을 제시하였고, 이 약소국이 귀족지배의 봉건주의적 혼란에서 벗어나 농노 위치의 국민을 시민으로 만들어 항구적인 공화국 체제를 수립하도록 하는 헌법을 채택하도록 조언하였다.[3)]

2. J.–J. Rousseau, *Projet de constitution pour la Corse*, Oeuvres completes, Tome III, Aux Editions du Seuil, Paris, p. 494.
3. 독재와 권력 오용이 정치적 건강과 국가적 독립에 대하여 암적 요인임을 루소는 다음과 같이 갈파한 바 있다. "… 폴란드에서는 국왕이 서거한다든지 자리에서 물러날 경우, 국민이 원래의 자기 주권과 활기를 되찾는 중대한 기회가 된다. 그 결과 입법부는 위축되었던 기력과 정신을 회복하며 여지껏 왕위가 남용한 권한과 월권의 작태를 차단하고 법제를 쇄신하는 계기로 삼는다. 이 나라에 전통적 관습협약이 있어 상징적으

당시 유럽에 밀어닥쳤던 사회계약론과 계몽사상의 물결은 구체제의 해체와 새로운 자유민주국가 제도의 수립을 고취하였고, 볼테르와 루소 같은 정치평론가들에 의하여 대대적인 여론운동으로 이어지도록 하였다. 지식층, 관료, 신학자들이 이 운동을 주도하였고, 빈곤과 실업상태의 민중이 시위를 이끌어 나가면서 지배계층을 당황하게 하였다. 루소의 입장이 여기에서 독특했던 것은 그가 과감한 실천적 측면과 직접민주주의를 주장하여 대의민주주의의 테두리를 벗어나도록 하였고, 전쟁의 종식을 외치는 평화운동을 고취하여 국제적 연대와 국제적 회의 외교의 장을 열어내는 데 기여했다는 점이다. 한 세기가 지난 후 제국주의적 침략과 찬탈의 위협에 직면했던 한국과 중국에서 루소의 사상이 큰 반향과 호소력을 지닐 수 있었던 것은 당연한 일이었다.[4)]

로 국민의 자유를 보장해 주는 방패나 보루처럼 알려진 것은 사실이다. 그러나 왕권의 영구 세습이란 한 가문의 부자 간 재산상속을 말하며 정치적으로는 권력의 독점을 뜻한다. 취임식에 왕이 국민을 위한 자유선서를 낭송하여도 이것은 곧 잊혀질 허상에 불과하며, 아무도 그 행사의 위력을 대단하게 보는 일이 없을 것이다. 영국, 덴마크, 스웨덴과 같은 왕국의 경우를 보더라도 지엽적인 제도적 보장들이 결국 공염불에 지나지 않는 것임을 우리는 인지하는 것이다. 왕관의 부자승계와 국민의 자유는 사이좋게 발맞추어 나갈 수 없는 절대적 모순원리임을 우리는 알아야 한다." J.-J. Rousseau, *Considérations sur le Gouvernement de Pologne et sa réformation projetée en avrril 1772*, in Oeuvres choisies de Jean-Jacques Rousseau, p. 374, Ed. Flammarion, Paris.

4. 우리나라에서 루소와 칸트가 문제되는 이유는 다음과 같은 이유에서이다.
   ① 구한말 대한제국의 고뇌와 분투에도 불구하고 국민 모두에게 있어서 왕조체제는 '천명'을 다한 법제이고, 앞으로 무슨 방식이 되든 공화국 제도 외에는 다른 길이 없다는 인식이 공유되고 있었던바, 민주역사와 국가적 창의성에 대하여 폭넓게 천착한 루소와 칸트의 고귀한 성찰이 조선의 선각자들에게 절실하게 와닿았다고 할 수 있다.
   ② 한반도가 자유주의와 사회주의로 분단되고 이들 간에 대화와 재결합의 길을 모색함에 있어서 헤겔식의 지양(aufhebung)이 요구되며, 현재 이데올로기의 순기능과 역기능을 규명하기 위하여도 학제적 시각과 역사가 접목되어야 하는데, 이들 간에 가교를 수립하였다고 보여지는 루소와 칸트의 사상은 반드시 통과해야 할 관문이 되는 것

II. 루소 사상에 대한 전체주의적 해석

루소는 이 모든 제도개혁의 문제에 있어서 인간개조를 위한 소외론과 교육론에 관하여 깊은 관심을 보였고, 대표적 저서인 『에밀』, 『사회계약론』, 『신엘로이즈』와 같은 저술에 그의 입장은 개진되었다. 루소는 다른 사상가들보다 각별하게 피지배계층의 피폐한 노예적 소외의 모습을 부각시켰고, 정치적 분열상황에 대한 유토피아적 대안을 제시하여 이분법적 시각을 고취함으로써 모순과 대립의 각을 예리하게 제시하였다. 이러한 양분법으로 행정과 재정에 대하여 구체적 비전을 전혀 갖추지 못한 당시의 지배층은 특수의지의 화신으로 등장하였고, 해방의 열정으로 들뜬 피지배계층을 향하여 오로지 낭비와 기만의 이미지로 비추어졌다. 루소는 민주주의적 대의정치와 보편적 법치의 대안을 제시하였고, 직접민주주의를 통한 국민단합의 행사 가능성은 후자에게 물리적 저항의 결의를 갖도록 하고 미래를 위한 고공비행의 날개를 달아준 것이었다.

그리스의 정치 경험과 과감한 정치사상, 그리고 장대한 로마의 정치사는 제네바 시민 루소로 하여금 혼란기에 해방을 갈구하는 유럽 빈민들에게 성경에서 찾을 수 없는 생생한 이야기와 희망의 메시지를 전할 수 있게 하였다. 루소는 기독교의 종교적 억압과 왕조 및 귀족의 과두정치가 부과한 전제적 체제에 대하여 해방을 요구하면서 평등의 법질서와

이다.
③ 루소가 정치와 법을 민주화했다면 칸트는 종교와 과학을 민주화했다고 볼 수 있다. 고로 이들의 호소력은 가히 범세계적 보편성을 지닌다고 할 수 있다.

합리성의 종교를 내세웠고, 이 모든 것은 프랑스혁명 과정에서도 시도되었다. 마그나 카르타를 회고시키도록 하는 민주적인 인권선언이 채택되었고, 1794년에는 최초의 사회주의적 이념이 담긴 헌법이 채택되었다. 루이 16세가 보수열강의 도움을 받고자 국경을 넘다가 체포된 것은 정국을 악화시켰고, 과격한 산악파가 이끄는 시민의회와 그 지도부의 결성을 촉진시킨 것이었다. 이미 영국의 청교도혁명에서 찰스 1세가 단두대에서 처형되었고, 크롬웰의 의회군이 청교도혁명을 일으킨 사건은 프랑스 시민혁명에도 중요한 사례로 기억되었다. 루이 16세도 1792년 국민공회의 결정에 따라 이듬해 처형되었다. 프랑스 혁명정부가 프러시아, 영국, 오스트리아에 의한 포위되고 위기상황이 고조되면서 로베스피에르 같은 칼날의 지도자가 힘을 얻었고, 이로부터 대규모 유혈숙청이 시작되었다.

루소는 과학기술이나 국제무역을 중요하게 보았으나 동시에 상업과 도시문명이 인간성을 교활하고 기회주의적으로 만들고 의지와 용기를 약화시키며 애국심을 와해시키는 소외로 작용한다고 보았다. 저작물 도처에서 루소는 당시에 발흥하던 부르주아 계층에 대하여 모멸에 찬 언급을 가하였다. 루소는 아테네보다 스파르타의 검약하고 절제 있는 시민상이 도덕심을 부추긴다고 찬양하였다. 그는 농촌의 투박한 생활과 공동체 정신을 강조하여 후에 러시아의 나로드니키 운동과 모택동의 문화혁명적 모델을 예고했다. 프랑스에는 이후 주기적인 혁명운동이 일어나 체제를 마비시켰는데, 그 중 유명한 것은 아나키즘의 대명사로 불리는 1948년, 1870년 꼬뮨 운동, 1900년 드레퓌스 운동 1936년의 인민전선운동, 그리고 1968년의 성혁명이 모두 루소 사상을 귀감으로 삼았고, 이들은 모두 프랑스의 국력을 소진시키는 데 기여했다.[5] 흔히 나폴레옹, 히틀러, 스탈린 등이 국가의 위상을 세웠다고 하지만 이들도 유토피아 대동사회를 앞에 내걸고 민중의 열정을 선동하고, 그 후광을 이용했고, 선악의 절대적 가치에 입각하여 적대계급에 대하여 현대적 무기를 휘둘러 대량학살을 자행했다는 점에서 군중정치의 일면을 대변했다고 하지 않을 수 없다.

루소에 대하여 이미 당대 영국의 보수주의자였던 에드먼 버크와 헤겔은 전통과 역사의 중압이 사회계약론적 단순화를 불가능하게 만든다고 강력한 비판을 제기했다. 당시 사회민주주의자들은 루소의 예지를 경청했지만 마르크스는 경제학과 사회학의 현실론적 분석으로 루소의 이상론을 보완하도록 요구했다. 이러한 논쟁의 와중에서 칸트는 루소가 철학과 종교에 매우 중요한 기여를 하였음을 강조했다.

Ⅲ. 칸트의 루소

쾨니히스부르그에서 교육에 종사했던 칸트에게 루소의 저작이 전달된 것은 1760년대였다. 칸트는 당시 그의 제자였던 헤르더에게 루소로부터 가장 크게 감명받았다고 말하였고, 자기 서재에는 루소의 석상을 모셔놓을 정도로 그를 흠모하였다. 칸트는 뉴턴과 데카르트적 경험론에 심취하여 계몽사상의 대열에 서는 사상가였으며, 독일의 합리주의 철학

5. 이러한 민중운동이 프랑스의 봉건적 잔재에 의지하는 보수층의 극우화를 막고 중도균형정치를 강화하는 데 기여했다는 주장도 제기되었다. Rene Remond, *Les droites en France*, Ed. Aubier, 1982.

의 대표적인 인물이었다. 칸트는 계몽사상가들의 과학이성과 공리주의(Utilitarianism)가 한계가 많은 입장이라고 보았다. 사상을 잘게 쪼개어 버리는 이들의 분석주의는 변화와 다양성을 종합해야 하는 연결고리의 필요성을 외면하였다. 다른 한편 신학이 제시하는 여러 가지 설명은 황당한 제목, 즉 삶과 죽음의 목적, 자유와 필연, 우주의 기원과 종말 등에 관하여 지나친 논리를 전개하였다. 칸트는 초월적 변증법의 논리적 차원을 제시함으로써 유럽 신학의 아리스토텔레스적 형이상학을 극복하였다. 마음, 정신, 문화를 지배하는 효능과 근거는 객관적으로 타당성이 있는 내면적 범주들로서 관찰과 계산의 작업과 다른 성격의 영역이며, 인간에게만 명증적으로 이해될 수 있는 경지임을 칸트는 강조하였다.

칸트는 루소의 인민주권론의 의미를 통찰하고 그의 독창성을 높게 평가하였다. 당시 프랑스, 영국, 독일 등 철학사상의 무대에 학자들 간의 교류와 방문을 통한 상호작용은 매우 활발했다.[6] 그러나 칸트는 프랑스혁명의 과격한 양상은 모두 배척하였다. 예를 들어 폭군주멸론(monarchomachy)이라든지 노동쟁의와 저항, 그리고 참정권의 무차별적 확대 등에 대하여 그는 거부감을 표명했다. 프랑스의 부르주아 정권들은 이러한 칸트의 입장이 프랑스 지성계와 학계에 자리 잡는 것에 대하여 크게 환영했다.[7]

6. Jean Bonnet, Kant, instituteur de la Republique(1795–1904) –*Genese et forme du kantisme dans la construction de la synthese republicaine*, These du Doctorat dirigee par Jean–Paul Willaime, Ecole Pratique des Hautes Etudes, 2006.
7. 루소는 자연과 문화의 양면을 동시에 고찰하였고, 자유와 평등의 모순을 교육에서 바로 잡으려 했으며, 법과 민주주의를 공화국의 틀로 조화시키려 하였다. 한편 칸트는 과학기술과 종교를 소외시키지 않도록 도덕과 실천의 차원에서 인권이 존중되는 평화의 정치를 천명했다. 대립되는 분야들을 통합하려 시도했던 이들은 최초의 과감한

칸트는 무엇보다도 루소의 사회계약론과 공화국 사상이 출중하다고 생각했다. 토마스 홉스가 2원적 사회계약론으로 국가라는 법제에 자연권을 양여한 민중이 또 다시 의회나 정부에게 대표권을 내준다는 이론은 주권과 정치과정을 모두 물화함으로써 정치발전을 후퇴시킨 것으로 보아야 한다는 결과를 초래했다. 루소는 이에 대하여 사회계약이 국가의 법을 입법작용으로 바꾸고 개인은 시민 혹은 인격으로 바꿈으로써 국가와 정치를 군집상황에서 결사체로 바꾸어 놓은 것으로 보아야 한다는 입장을 천명한 것이었다. 이것은 주권자인 국민이 초월적 권위라든지 혹은 외부의 기구나 기관에게 주권을 이양한 것처럼 보이게 하는 것을 막고 정치에 자유를 접목시킨 것을 뜻함을 설명해 줄 수 있는 창의적인 루소의 발상이 되는 것이다.[8)]

결론적으로 루소의 사상은 단순히 민족주의, 낭만주의, 사회주의 운동의 군중주의와 사유재산제나 대의정치에 대한 폭력정치를 의미하는 것이 아니다. 루소는 칸트에 의하여 실천이성으로 체계화되고, 그의 민주공화국 이념과 담론의 국제정치의 가능성을 열어놓은 결과를 초래했다. 물론 근대 국가가 성립되고 법치질서가 확립된 다음 정치의 새로운 향방은 실존주의와 현상학, 나아가 해석학의 경향을 받아들이고 차이의 존중과 창의성의 정치로 나아가는 요구를 내세우고 루소와 칸트가 요구하는 보편성의 정치에 대하여 신중한 태도를 보이는 것이 사실이다.

구성주의자였다(참고 : Jean Bonnet, 앞의 저서, 결론 부분).

8. Simone Goyard-Frabre, *La philosophie du Droit de Kant*(Vrin, Paris, 1996), pp. 168-169.

[본고와 관련하여 국내에 발간된 연구서]

우리의 주제에 관하여 본인이 모든 연구들을 망라하지는 못하지만 국내에 이미 몇 가지 중요 저서들이 있다는 사실을 부각시키고자 하며, 이들을 토대로 하여 논의를 전개하고, 오직 반복되지 않을 그밖의 내용에 대하여 본인이 중요하고 의미있는 이야기가 된다고 생각하는 바를 제시하고자 한다.

1. 김경원. 1970. *Revolution and International System A Study in the Breakdown of International Stability*. New York University Press.
2. 김용구. 2004.『영구평화를 위한 외로운 산책자의 꿈–장 자크 루소의 국제정치』. 도서출판 원.
3. 김용민. 2004.『루소의 정치철학』. 인간사랑.
4. 송호근. 1994.『루소 : 자연 자유 그리고 교육』. 법문사.
5. 한국칸트학회 엮음. 2008.『포스트모던 칸트』. 문학과 지성사.
6. 이종은. 2010.『정치와 윤리』. 책세상.
7. Guang–Yob Hong. 1987. "Sur la pensee de Mao Ze–Dong." in *Marxisme Cent Ans Apres*. Presses Universitaires de France. Paris.

다원주의 정치론의 현대적 의의 : 영국 다원주의 국가론, 결사체 민주주의, 화이부동의 정치

임혁백(고려대학교 교수) / 장주영(국회입법조사처 연구조교)

I. 머리말 : 김영국 교수와 다원주의 국가론

고 인산 선생님의 강의를 듣고 자라난 마지막 세대로서 인산 선생님의 학문세계를 논하는 자리에 서니 한편으로 영광이면서도 다른 한편으로는 선생님의 학문세계를 혹시나 잘못 해석 · 전달해서 선생님과 선생님의 유족들에게 누가 되지 않을까 하는 우려가 된다.

한국에서 다원주의 국가론은 한국 정치학의 태두이시고 서울대학교 정치학과를 사실상 창설하신 고 민병태 선생님에 의해서 본격적으로 소개되었고, 민병태 선생님은 다원주의론, 특히 '영국의 다원주의론' (English pluralism)의 대가였던 라스키(H. Laski), 콜(G.D.H. Cole), 뒤기(L. Duguit)를 소개하였다. 그 당시가 한국전쟁과 전후 경제부흥에 몰두하던 때라 국가와 정부가 과잉이었고 시민사회가 설 자리는 매우 협소했던 점을 감안하면 영국의 다원주의론을 소개하고 주창한다는 것은 당시 불온사상으로 낙인찍혔던 마르크시즘을 연구한다는 정도로 위험한 것이었다. 그러나 민병태 선생님은 국가 대 시민사회의 논쟁에서 기존의 프랑스의 국가주권론(J. Bodin), 독일의 관방학(staatslehre)과 같은 국가중심적 이론(state-centered theories)에 반기를 든 (시민)사회중심적 이론(society-centered theories)의 한 줄기인 '영국 다원주의'의 소망성(desirability), 실현 가능성(feasibility), 그리고 유효성(effectiveness)을 믿고 있었고, 민병태 선생님의 믿음은 선생님의 수제자인 김영국 교수께 전수되었으며, 김영국 선생님(적어도 미국 시카고대학 대학원으로 유학가지 전까지는) 역시 다원주의 이론에 심취하셨고, 과작으로 유명하신 선생님께서 다원주의 국가론에 관한 논문을 대학원 시절에 이미 번역·출간하였으며, 그리고 무엇보다도 석사논문을 다원주의 국가이론에 관해 썼다는 것이다.

김영국 교수님은 「국가이론의 변천과 현대 민주주의」라는 제목의 석사논문에서 루소의 일반의사의 존재를 시인하지 않고 국가도 무수한 사회집단의 하나로 보는 라스키, 길드 사회주의를 표방한 콜, 뒤기, 화란의 크라베(Krabbe), 미국의 매키버(McIver)를 분석하였다. 그래서 김영국 교수님으로부터 직접 지도받은 마지막 제자(last students)인 우리 세대들은 동숭동 캠퍼스에서 라스키의 *A Grammar of Politics*를 원서로 또는 『정치학 강요』라는 이름으로 나온 번역본과 매키버의 『근대국가론』을 옆구리에 끼고 다녀야 당시 최고 수재가 다니는 정치학과 학생임을 증명하는 것으로 알고 다녔다.

그렇게 겉멋만 들어서 라스키와 매키버를 들고 다니던 때가 어제 같은데 벌써 장년을 넘긴 제자가 선생님이 평소에 좋아하시던 영국의 다원주의 학자들의 이론을 평론하게 되니 정말 감개무량하고, 이러한 소중한 기회를 주신 김영국 선생님 10주기 추모회를 조직하고 주최하신 여러 선배, 후배 그리고 동학들에게 깊은 감사를 드린다.

본 추모 글을 다음과 같이 구성할까 한다. 먼저 '영국 다원주의'의 이론과 개념을 미국의 다원주의 이론, 개념과 비교하여 정의하고 분석할까 한다. 우리는 미국의 다원주의 이론에 자주 접해왔고 그 개념들을 가지고 미국 정치를 분석해 왔기 때문에 미국의 다원주의가 다원주의의 모든 것으로 잘못 인식하고 있는 경향이 있다. 그러나 다원주의는 영국과 유럽대륙에서 기원하였고, 그것이 미국으로 건너가서 자유주의적 다원주의의 꽃을 피우게 된 것으로 알고 있다. 더구나 김영국 교수님이 공부하고 저술·분석했던 다원주의는 라스키, 콜과 같은 영국 다원주의였다. 따라서 미국 다원주의 이론이 주류라 하더라도 김영국 교수님을 추모하는 이 학술대회에서는 당연히 영국의 다원주의가 주로 논의되어야 한다고 생각한다.

둘째, 그러한 초기 영국 다원주의 학자들(라스키, 콜 등)의 후학들에(특히 허스트) 의해 발전된 결사체주의 또는 결사체 민주주의(associational democracy)를 논의하도록 하겠다. 국가가 정치과정에서 주체적 역할을 하지 않는 미국의 자유주의적 다원주의와는 달리 결사체주의 또는 결사체 민주주의는 국가의 역할이 있을 뿐만 아니라, 시민사회의 자율적 결사체들 간의 거버넌스 형성에 있어서 국가는 타협비용의 보상자, 타협조건의 보장자로서의 적극적인 역할을 수행하고 있다.

마지막으로 이러한 다원주의의 이론과 개념, 그리고 실제를 동양사회, 특히 한국 사회에 적용시키려 할 때 우리에게 필요한 것이 무엇일까를 모색해 보자. 우리에게 부족한 '다원주의 결핍' (pluralism deficit) 또는 '결손 다원주의' (defective pluralism)는 무엇인가? 그렇다면 그 결손과 결핍을 메우기 위해 우리에게 필요한 것은 무엇인가? 저자들은 이를 공자의 화이부동(和而不同)의 정신에서 찾고 싶어한다. 우리는 민족동질주의, 획일주의, 순응주의를 고집하고 모두가 같아야 된다는 집단동류주의적 의식을 갖고 있으나 행태적으로는 지극히 개인주의적이고 이기주의적인 행동을 보여주는 문화적 이중성, 좀더 심하게 이야기하면 문화적 정신분열증(schizophrenia)을 앓고 있다.[1] 따라서 서로가 다르다는 것을 인정하면서 다중적 정체성, 그리고 서로 다른 정체성을 인정하는 바탕 위에서 상호 존중하고 공존하면서 소통과 대화, 그리고 화해를 통해 공동체를 같이 꾸려 가는 것이 한국적 다원주의의 모습이 되어야 하지 않을까 생각하면서 공화주의와 개인주의, 그리고 갈등과 합의가 같이 어울릴 수 있는 한국형 다원주의를 모색할까 한다.

II. 영국 다원주의와 미국 다원주의

우리는 흔히 다원주의(pluralism)라고 하면 미국의 다원주의 이론을 떠올린다. 미국의 정치학자인 로버트 달(Robert Dahl), 시카고대학의 데이비드 이스턴(David Easton), 아서 벤틀리(Arthur Bentley), 데이비드 트루만(David Truman) 등이 이야기한 다원주의가 미국 다원주의 전통의 시작이라고 할 수 있다.

1. 임혁백, "위기의 한국 사회와 한국 사회과학의 위기", 『아세아연구』 52권 4호, 2009.

1. 미국 다원주의 개념과 이론

미국의 다원주의 국가론은 영국의 다원주의 국가론보다 더 사회중심적이다. '국가는 사회가 만든 것'(society-made state)이라는 가정을 하고 있는 미국 다원주의 국가론에서 국가의 이성(reason), 의지(will), 선호(preference)가 들어설 공간은 그리 넓지 않다.

미국의 다원주의 국가론에 있어서 국가는 시민사회로부터 투입된 이익들(interests)이 지나가는 통로일 뿐이다. 국가는 자신의 고유한, 자율적인, 자기중심적인 이익을 가지고서 사회로부터 투입된 이익들을 변화시킬 능력도 없고, 단지 그 이익들이 지나가는 통로(channels)가 되어줄 뿐이다. 사회의 제 이익들이 국가라는 통로를 지나가면 '정책'(policy)이라는 이름의 '권위 있는 결정'(authoritative decision)으로 연금술적 변화를 일으키는 것이다. 여기서 주목할 것은 국가의 정책, 국민들을 구속하는 권위 있는 결정을 내린 것은 사회라는 것이다. 사회의 제 이익집단들의 상호 교환, 갈등, 화해, 합의를 통해 '권위 있는 결정'을 만들어낸 것이다 국가는 단지 그들이 지나가는 통로를 제공함으로써 다양한 '사적인' 교환, 갈등, 합의가 '공적인' 합의인 정책으로 변화하게 만드는 '블랙박스' 일 뿐이다. 그래서 미국의 정책에 영향을 미치기 위해서는 바로 정책을 결정하는 사회의 제 이익들과 이익집단들을 찾아가야 하는 것이다.

미국의 다원주의 국가이론은 이런 점에서 정통 마르크시즘의 국가이론과 매우 체계적으로 닮았다. 정통 마르크시즘에서 국가는 없다. 국가는 단지 자본가계급의 도구일 뿐이며, 자본가계급이 주체인 자본주의 경제(하부구조)의 부수적 현상(epiphenomenon)일 뿐이다. 마르크시즘에서는 국가에 대해 따로 이야기할 필요가 없다. 자본주의의 특징과 자본가 계급의 이익을 알면 자동적으로 그에 봉사하는 국가의 임무와 국가가 나아갈 방향을 알 수 있는 것이다.[2)]

미국의 다원주의자들에게도 국가는 따로 알 필요가 없는 개념이었다. 국가는 사회의 제 이익들이 지나가는 통로이고, 국가는 어떤 특수한 자신만의 이익, 권력을 그 과정에 개입시키지 않고 사회의 제 이익들을 권위 있는 결정, 즉 공적인 정책으로 바꾸어 주는 '블랙박스' (Black Box)의 역할만을 담당할 뿐이기 때문이다. 정통 마르크시즘과 마찬가지로 어떤 정책을 이해하기 위해서, 또는 정책에 영향을 미치기 위해서 국가에 대해서 따로 이야기할 필요가 없다. 단지 사회 제 이익집단들의 이익들이 어떻게 미국의 다양한 정치과정에 투입되었는가를 알면 된다.

국가는 사회의 제 이익들이 지나가는 통로이고 그 이익들을 정책으로 변화시켜 주는 블랙박스라고 했을 때 미국의 다원주의자들은 그러한 국가가 자신의 이익을 정책으로 변화시키는 과정에 개입시키지 않는다는 것을 보장하기 위해 '중립적 레프리(neutral refree) 국가론'과 '현금계산(cash register) 국가론'으로 보완하였다. 국가는 이익을 투입하려는 사회 제 이익집단들의 공정한 게임을 보장하는 역할에 머물러야지 그 게임 자체에 영향을 주는 어떤 행동도 해서는 안 된다는 것이 '중립적 레프리 국가론'이라면, 국가는 사회 제 이익집단들의 이익투입을 현금등록기(또는 현금계산기)처럼 정확하게 종합하여 전체 이익을 계산해내야 하는 것이다. 루소의 일반의사(volonté générale)처럼 모든 의사가 합쳐진 집단적 전체의사(will of all)와 양적으로 뿐만 아니라 질적으로 달라서는 안 되는

2. Marx, Karl, "Preface", to *The Critique of Political Economy*, 1859.

것이다. 만약에 국가가 자신의 의사를 강요한다든가 과정에 개입할 경우 계산이 달라져서 금전등록기처럼 정확하게 사회의 이익을 계산할 수 없게 되는 것이다. 국가는 모름지기 금전등록기처럼 정확한 계산만 해야지 마키아벨리가 이야기한 자신만의 '국가이성' (reason of the state)을 가지고 나라의 정책에 영향을 미치고 개입 또는 강요해서는 안 된다는 것이 자유주의적인 미국의 다원주의 국가론의 핵심이다. 즉 미국의 다원주의는 결사체를 정치적 경쟁과정의 한 부분으로 파악하며, 국가나 정부를 정책결정 과정에서 자신의 이익을 반영하고자 하는 조직들 사이를 중재하는 네트워크로 파악한다. 국가 제도의 자율성을 강조하지 않으며, 정치권력의 제도적 형태를 이론화하려 하지 않는다.[3)]

2. 영국의 다원주의 : 콜, 라스키

영국의 다원주의는 그 역사적 연원이 미국보다 앞선다. 영국의 다원주의도 미국의 다원주의 전통과 같이 제2차적 결사체(secondary association)의 역할에 대해 강조하지만, 미국의 다원주의와는 달리 영국의 정치적 다원주의는 국가의 권력과 구조에 대한 비판적 논의를 하고 있다. 영국의 다원주의는 무제한적인 국가 주권의 이론과 하나의 위계질서로 단일화된 국가의 권력을 상정한다.[4)]

3. Hirst, Paul, *The Pluralist Theory of the State*(London and New York : Routledge, 1989), p. 3.
4. 앞의 책, p. 3.

19세기 중엽 이후 국가가 모든 사회의 문제를 포괄하고 처리할 수 없게 되었다는 현실인식이 증대되면서 사회의 문제도 국가에 일임하고 모든 풀리지 않는 문제를 국가 탓으로 돌리는 국가일원주의(state monism)에 중대한 변화가 일어나고 국가일원주의로부터 사회다원주의(social pluralism)로의 이행이 일어나게 된다. 개인의 자유 보장과 계급 간의 평등 확보라는 상충되는 목표를 조화롭게 이뤄내야 했던 영국에서는 단일 노동계급을 위한 국가사회주의(state socialism)를 취할 수도 없었고, 그렇다고 해서 시장근본주의적이고 개인주의적인 자유방임으로 문제를 해결할 수도 없었다. 이러한 상황에서 국가와 개인의 중간에 위치한 결사체(association), 직능조합(guild)과 같은 중간 매개집단에 주목하는 주장이 나타났다. 이러한 결사체와 직능조합을 이론화한 영국 다원주의 이론가가 라스키와 콜이다.

영국의 다원주의는 사회적 다원주의와 정치적 다원주의로 나눌 수 있다. 사회적 다원론의 대표는 생디칼리즘(Syndicalism)과 길드 사회주의(Guild Socialism)를 들 수 있으며, 정치적 다원론으로는 국가의 조정자적 역할을 강조하고 사회문제의 정치적 해결을 모색하는 라스키가 대표적 이론가이다. 다원주의론은 기본적으로 국가에 대한 불신에서 출발한다. 그들은 사회의 문제를 해결할 수 없는 국가의 능력을 불신하기 때문에 문제 해결에 있어서 국가와 사회의 분업을 시도하며, 극단적으로는 사회가 자발적으로 그리고 자치적으로 문제를 해결할 수 있는 영역이 많이 있다는 점을 강조한다. 현대 민주주의가 실현되기 위해서 개인의 권리보장이 절대적인 선행조건이고, 그 권리를 보장하기 위해 다양한 사회계약을 통해 개인의 권리를 보호하는 '보호국가'(protective state)를 건설하게 되었는데(Hobbes, Locke, Rousseau, Hume의 사회계약이론), 그렇게 건설된 보호국가가 반드시 개인의 권리를 완벽히 보호해 주는 '보호민주주의'(protective democracy)로 가지 못하였고,[5] 많은 경우 오히려 개인의 권리를 제한하고 개인의 자유를 억압하는 홉스의 리바이어던과 같은 절대주의 국가로 나타났다. 19세기의 결사체주의는 보호국가가 현실적으로 시민의 권리를 보호해 주지 못하고 때로는 시민 위에 군림하게 때문에 국가와 시장, 국가와 개인(가정)의 중간에 위치하면서 국가와 시장, 가정, 개인, 공적 영역과 사적 영역 사이를 중재 · 타협 · 화해시키는 결사체(結社)와 같은 중간 매개집단의 역할을 강조한다. 그 중에서도 특히 국가에 의해서 확보되기보다는 오히려 침해되는 시민의 권리를 보장해 주는 '제2차적 결사체' (secondary associations)에 주목하였다.

● 콜의 사회적 다원주의

콜(G.D.H. Cole)은 초기에는 사회적 다원주의에 속했으나 후기에는 국가다원주의에 속한다고 볼 수 있다. 콜은 정치현상을 사회현상 중에서도 주요한 몇 가지 제도, 예를 들면 귀족제도, 영국국교, 사유재산 등과 같은 제도적 장치의 작용으로 보고 시대에 따라 그 중요도가 바뀌는 데 주목하였다. 콜은 국가를 여러 단체의 결합이라고 정의하고 국가를 사회적 다원주의(social pluralism)의 범주 안에서 설명하고자 한다. 그리고 각종 사회단체가 직능의회(guild congress)에 참여해야 한다고 주장한다.[6]

콜의 두 책 *Self-government in Industry*(1917), *Social Theory-Guild Soci-*

5. Held, David, *Models of Democracy*, 2nd Edition (Stanford : Stanford University Press, 1997).
6. 배성동, "민병태 교수의 'Pluralism' 특강", 『한국정치연구』(서울대학교 한국정치연구소, 1997).

alism Restated(1920)에서는 정치 의회와 길드 의회(guild congress)의 분립을 강조하고 있다. 국가는 소비자의 대표기관이고, 길드(guild)는 생산자의 대표기관으로서 완전히 동등한 위치를 점해야 하며, 일방만이 주권을 가지는 것은 부당한 것이라고 하였다.[7] 콜은 *Social Theory*(1920)에서 주권이 국가권력에 집중되어야 한다는 정당성을 부정하고 있으며, 국가의 권력을 견제해야 한다는 생각을 드러내고 있다.[8]

콜은 사회를 공동체, 사회, 결사체(community, society, association)로 분류하고 주권은 국가가 아니라 전체 사회가 가진다고 하였으며, 일반의사(General Will)를 강조하면서 통일사회로의 궁극적 발전을 모색하였다.

● 라스키의 정치적 다원주의

초기의 라스키(H. Laski)는 정치적 다원주의자였다. 그는 자본주의 사회가 안고 있는 모순을 직능집단, 결사체의 정치의 기능을 통해 해결하려 하였다. 라스키는 국가가 모든 것을 관장하는 것이 아니며, 사회가 국가의 위에 또는 국가의 바깥에 존재하고 있다고 주장한다. 따라서 국내의 교회나 문화단체는 물론 국제법적 존재, 즉 국가의 통제를 벗어나는 국제 시민단체가 존재하고 있다는 것을 인정해야 한다고 하였다. 국가의 존재와 기능을 어느 정도 인정하는 이러한 라스키의 입장은 국가에 대한 불신에서 출발하는 다른 다원주의자들의 주장과는 다르다.

라스키는 3가지로 권력의 범주를 나누고 있다. 첫 번째는 의회(Parlia-

7. 앞의 책, p. 16.
8. Hirst, Paul, *The Pluralist Theory of the State*(London and New York : Routledge, 1989), p. 12.

ment)로 법적 주권을 행사하는 최고의 단체이고, 두 번째는 집단권력(collective power)으로서의 정치적 주권으로서 정부를 장악하고 법률적 구속, 도덕적 규제를 시행하는 집행권력이며, 세 번째는 효과적 주권(effective sovereignty)으로 법에 의한 지배이다. 이와 같이 라스키는 국가의 권력, 즉 주권을 분리시키고 상대화하고자 하였다.[9)]

라스키는 개인의 자유를 강조했지만 동시에 전체를 대표하는 일반성(generality)을 지향해야 한다고 주장했다. 이것을 가능케 하는 것이 도덕이며, 여기서 사회의 보편성, 통일성, 일반성이 성립한다고 보았다. 말하자면 라스키는 특수성(particularity)과 집단주의(collectivism) 간의 조화를 모색했다고 볼 수 있다. 이러한 입장의 변화와 함께 라스키는 초기의 다원주의(pluralism) 이론가에서 후기에는 집단주의(collectivism) 이론가로 경도하게 된다.

이러한 라스키의 정치적 견해의 변화는 그의 저작에서 나타난다. 그는 *Studies in the Problem of Sovereignty*(1917)에서 정치학의 가장 중요한 문제로서 주권을 제기하였다. 국가도 개인이 속하는 하나의 단체라고 하면서도 다른 단체와는 구분하여 국가의 주권은 통일성의 조건을 충족시켜야 한다고 평가하였다. 국가의 권력은 어디까지나 국민의 동의에 기초해야 하므로 국가는 그 자체로서 권력을 갖는 것은 아니며, 개인은 국가가 권력을 행사함으로써 이익을 얻게 되고 이익을 얻는 것으로 생각해야 한다. 이것이 인민주권의 핵심이다. 라스키는 "주권이 법에 보장되어 있더라도 이는 인간의 동의를 구한 것으로 간주할 수 없다. 즉 구성원인 국

9. 배성동, "민병태 교수의 'Pluralism' 특강", 『한국정치연구』(서울대학교 한국정치연구소, 1997), 17쪽.

민의 의사를 전혀 묻지 않고 국가권력이 보장된 것으로 착각하고 있는 것이다"[10]라는 실용주의적 태도를 보여주었다.

라스키는 *Authority in the Modern State*(1919)에서 개인주의적 다원주의를 더욱 철저히 주장한다. 그는 이제 주권의 존재를 부인하는 극단적 개인주의 편향을 보이기 시작한 것이다. 국가권력의 이성(reason of state)은 개인의 복리에 대한 판단에서 성립한다고 보았다. 그는 로크를 본받아 국가에 대한 충성보다 사회에 대한 헌신을 더 중요한 것으로 보았다. 개인의 권리는 각자가 나름대로 확보하므로 국가가 관여할 바가 아니라고 한 것이다.

The Foundation of Sovereignty(1921)에서 라스키는 현대 사회에 있어서 권리를 보장받을 수 있는 새로운 방법으로 연방제를 제시하고 있다. 개인은 국가에 대립하여 권리를 보장받는 것이 아니라 경제조직의 일원으로서, 또는 사회결사에 참여하는 데 따라 권리를 보장받을 수 있다고 보았다. 그가 제시하는 연방제는 지역개념이 아니라 노사 간의 평등과 협조의 공존관계이다. 지금까지의 국가가 위계적인 성격이었다면 앞으로는 다원주의적 국가가 될 것이고, 다원주의 국가는 연방제의 구조를 가져야 한다는 것이 그의 논지이다.

『정치학 강요』(*A Grammar of Politics*)에서 나타나는 라스키의 정치사상은 초기의 다원주의와 후기의 집단주의(Collectivism)의 병존이다. "권리라는 것은 인간이 일반적으로 자기의 최선을 표현하는 데 불가결한 사회생활의 조건이다. 이 조건의 성취를 가능하게 하기 위해 국가가 존재하는 것이므로 권리의 유지가 지속되어야 국가의 목적이 보장되는 것이

10. Laski, H. J., *Studies in the Problem of Sovereignty*(New Haven : Yale University Press, 1917).

다"[11]라고 하면서 정부의 구조는 인민의 동의에 바탕을 두어야 하며, 그 기능은 민주주의이고 목적은 복리라고 보았다. 라스키는 초기 이론에서 그랬던 것처럼 어디까지나 개인이 모든 사물의 최종적 판단자이며, 국가가 개인의 복종을 받고자 한다면 국가는 개인이 존경할 수 있는 도덕성을 지녀야 한다고 하였다.

라스키의 집단주의(Collectivism)는 인민의 동의에 입각한 좋은 정부를 만들어 보고자 하는 것이었다. 그는 소수의 정치인들이 권력을 장악하는 소수지배로부터 일반국민이 정치에 참여하는 민주주의로 전환시키기 위한 방법을 모색하였다. 소수지배를 바꾸기 위한 방안으로 라스키는 세 가지 원칙을 제시하고 있다. 첫째, 정부와 권력과는 관계가 없어야 하고, 둘째, 집단주의(Collectivism)의 원리에 따라 각 단체의 연계관계가 발달해야 하며, 셋째, 국가의 권력과 행위는 인민에 종속되어야 한다.

라스키는 경제적인 부분에 있어서도 개인의 사유재산권의 무제한적 행사는 제한되어야 한다고 하였다. 노동에 의해서 얻는 재산이 아니라 상속에 의해서 얻게 된 재산은 바람직하지 않고, 그러한 재산은 사회적으로 기여하는 바가 없다고 지적하였다. 그러므로 개인의 재산은 사회의사에 구속되어 하고, 경제의 사회화 도입이 필요하다 보았다. 생활에 필요한 기본적인 상품은 공동체가 생산해야 하고, 이 과정에서 민주적 통제가 이뤄져야 한다. 즉 재산을 몰수하는 것이 아니라 민주적인 입법과정을 거쳐 개인의 재산을 보장하되 사회화가 이뤄지는 것이 바람직하다고 주장하였다. 라스키의 이 점이 마르크시즘과 다른 점이며, 길드 사회주의(Guild Socialism) 및 생디칼리즘과도 다른 점이다.[12]

11. Laski, H. J., *A Grammar of Politics*, 5th ed.(London : George Allen & Unwin Ltd., 1967).

III. 결사체 민주주의 이론

결사체 민주주의를 다루고 있는 문헌을 비교해 보면 결사체에 대한 이해와 정의가 학자마다 상이하다는 것을 알게 된다. 바버(Barber)는 시민적 덕성과 참여를 증진시키는 데 대면접촉 결사체가 중요하다고 강조하였고, 퍼트남(Putnam)은 신뢰와 사회협력을 조성하는 데 필요한 지역자원(voluntary) 결사체에 주목하였으며, 허스트(Hirst)와 슈미터(Schmitter)는 전국적 정상조직(national summit associations)의 서비스 전달 능력과 포괄적 대중동원 능력을 강조하였다. 이러한 다양한 정의가 주는 함의는 다른 유형의 결사체들 회원들의 정치적 행태와 시민참여는 다르며, 그들은 각기 다른 작동원리에 따라 움직이고 있고 그들이 추구하는 실천적 대안도 다르다는 것이다.

결사체에 최상의 지위를 부여하고 있는 정치적 원리로서 결사체 민주주의[13] 혹은 결사체주의(associationalism)는 다양한 이론들을 구성요소로 포괄하고 있으며, 이들은 범주화가 가능하다. 공동체주의, 시민사회론, 사회자본론, 결사체주의 등 각기 다른 맥락 속에서 제각기 발전되어 온 결사체 민주주의 이론들을 협의와 광의로 구분해 볼 수 있다.[14]

12. 배성동, "민병태 교수의 'Pluralism' 특강", 『한국정치연구』(서울대학교 한국정치연구소, 1997), 22-33쪽.
13. Hirst, Paul, "Associational Democracy", in David Held ed., *Prospects for Democracy*(Cambridge : Polity Press, 1993).
14. 정상호, "이익정치의 미래 : 결사체 민주주의의 원리와 쟁점", 『NGO를 넘어서-이익정치의 이론화와 민주화를 위한 탐색』(서울 : 한울아카데미, 2006).

〈표-1〉 결사체 이론의 구분[15]

	조합주의적 이익결사체	다원주의적 시민결사체
강조되는 제1결사체	이익결사체	시민결사체
사상적 기반	유럽의 사회조합주의	미국의 자유다원주의

1. 조합주의적 이익결사체

조합주의적 이익결사체(Corporatistic Interest Association)는 분권과 자치를 강조하는 유럽의 다양한 사회주의 이론과 사회조합주의의 지적 전통을 이어받고 있으며, 직능적 이익결사체를 가장 일차적인 대상으로 설정하고 있다.

● 대표적 논의

좁은 의미에서 결사체 민주주의는 슈미터, 코헨과 로저스, 그리고 허스트 등으로 대표되며, 대안적 이익대표 체계 혹은 대안적 민주적 거버넌스로 평가되고 있다. 이들이 주창하고 있는 결사체 민주주의는 '결사체' 혹은 결사체와 '민주주의'의 선택적 친화성을 강조하는 여타의 결사체 중시 이론들과 분명히 구분되는 독자적 이론체계를 구축하고 있다. 조합주의적 이익결사체 논의는 결사체를 중심으로 민주주의를 구성·운영하는 하나의 독자적으로 완결적인 민주주의 체계라고 할 수 있는 것이다. 이는 공통적으로 다음과 같은 특성과 가치를 가진다.

15. 앞의 책, 〈표 3-1〉 인용 및 재구성.

첫째, 결사체주의는 시장, 국가, 공동체와 구분되는 또 하나의 사회질서 혹은 민주적 거버넌스이다. 둘째, 인간의 사회정치적 생활에 있어서 결사체와 집단의 중심성과 우선성을 강조하는 분파라고 할 수 있다. 국가-시장-시민사회 간의 수평적이고 협력적인 네트워크를 강조하는 거버넌스 논의 또는 국가와 시민사회의 등가성에 기초한 시민사회 패러다임과 구분되는 성격을 갖고 있다. 셋째, 결사체주의는 사회가 자발적이고 민주적으로 자율적인 결사체에 의하여 운영될 때 인간의 자유와 복지가 잘 구현된다는 규범적 주장을 공유한다. 그런 점에서 결사체 민주주의는 분권과 자치의 정치이론이라 할 수 있다.[16] 그리고 결사체 민주주의는 획일적인 복지국가와 관료제의 위기를 극복하기 위해 위임, 자율규제, 분권, 자치로 구성된 대안적 민주질서이기 때문에 현실의 문제를 해결하는 데 커다란 관심을 기울인다.

● 사상적 기반

유럽의 결사체주의는 야심찬 정치적 프로젝트이자 이상주의(utopianism)로서 등장하였다. 결사체주의는 19세기에 시민사회 내에서 노동자의 참여와 협력에 기초한 사회주의적 실험으로 등장하였는데, 국가로부터 상대적으로 자유로운 사회주의를 지향하였다. 초기의 많은 결사체주의자들은 결사체 민주주의를 기존 사회관계의 보완이 아니라 완전히 새로운 사회로 보았다. 그들은 영토적인 대표성(territorial representation)의 한계

16. Cohen, Joshua & Joel Rogers, *Secondary Association and Democratic Governance : The Real Utopia Project*(London : Verso, 1995) ; Hirst, Paul, "Associational Democracy" in David Held ed., *Prospects for Democracy*(Cambridge : Polity Press, 1993).

를 갖고 있는 대의민주주의를 대체할 수 있는 새로운 기능적 대표성(functional representation)을 가진 민주주의를 추구하였고, 시장에 기초한 경제를 더욱 분권화되고 자치적인 사회주의 경제로 대체하고자 하였다.

허스트는 결사체 민주주의는 앞서 설명한 영국의 다원주의 전통과 깊은 관련이 있다고 주장한다. 허스트는 결사체 민주주의의 기원에 대해 오웬(Robert Owen)과 프루동(Pierre-Joseph Proudhon)으로 상징되는 초기 사회주의 사상가를 지적한다. 오웬은 주요 사회집단 간의 사회협력을 통한 자율적인 경제공동체를 강조하였고, 프루동은 호혜적인 경제와 대안적 비영리 금융 시스템을 탁월하게 결합하였으며, 수공업적이고 협력적인 생산을 중요시하고 상향식 연방원리로서 분권화된 국가조직의 형성을 주장하였다. 특히 영국의 경우 자율적인 자원(자발)결사체를 통한 국가권한의 제한을 주창하였던 피기스(John Neville Figgis)에게도 많은 영향을 받았다. 피기스는 국가로부터 교회와 노조의 자율성을 강조하였는데, 그의 이론은 앞서 영국의 다원주의에서 설명했던 "길드 사회주의"(Guild Socialism)를 주창한 콜과 영국 다원주의 이론의 창안자인 라스키에게 많은 영감을 주었다.

영국의 결사체주의는 또한 프랑스의 생디칼리즘과 독일의 조합주의 사상으로부터 적지 않은 영향을 받았다. 이들은 공통적으로 대의제 민주주의가 개별 유권자들의 실질적 의사도, 사회집단의 이익표출도 효과적으로 대변하지 못하기 때문에 부적절한 대표체계라고 생각했다. 따라서 그들은 조합주의적 구조를 통해 주요한 사회이익이 대변되는 '기능적 민주대표 체계'를 제안하였다.[17]

17. Hirst, Paul, "Associational Democracy", in David Held ed., *Prospects for Democracy*(Cam-

이처럼 조합주의적 결사체 민주주의는 정당이나 선거와 같은 지역적 대표가 아니라 직업과 직위에 따른 기능적 대표(functional representatives)를 강조하고 있다. 결사체 민주주의는 분권과 자율이라는 가치를 심화·발전시켜 국가와 시민사회 모두의 공적 기능을 활성화하고자 한다. 결과적으로 결사체를 통해 실천적 공공영역을 재구축하려는 것이다.

● 이론적 주장

가장 대표적인 근대(현대) 조합주의 모델을 다자인한 연구자는 현대 조합주의 개념의 창안자인 슈미터(Schmitter)이다.[18] 그는 근대 국민국가의 사회질서는 자발적 연대 원리에 근거한 공동체, 분산적 경쟁 원리에 기초한 시장, 위계적 통제 원리에 근거한 국가라는 세 가지 제도에 의해 수립·유지되어 왔다고 설명하면서, 더 나은 미래를 위한 '대안의 사회질서'로서 조직 내외부의 협조와 자율규제에 근거한 결사체 모델을 제시하였다.[19] 슈미터는 '사적 이익정부'(Private Interest Government)라는 개념을 제안하는데, 이는 결사체 또는 사적 이익에 기반한 단체가 공공정책의 목표에 기여하는 일련의 구조, 기능, 역할을 갖추고서 공공적 목표를 수행하는 사적 정부로 정의할 수 있다. 또한 이는 적절히 설계된 제도에 따라 전체 이익에 공헌하도록 만들어진 사적이고 특수한 이익을 갖는 결사체로서 준공적 권위(quasi-public authority)를 가지고 사적 이익집

bridge : Polity Press, 1993), pp. 15-18.

18. Schmitter, Philippe C., "Still the Century of Corporatism", *Review of Politics*, Vol. 36, 1974.
19. Streeck, Wolfgang and Philippe C. Schmitter, "Community, market, state-and associations? The prospective contribution of interest governance to social order", Streeck and Schmitter eds., *Private Interest Government : Beyond Market and State*(Sage Publication, 1985).

단의 자율규제를 시행하는 단체 또는 결사체를 의미한다. 슈미터는 이러한 자율규제 기관(self regulating agency)이 집행의 효율성과 정당성 측면 모두에서 국가 규제에 앞선다고 주장하며, 사적 이익 정부에 의한 자율규제는 외적 통제를 내적 규율로 전환시킴으로써 대립적 이익과 갈등적 이념의 수렴을 가능하게 만든다고 설명한다.[20] 그리고 내적 자율규제는 거래비용(transaction costs)을 줄임으로써 효율성을 제고할 수 있다.

코헨과 로저스(Cohen & Rogers) 역시 자신들의 결사체 민주주의 모델이 현재의 정치경제 시스템에 대한 합리적 대안으로서의 의미를 지닌다고 본다. 그들은 결사체 민주주의가 매디슨이 이야기한 대의제 민주주의의 가장 심각한 문제인 "파당의 해악"(mischiefs of factions)을 해결하기 위한 세 가지 전략과 다른 질적 차이를 가진 민주적 거버넌스임을 강조한다. 그들에 따르면 결사체 민주주의는 민주적 거버넌스가 가져야 할 6가지 규범—인민주권, 정치적 평등, 분배적 정의, 시민의식, 경제적 실적, 정부 능력—을 모두 충족시키고 있다는 것이다.[21]

코헨과 로저스는 결사체적 규제(associative regulation)가 민주주의는 물론 경제적 실적에도 긍정적 영향을 끼칠 것이라고 주장하고 있다. 이들은 세 가지 수준에서 결사체적 규제를 고려하고 있는데, 첫째, 전국적 단위에서 이루어지는 거시(macro) 결사체 민주주의 하에서 거시 결사체들은 정부의 공적 기능을 설정하고, 결사체와 관련된 정부의 개혁과 혁신 프로그램을 마련하며 관련 영역에서 정책적 자문을 수행한다. 둘째, 지역

20. 앞의 책, pp. 16–20.
21. Cohen, Joshua & Joel Rogers, *Secondary Association and Democratic Governance : The Real Utopia Project*(London : Verso, 1995).

과 산업부문(sectoral) 수준에서 이루어지는 중위(meso) 결사체 민주주의는 상충되는 이익 간의 효과적 조정과 협력을 통하여 공급 측면에서 조율을 만들어낼 수 있으며, 정보와 자원을 공유할 수 있다. 셋째, 지방 및 기업 간 또는 기업 내부 수준에서 이루어지는 미시(micro) 결사체 민주주의는 지역복지공동체, 회사복지공동체 등을 형성과 실행을 통해 복지국가의 대안으로 작동할 수 있다는 것이다.[22)]

허스트 또한 결사체 민주주의가 새로운 형태의 사회경제적 거버넌스임을 분명히 밝히고 있다. 허스트는 기존의 경제적 거버넌스(중앙계획, 케인즈주의, 경제적 자유주의)의 실패를 극복할 대안적 거버넌스 체계로서 결사체 민주주의를 제시하고 있다. 허스트에 따르면, 결사체주의가 제공하려는 것은 어떤 원대한 이상사회가 아니라 시민들의 자발적 선택과 공공복지가 잘 결합된 분권적 체계이다.[23)] 따라서 그는 결사체 민주주의의 공적 역할과 관련하여 가능한 한 공적 역할을 자치적인 결사체에게 위임하여야 한다고 지적한다. 이는 국가에 대한 과부하와 복잡화를 감소시킬 수 있고 민주적 대의정부가 더 잘 작동될 수 있도록 하며, 자치적 결사체가 국가와 기업부문의 위계적-기업적(hierarchical-corporate) 조직의 권한을 대체하게 함으로써 이해당사자들이 자신의 목소리를 낼 수 있고 사회적 동의와 합의에 기초하여 정부정책을 추진할 수 있도록 한다. 그리고 이를 위해서 결사체들이 공적인 재정지원 하에 건강, 교육, 복지 등 주요 공적 기능을 담당해야 한다고 주장한다.[24)]

22. 앞의 책, pp. 59–61.
23. Hirst, Paul, "Associational Democracy", in David Held ed., *Prospects for Democracy* (Cambridge : Polity Press, 1993), pp. 28–42.
24. Hirst, Paul, "Renewing Democracy through Association", *The Political Quartly*, Vol. 73, No.

허스트는 결사체 민주주의가 특히 복지국가의 위기를 해결하는 데 매우 적절한 제도적 장치라고 주장하면서 자치적 자원결사체들이 의료, 교육, 복지와 같은 필수적인 공적 기능을 국가로부터 공적 기금을 지원받아 의료, 복지, 교육 서비스를 제공하는 유연한 복지체제를 제안한다.[25]

2. 다원주의적 시민결사체

다원주의적 시민결사체(Pluralistic Civic Association)는 미국의 다원주의와 자유주의의 이론적 영향을 받았으며, 공공선을 지향하며 지역에 근거를 둔 시민결사체를 가장 중요한 결사체로서 강조한다.

● 대표적 논의

광의의 의미에서 결사체 민주주의는 학계 또는 공론장(Offentlichkeit)에서 결사체에 중요한 지위와 의미를 부여하고 있는 다양한 목소리를 지칭하는 것으로 이해할 수 있다. 거기에는 자유주의와 이기적 삶이 가져올 자기파괴적 경향을 우려하면서 지역 커뮤니티, 전통적 가족, 이웃, 특히 자발적 자원봉사 활동과 사회적 참여를 강조하는 '공동체주의', 익명의 개인들을 중재하는 다양한 시민사회의 민주적 기여를 강조하는 '시민사회 패러다임' (civil society paradigm), 신뢰와 사회적 상호작용의 네트워크 역할을 중시하는 '사회적 자본' (social capital) 이론 등이 해당된다.

4, 2002, p. 409.
25. 앞의 책, pp. 415-416.

특히 다원주의적 맥락에서 오늘날 네오 토크빌주의자(Neo-Tocquevillan)들은 시민결사체의 기능을 '사회적 자본'이라는 현대 사회과학적 개념으로 재정립하고 있다.[26)]

● 사상적 기반

자유다원주의(liberal pluralist)의 사상적 바탕에서 결사체 민주주의는 두 가지 방향으로 발전하였다. 첫째, '파당의 폐해'(mischiefs of factions)의 극복을 강조하고 있는 매디슨식 민주주의(Madisonian democracy)이다. 매디슨은 인간의 본성에 기반하고 있는 파벌과 파당을 제한하기보다는 견제와 균형을 통해 파벌과 파당의 영향력을 최소화함으로써 '파당의 폐해'를 극복해야 한다고 제안하였다. 이러한 매디슨의 사상은 집단이라는 것은 자유로운 결사체의 정당한 산물이므로 부당한 간섭이나 정부의 규제로부터 보호되어야 한다는 자유주의적 다원주의 이익집단이론으로 발전하였다. 이러한 맥락에서 이익집단을 포함한 결사체들은 일차적으로 아래로부터 시민이 주도하는 정치과정 속에서, 그리고 시민들이 자율적으로 스스로를 지배하게 되는 자발적 정치과정 내에서 그들의 행동과 기능이 정당화된다.

둘째, 시민들의 자발성을 고무하고 정치교육을 제공하는 자원결사체(voluntary association)를 강조하는 존 스튜어트 밀과 토크빌로 대표되는 결사체 사상이다. 토크빌은 1830년대 미국 여행에서 결사를 예술처럼 하는

26. Putnam, Robert, *Making Democracy Work : Civic Traditions in Modern Italy*(Princeton : Princeton University Press, 1993) ; Fukuyama, Francis, *Trust*(New York : Simon & Schuster, 1995).

미국인들의 '결사의 예술' (art of association)에서 감명을 받았다. 특히 미국인들이 접근 가능한 작은 영역 내에서의 스스로를 다스리는 자치의 기술을 결사체를 조직하여 발휘하고 있는 데 주목하였다. 토크빌은 특히 시민적 덕성(civic virtue)을 배양하는 중간매개 결사체의 긍정적 역할을 강조하면서 결사체가 개인의 자유와 다양성을 보장하고, 다수에 의한 폭정을 방지할 뿐만 아니라 시민덕목과 참여정향을 갖춘 시민들을 배출하여 민주주의에 기여하고 있다고 주장하였다. 이러한 토크빌의 결사체 정치사상은 다원주의적 결사체 민주주의 이론의 발전에 지대한 영향을 미쳤다.

● 이론적 주장

토크빌의 통찰력에 영향을 받은 현대 민주주의 연구자들은 결사체가 민주주의를 위해 수행하는 순기능에 주목한다. 알몬드와 버바[27]는 안정적 민주주의를 위한 사회참여의 중요성을 강조하였다. 그들은 공적 협동의 성향은 동료 시민들에 대한 신뢰와 같은 사회적 태도에 뿌리를 두고 있고, 이는 결사체에 참여함으로써 배양될 수 있다고 하였다. 결사체 또는 시민사회는 협동 및 협력의 습관과 상호 호혜성의 규범을 심어주며, 따라서 사회참여는 민주적 시민권의 궁극적 근원이라는 것이다.

퍼트남[28]은 '사회적 자본' (social capital)의 개념을 사용하여 사회결사체 생활을 민주제도의 작동과 연결시켰다. 그의 책 『민주주의 작동하게

27. Almond, Gabriel and Sidney Verba, *The Civic Culture : Political Attitudes and Democracy in Five Nations* (Princeton, NJ : Princeton University Press, 1963).
28. Putnam, Robert, *Making Democracy Work : Civic Traditions in Modern Italy* (Princeton : Princeton University Press, 1993).

만들기』(*Making Democracy Work*)가 제시하고 있는 것처럼 사회적 자본은 민주주의를 작동시키는 문화적 토대라는 것이다. 그는 결사체가 상호성의 규범과 신뢰를 배양하고 집단행동을 위한 시민 권력화를 촉진하여 민주제도의 질을 개선한다고 하였다. 결사체는 회원들이 정치기술과 자원을 획득하도록 돕고 민주가치와 규범을 학습시키기 때문에 결사체의 결성과 활동이 활발한 공동체에서 민주제도의 성과가 높다고 하였다. 사회적 자본이 많은 사회에서는 법을 집행하고 계약을 강제하는 '거래비용'이 사회적 신뢰형성을 통해 자발적으로 해결될 수 있으므로 경제적 효율성과 정치적 통합을 높일 수 있다는 것이다.[29)]

버바와 동료들[30)]은 정치참여를 위한 시민자발주의 모형을 제안하면서 결사체의 역할을 강조하였다. 그들은 시민들이 정치과정에서 적극적이지 못한 이유가 시간, 돈 및 정치기술이 부족하고, 정치관심이나 정치적 자신감이 결여되어 있으며, 참여를 촉진하는 연결망에 연결되어 있지 못하기 때문인데, 바로 단체가 정치참여를 위한 기술, 자원 및 기회를 제공한다고 하였다. 다이아몬드[31)]는 '민주화의 제3물결'의 진전과정을 분석하면서 민주주의의 공고화를 위한 결사체의 사회화 역할을 강조하였다. 그는 시민사회가 민주적 시민권의 참여습관이나 기술을 배양하고 관용, 중용, 타협, 반대세력과 그들이 이념과 사상의 존중 등 민주적 정치문화를 조장하여 민주주의 공고화를 돕는다고 하였다.

29. Fukuyama, Francis, *Trust*(New York : Simon & Schuster, 1995), p. 27.
30. Verba, S., K. Schlozman and H. Brady, *Voice and Equality : Civic Voluntarism in American Politics*(Cambridge : Harvard University Press, 1995).
31. Diamond, Larry, *Developing Democracy : Toward Consolidation*(Baltimore : Johns Hopkins University Press, 1999).

3. 결사체 민주주의의 기본원리와 기능 및 한계

이상에서 살펴본 결사체 민주주의의 각기 다른 유형은 그 사상적 기반이나 이론적 주장에 차이가 있음에도 공통적으로 강조하고 있는 것이 있다. 하나는 전통적 대의제 민주주의가 심각한 문제를 노정하고 있다는 인식에서 출발한 대의제 민주주의의 대안으로서 결사체적 민주주의가 등장하고 있다는 것이며, 다른 하나는 정치의 공공성을 회복시키려는 시도로서 공공성을 갖추고 있으며 공론장에서 활동하는 결사체의 중요성이 부각되고 있다는 것이다.

● 결사체 민주주의의 기본원리

대안적 민주주의로서 결사체 민주주의의 핵심은 시민사회에 존재하는 사회집단을 공적인 업무에 참여시키는 것이다. 결사체 민주주의는 이와 같은 다양한 사회집단을 포용할 수 있는 원리로서 기존의 대의제 민주주의뿐만 아니라 자본주의 시장과도 양립할 수 있다. 또한 결사체 민주주의는 국가의 통치범위를 축소시켜 사회집단에 위임함으로써 대의민주주의 제도를 유지시킬 수 있으며, 시장에 사회집단 간의 연계망을 구축하여 긍정적인 조정기능을 수행할 수도 있다.

결사체주의가 상정하는 기본전제는 자원주의(voluntarism)와 자치(self-governing)이다. 이런 전제에 기초하여 결사체 민주주의는 다음과 같은 세 가지 원칙에 입각해서 수립된다. 첫째, 자발적 조직은 경제와 사회적 업무에 관여하는 민주적 통치의 주체가 된다. 국가는 사회집단들에게 권한을 위임하고 사회집단들의 준공적(quasi-public) 역할을 인정함으로써 공공재정의 기제가 창출된다. 또한 결사체 민주주의는 민주적인 사회집단을 통해 담론적 공공영역을 활성화시킬 뿐만 아니라 실천적 공공영역을 재구축한다. 이러한 결과는 대의민주주의를 보완하는 데 상당히 중요한 의미를 갖는다.

둘째, 결사체 민주주의는 국가기구의 권력분산을 추구한다. 결사체 민주주의의 대안은 국가권력의 일부를 사회집단에 위임함으로써 관료기구의 문제점으로 지적되는 비효율성, 시민사회의 관료제화와 같은 문제를 해결할 수 있도록 한다.

셋째, 결사체 민주주의는 사회집단의 형성을 고취하고 각 사회집단 간의 유대를 강화시킨다. 대의민주주의는 실질적인 의미에서 시민의 의사가 반영되고 정책결정 과정의 개방성을 보장할 수 없다. 따라서 이러한 현존 대표체계의 한계를 극복하기 위해서는 사회집단의 형성을 증대시킬 수 있는 대안이 필요하게 된다. 결사체 민주주의는 공동체의 재구축에 있어서 시장원리보다 정치원리를 우선하며, 시민사회 활성화의 결과로 그동안 경제적 요인에 의해 잠식되거나 배제되어 왔던 정치의 회복을 가능하게 한다.[32]

● 결사체 민주주의의 기능

시민결사체에 근거하고 있는 결사체 민주주의는 다음과 같은 근거에서 민주주의의 정당성과 능력을 높여준다.[33]

32. 안승국, "결사체 민주주의와 정치공동체 : 국가-시민사회관계의 대전환 모색", 『한국정치학회보』 31권, 3호, 1997, 76-80쪽.
33. 임혁백, "21세기 한국 대의제 민주주의의 대안 : 심의 민주주의, 결사체 민주주의, 전자 민주주의", 한국정치학회, 2000, 하계학술회의 *Post-IMF Governance* ; Cohen, Jo-

첫째, 시민결사체들은 민주화 이후 투표로 선출된 대표들의 권력을 제한 · 감시 · 견제함으로써 대표가 시민들의 복지를 극대화하도록 강제하는 아래로부터의 민주적 통제의 주체가 된다. 시민사회는 불법적 권력 찬탈이나 다수의 독재에 의한 자의적 · 폭군적 권력에 대한 최종적인 저항의 보루 역할을 수행한다.

둘째, 시민결사체들은 시민들과 정책결정자들에게 더 많은 신뢰할 만한 정보를 제공함으로써 민주주의의 예측 가능성을 높여준다.

셋째, 시민결사체는 정당이 대표할 수 없는 기능적 대표성을 강화한다. 특히 세계화 시대에는 지역적인 대표로 구성된 정부가 경제적 경쟁력을 높이면서 더 많은 복지를 제공할 수 있는 범위와 능력이 축소되고 있는데, 지역적으로 선출된 대표들이 충족시키지 못하는 기능적 이익을 시민사회 내의 결사체가 대표해 줄 수 있다.

넷째, 시민사회는 '민주주의 학교'로서 시민결사체들은 소극적이고 수동적인 시민들을 공공의 문제에 적극적으로 참여하는 적극적 참여시민으로 거듭나게 도와주고, 시민들로 하여금 민주주의의 기본원리를 학

shua & Joel Rogers, "Associative Democracy", in Pranab K. Bardhan and John Roemer eds., *Market Socialism : The Current Debate*(Oxford : Oxford University, 1993) ; Diamond, Larry, "Rethinking Civil Society : Toward Democratic Consolidation", *Journal of Democracy*, Vol. 5, No. 3, 1994 ; Diamond, Larry, *Developing Democracy : Toward Consolidation* (Baltimore : Johns Hopkins University Press, 1999) ; Hirst, Paul, "Associational Democracy", in David Held ed., *Prospects for Democracy*(Cambridge : Polity Press, 1993) ; Warren, Mark E., *Democracy and Association*(Princeton University Press, 2001) ; Putnam, Robert, *Making Democracy Work : Civic Traditions in Modern Italy*(Princeton : Princeton University Press, 1993) ; Schmitter, Philippe C., "Exploring the Problematic Triumph of Liberal Democracy and Concluding with a Modest Proposal for Improving Its International Impact" in Axel Hadenius, *Democracy's Victory and Crisis, Nobel Symposium* No. 93 (Cambridge : Cambridge University, 1997).

습할 수 있게 한다.

다섯째, 시민결사체는 시장과 공적 위계조직을 대체할 수 있는 사회적 통치의 주체로서 과부하된 정부의 짐을 덜어줄 수 있는 대안적 정부의 기능을 수행한다. 결사체 모델은 '대규모 산업사회에서 자발적으로 형성되기 어려운 공동체적 연대를 공적 또는 준공적 지위를 부여받은 사적 이익정부(PIGs)의 구성을 통해 조직'하려는 것이다.[34] 그리고 그 회원들에게 공적인 기준과 책임을 부과하여 행동을 통제한다.

여섯째, 시민결사체는 '사회적 자본'을 증대시킴으로써 교육, 빈곤, 실업, 범죄, 마약과 같은 현대 사회가 안고 있는 문제를 해결하는 민주주의의 능력을 높여주고 있다. 사회적 자본이 많은 공동체일수록 민주주의가 요구하는 사회적 통합과 자본주의가 요구하는 효율성을 동시에 달성할 수 있다.

일곱째, 시민사회는 수직적 후원-수혜주의(Clientelism)를 타파하여 민주화 시대에도 여전히 권위주의의 관행과 거래가 잔존하고 있는 권위주의의 '섬'(enclave)을 파괴하고 민주주의로 편입시키는 역할을 수행한다. 시민사회는 비시민적 연고주의 네트워크를 해체시키고 시민 네트워크를 형성하여 연고주의 망에 의해 소회되고 배제된 영역의 권리를 보장해 주고 힘을 실어줄 수 있다.

여덟째, 시민결사체는 신진 정치인을 충원하고 훈련하는 정치지도자 산출의 회랑(corridor)이다. 시민결사체들은 비정당적 충원과 훈련, 교육의 기능을 수행하여 기존 정당 지배구조 하의 정치인 충원의 어려움을

34. Streeck, Wolfgang and Philippe C. Schmitter, "Community, market, state–and associations? The prospective contribution of interest governance to social order", Streeck and Schmitter eds., *Private Interest Government : Beyond Market and State*(Sage Publication, 1985).

〈표-2〉 결사체의 민주주의 발전 기능

개인(individual) 차원	공공영역(public sphere) 차원	제도(institution) 차원
효능감(efficacy) 정보(information) 정치적 능력(political skills) 시민적 덕성(civic virtues) 비판능력(critical skills)	공공 커뮤니케이션과 심의 차이(differece)의 대표 공유(commonality)의 대표	대표(representation) 저항(resistance) 정책적 위임(subsidiarity) 조정과 협력 민주적 정통성

해결한다.

아홉째, 시민결사체는 이익집단 간의 갈등을 중재하는 역할을 수행한다. 시민결사체는 파당적이고 특수이익을 추구하는 집단이기주의적·지역이기주의적 이익집단 간의 갈등을 공익의 입장에서 중재할 수 있는 능력이 있다.

열째, 민주주의 공고화 시대의 시민사회는 국가의 통치능력을 강화해주는 역할을 수행한다. 민주주의 공고화 시대의 시민사회는 국가와 공존·협력관계에 있으면서 새로운 국가와 시민사회의 관계를 제도화한다.

워렌은 결사체의 민주주의적·공적 기능에 대해 개인적 차원, 공공 영역 차원, 제도적 차원으로 나누고 있다.[35] 개인적 차원에서 결사체는 개인의 효능감, 정보, 정치적 능력, 시민적 덕성 그리고 비판능력을 함양함으로써 '민주주의 학교' (school of democracy)의 역할을 담당할 수 있다. 공공역역의 차원에서 보면 시민사회는 공공 커뮤니케이션과 심의(public communication and deliberation)의 저변을 확산시키고 시민사회에 내재되어 있는 차이와 공유를 대표함으로써 공공영역을 확장시키는 효과가 있

35. Warren, Mark E., *Democracy and Association* (Princeton University Press, 2001), pp. 70-93.

다. 제도적인 차원에서 결사체는 전통적 의미의 이익대표와 저항의 기능을 담당하는 한편, 정책적 위임을 받아 공적 기능을 수행하고 이익갈등의 조절과 협력을 이끌어내어 국가에 대한 민주적 정통성을 제고하는 효과를 낼 수 있다는 것이다.[36]

● 결사체 민주주의의 한계

시민결사체가 민주주의와 긍정적 상관관계만을 갖는 것이 아니라는 점에도 주목할 필요가 있다.[37] 첫째, 시민결사체 간의 자원의 불평등은 집단적 대표에 있어 불평등을 심화시킨다. 자본주의 사회에서 물질적 자원의 불평등은 정치적 불평등으로 이어지는데, 이는 민주적 정치과정과 결과에 참여하고 영향을 미칠 수 있는 기회의 공정성을 해칠 수 있다.

둘째, 시민사회 내에서 지대추구적인 시민결사체 조직의 밀도가 증가하면 민주주의 공고화에 역행하게 된다. '지역구 특혜', '님비'(NIMBY) 같은 지대추구적인 시민결사체는 오히려 나쁜 자본을 증대시키고 사회적 신뢰구조를 깨뜨릴 것이다.

36. 김의영, "결사체 민주주의에 대한 소고", 『한국정치학회보』, 39집 3호, 2005, 436쪽.
37. 임혁백, "21세기 한국 대의제 민주주의의 대안 : 심의 민주주의, 결사체 민주주의, 전자 민주주의", 한국정치학회, 2000, 하계학술회의, *Post-IMF Governance* ; 임혁백, "서구의 시민사회와 민주주의", *Smog* 창간호(서울 : 나남, 2001), 214-216쪽 ; Schmitter, Philippe C., "Exploring the Problematic Triumph of Liberal Democracy and Concluding with a Modest Proposal for Improving Its International Impact", in Axel Hadenius, *Democracy's Victory and Crisis, Nobel Symposium* No. 93.(Cambridge : Cambridge University, 1997) ; Diamond, Larry, "Rethinking Civil Society : Toward Democratic Consolidation", *Journal of Democracy*, Vol. 5, No. 3, 1994 ; Cohen, Joshua & Joel Rogers, "Associative Democracy", in Pranab K. Bardhan and John Roemer eds., *Market Socialism : The Current Debate*(Oxford : Oxford University, 1993).

셋째, 사회가 강력한 지역적 하위공동체, 종교적 하위공동체, 언어적 하위공동체 또는 종족적 하위공동체로 분열되어 있을 때 그 공동체를 대표하는 시민결사체는 배타적이 될 가능성이 크며, 그 결과 신생 민주주의의 공고화에 필수적인 국민적 통합을 와해시킬 수 있다.

넷째, 과거 권위주의 시대에 국가가 위로부터 조직했던 국가 조합주의적 시민결사체는 민주화 시대에 들어서게 되면 조직의 자생성과 자율성, 재정의 자립성 측면에서 민주적 시민사회의 첫 번째 필수요건을 충족시키지 못하게 된다. 국가 조합주의적 이익결사체 집단은 국가와 공모구조를 형성하려 하고, 후원-수혜 관계를 구조화시키며 정치적 부패를 번창시킨다.

하지만 이러한 부정적 요소에도 불구하고 시민사회는 전반적으로 민주주의를 건설하고 공고화하는 데 핵심적인 역할을 담당하고 있다. 시민사회가 유일한 해답은 아닐지라도 여러 해답 가운데 하나임은 틀림없는 것이다. 시민사회가 더 적극적이고, 다원적이며, 자원이 풍부하고, 제도화되고, 내부 민주주의를 갖추고 있고, 국가와의 관계에서 자율성과 협력, 감시와 충성, 의심과 신뢰, 독단적 자기주장과 시민적 예의(civility) 간에 효과적인 균형을 이루고 있으면 있을수록 시민사회는 정치와 사회의 민주화에 크게 기여할 것이다.[38)]

38. Diamond, Larry, *Developing Democracy : Toward Consolidation* (Baltimore : Johns Hopkins University Press, 1999).

IV. 한국형 다원주의적 민주주의 : 화이부동의 정치, 화쟁사상, 다중적 정체성과 레고문명 구축

이상과 같이 영국과 미국에서 발전한 제1세대 다원주의 국가와 시민사회이론, 결사체주의 또는 결사체 민주주의를 중심으로 전개된 제2세대 다원주의 이론들을 추적하고 분석하였다. 그렇다면 다원주의의 시대에 한국적 현실에 적합하고 적용 가능한 다원주의 이론은 어떤 다원주의여야 하느냐가 마지막으로 제기되는 퍼즐이다. 앞서 이야기한 바와 같이 한국인 속에는 천 년 간의 민족동질주의에 매몰되어서 모두가 같아야 된다는 집단주의, 획일주의, 순응주의 의식을 갖고 있는 한국인이 있는가 하면 동시에 지난 백 년간 식민통치, 분단, 전쟁, 독재, 압축적 산업화와 민주화, IT혁명과 세계화의 충격을 겪으면서 지극히 개인주의적이고 이기주의면서 전투적이고, 공격적이고, 돌진적이며, 조악한 평등을 추구하는 '싸움닭 같은'(contentious) 한국인이 또한 우리 내부에 공존하고 있다. 우리는 이미 유행가 가사처럼 "내 속에 또 다른 내가 있는" 다중적 정체성을 갖고 있는 한국인이다. IT혁명, 세계화 시대에 다중적 정체성을 갖고 있는 한국인에게는 서로가 다르다는 것을 인정하고 그 바탕위에 공동체를 구축하는 것이 필요한 것이다. 말자자면 다원주의적 사고와 행태가 필요한 것이다. 한국 사회의 '다원주의 결핍'(pluralism deficit)을 메우기 위해 우리에게 필요한 것은 무엇인가? 공자(孔子)의 화이부동(和而不同)의 정치사상과 원효(元曉)의 화쟁사상(和爭思想)은 한국적 다원주의를 위한 사상적 단초를 제공한다.

1. 화이부동의 정치

공자는 『논어』에서 "군자화이부동, 소인동이불화"(君子和而不同, 小人同而不和)라고 하였다. 군자들의 사귐은 진심으로 어울려 조화롭게 화합하지만 의리를 굽혀서까지 모든 것에 같아지기를 구하지 않고 오히려 '다름'(difference), 독립, 독자성을 추구하는 데 반해 소인배들의 사귐은 이해에 따라 의리를 굽혀서까지 같아지기를 구하고, 뇌동하고 맹종하지만 속으로는 서로 진심으로 화합하지는 못한다는 것이다.

화이부동의 화(和)는 다양한 사물들 사이의 화해(和解)이지 단순한 동류(同類)가 아니다. 화의 상태란 여러 부분들이 더불어 조화롭게 공존하는 것, 즉 다원성의 통일이다. 통일된 전체 속에서 각 부분들은 일정한 관계를 형성하고, 서로 어울리며 화합하여 서로를 완성시켜 준다. 이러한 관계는 안정적이고 화해적 질서인 화(和)를 형성한다.[39] 따라서 화는 자기와 타자의 차이를 인정하는 관용과 공존의 논리로서 타자를 지배하거나 자기와 동일한 것으로 흡수하려 하지 않는 반면, 동은 다양성을 인정하지 않으므로 타자를 지배하고 흡수하여 동화시키려 한다는 것이다. 화이부동의 작동원리는 『대학』, 『중용』에 나오는 '시중'(時中)에서 찾을 수 있다. 송대 성리학자 주희의 해석에 의하면 중(中)은 성(性)으로서, 성(性)은 희노애락에 움직이지 않는 것을 의미하는 '도덕적 행위'이다. 그런데 중(中)은 중도 혹은 중용으로서, 시간과 장소의 흐름에 따라 바

39. 류근성, "화이부동의 문화정신과 태화세계", 『동양철학연구』, 45집, 동양철학연구회, 2006.

꾸는 시계의 추와 같은 것으로 '사회적 행위'이다. 시간의 흐름에 따라 중도도 움직이고 도덕적 행위의 기준도 바뀜으로써 서로 다른 사람끼리 공존이 가능해지는 것이다.

한국 역사에서 다원주의 정치의 전통은 부족하지 않다. 삼국 시대부터 우리는 소통의 정치의 꽃을 피웠다. 신라의 화백회의는 합좌제적 회의제도로 왕위계승, 개전결정, 인사 등 주요 국정을 토의를 통해 만장일치 합의로 결정하였다. 백제의 정사암 회의와 고구려의 제가평의 혹은 군공회의는 국정을 총괄하는 수상인 좌평(백제)과 대대로(고구려)를 소통과 토의를 통해 전원합의에 의한 선거로 선출하는 등 국가의 주요 정책을 다원주의적으로 결정하였다.[40)]

다원주의적 통합의 전통은 고려 건국에서도 확인된다. 특히 민족 재통합 과정과 관련해 본보기로 삼을 수 있는 협의주의를 통한 통합 모델을 고려에서 발견할 수 있다. 고려의 태조 왕건은 분열된 후삼국 시대의 한민족을 전쟁과 무력을 통해 통일했지만 통일 후에는 다양하고 독립적인 지방들 간에 관용 · 화해 · 포용을 도모하는 다원주의 원칙에 기초하여 한민족을 재통합하였다. 국왕이 최종적 결정권을 보유하고 있었으나 실제로는 재신들이 재추회의에서 합의를 통해 국가 주요 정책을 결정하였다.[41)]

고려 태조 왕건은 불교를 국교로 삼으면서도 도참설, 제천행사, 유교윤리 등 다양한 종교와 사상을 용인하는 다원주의적 종교정책을 시행함으로써 종교 간 소통이 가능하도록 했으며, 탕평적 인사정책을 통해 구

40. 『한국민족문화대백과사전』 25권 227-228 ; 제6권 312 ; 제19권 785, 1991.
41. 김익두, 『우리문화길잡이』(서울 : 한국문화사, 1998), 469쪽.

신라, 구백제, 구고구려인들 간 소통을 촉진하고 다양한 문화를 통합하여 삼한을 하나로 만드는 삼한일통론에 의해 민족을 재통합하였다.

조선이 성리학이라는 하나의 원리에 의해서 모든 것이 움직이는 일이관지(一以貫之) 사회였던 반면, 고려사회는 하나의 원리가 아니라 다양한 사상, 문화, 제도가 복합되어 있는 다원적인 사회이면서도 다양한 사회제도, 사상, 문화가 하나로 통일되어 가는 다양성 속에서 통일을 추구하는 다이관지(多以貫之)의 사회였다. 고려사의 대가인 박종기 교수는 고려사회를 수많은 벌집방이 모여 하나의 벌집을 이루는 벌집구조와 같은 다원주의 사회 또는 연방주의 사회라고 지적하였다. 성리학이라는 단일이념에 의해서 운영되는 동심원의 조선사회에서 중앙과 지방의 관계는 위계적인 지배-종속의 관계였는 데 반해, 고려의 벌집구조 사회에서 각 구성원의 관계는 '평행원리'에 기초한 수평적 · 협력적 사회였다.[42]

고려는 통일신라 시대에 지배세력으로부터 소외되었던 지방세력 연합이 주체가 되어 건설한 왕조였다. 고려 초기 중앙정부는 지방세력에게 성씨와 본관을 주어 그들의 영역에 대한 지배권을 인정해 주고 지방세력의 자율성을 최대한 존중하는 '본관제' 정책을 실시했다. 이는 왕조 건국에 참여한 다양한 성향의 수많은 지방세력을 통합시켰고, 새로운 사회체제를 성공적으로 건설할 수 있게 해주었다. 본관단위가 지방사회에 벌집처럼 분포되어 있는 '벌집구조 사회'인 고려에서는 중앙정부와 지방정부 간에 상호 공생관계 또는 상호 의존관계가 형성되어 있었다. 또한 엄격하게 신분을 구별하는 신라의 골품제와는 달리 하층민에게도 관리가 될 수 있는 기회를 부여함으로써 고려는 높은 사회적 개방성을 갖

42 박종기, 『5백 년 고려사』(서울 : 푸른역사, 1999).

고 있었다. 고려는 이와 같은 다원주의에 의해 신라 말기 이래 심화되어 온 지역 간, 계층 간 갈등을 극복하고 새로운 사회통합, 민족통합을 이루어냈다. 이 점에서 고려의 벌집구조 사회는 원초적인 형태의 '연방주의'로 볼 수 있을 것이다. 고려는 대외적으로도 개방적인 국가였다. 송, 원, 거란, 여진은 물론 멀리 아라비아 상인과도 무역을 번창시켰으며, 외국인도 관리가 될 수 있도록 용인했다는 점에서 고려사회의 대외적 개방성을 확인할 수 있다.

중앙집권적 왕국이었던 조선조 시대에도 공론장(offentlichkeit)의 정치가 번성하였다. 조선의 공론정치의 우수성은 소통을 제도적으로 보장했다는 것이다. 신라와 고려처럼 토의와 심의 또는 합의를 통해 나라의 최고 정책을 결정하는 의정부제가 있었고, 국왕과 학자관료(literati) 간에 소통·심의를 보장하는 '경연'제도가 있었으며, 학자관료들의 언론의 자유(언로)를 열어주는 '언관'제도가 있었다. 조선조의 다원주의는 지방에서 더 빛났다. 관직이 없는 학자관료 집단인 사림(재야 유학자)은 국가로부터 상대적으로 자율적인 소통조직을 갖고 있었다. 그들은 공동체 내부 규약인 향약과 공동체적 자치조직인 유향소(留鄕所), 지방 사립대학인 서원을 조직했다. 서원은 단순한 교육기능을 넘어서 지방의 정치적 담론과 여론을 형성하는 교육적 공공영역 역할을 했다.[43] 재야 유학자 집단인 사림은 상소 등을 통해 여론을 자유롭게 형성하고 표현하며 국왕과도 소통할 수 있는 수단과 장소를 확보하고 있었다. 이러한 조선왕조의 유교적 시민사회는 왕과 관료들이 권력을 자의적으로 행사하는 것을 제약함

43. Haboush, Kim Jaehyun, "Academics and Civil Society in Chosun Korea", in Leon Vandermeersch (ed.), *La Societe Civile Face a L'Etat : Dans Les Traditions Chinoise, Japonaise, Coreanne, et Vietnamienne* (Paris : Ecole Francaise d'Extreme-orient. 1994), p. 381.

으로써 ‘제한 정부’(limited government)를 조성하였고, 유교적 다원주의를 실현하였다.

2. 화쟁사상(和爭思想)

신라의 역사를 보면 불교 수용과정에서 여러 갈래의 논쟁이 있었다. 이러한 가운데 한국에 불교를 토착시킨 신라 시대 고승 원효(元曉, 617-686)는 화쟁사상을 주장하였는데 그 내용은 다음과 같다. “뭇 경전의 부분을 통합해 보면 만 가지의 흐름이 한 맛으로 열리며 부처의 뜻이 지극히 공정하여 백가의 서로 다름이 화합할 수 있다”고 하여 화쟁(和爭)으로 하나됨을 가르쳤다. 그리하여 불교 속의 여러 논쟁을 잠재우고 통합시켰으며, 화쟁사상을 통해 한국 불교 전통인 열린 의식의 불교, 종합·포괄적 불교로 특징지어지는 통불교(通佛教)의 기초를 마련하였다. 원효의 주장은 부정에만 치우치거나 긍정에만 치우치는 것도 아닌 진정한 논리의 길을 찾아야 한다는 것이다. 그의 사상은 전체와 개체가 모순되는 것으로 보지 않고 그것이 화합할 수 있는 길을 가르쳐 주고 있다. 화합의 원리란 둘이면서 하나이고 하나이면서 둘이라는 내용으로 설명되고 있다.[44)]

현상의 차이들을 배타적 다툼이 아닌 평화적 공존으로 소화하기 위해서는 두 가지 조건이 필요하다. 원효의 화쟁에서는 두 가지 조건이 공통

44. 장동희, “21세기 한반도의 통일전략과 원효의 화쟁사상”, 『정책과학연구』 16권 1호, 단국대 정책과학연구소, 2006.

적으로 목격된다. 모든 존재들이 실체적 분리를 극복하고 '둘 아님'으로 만날 수 있는 원리가 확보되어야 한다는 것이 하나이고, 그 원리는 자기 완성의 토대인 동시에 타자존중과 배려를 그 필연으로 수반할 수 있어야 한다는 것이 다른 하나이다.[45] 원효는 어느 한 종파에 치우치지 않고 『화엄경』, 『반야경』, 『열반경』, 『해심밀경』(海深密經), 『아미타경』 등 대승불교 경전 전체를 섭렵하고 통효(通曉)한 사람이었다. 그리하여 전체 불교를 하나의 진리에 귀납하고 종합 정리하여 자기 분열이 없는 보다 높은 입장에서 불교의 사상체계를 세웠다.

원효의 조화사상을 화쟁사상이라고 한다. 『십문화쟁론』(十門和諍論)은 바로 이러한 화쟁사상을 단적으로 보여주는 그의 핵심적인 저술이다. 그는 여러 이설(異說)을 십문으로 모아 정리하고 회통함으로써 통불교적 귀일사상의 논리적 근거를 제시하였다. 화쟁사상은 종파주의적인 방향으로 달리던 불교이론을 고차원적인 입장에서 회통(會通)시키려 하였다. 원효의 화쟁사상(和諍思想)은 개인적 자유를 주장하고 즐기는 무애사상(無碍思想)과 함께 원효의 다원주의 불교철학(화쟁과 자유)을 받쳐주고 있는 두 기둥(pillars)이다.

3. 다중적 정체성과 레고문명 구축

이와 같이 한국사에서도 현대 다원주의적 민주주의의 기초가 되는 '서로 다르다는 데 대한 합의' 또는 '다름의 공존'(agree to disagree)이라

45. 박태원, 『원효와 의상의 통합사상』(울산 : 울산대출판부, 2004), 14-15쪽.

는 다원주의의 기본원리를 찾아볼 수 있다. 이러한 화이부동의 정신은 사람과 사람의 관계뿐 아니라 국가와 국가의 관계에도 적용이 가능하다. 서로 다른 민족, 언어, 문화를 가진 다양한 국가들이 공존 · 공영하는 글로벌 사회에서 조화와 화합을 강조하는 화이부동은 중요한 덕목이다. 각 국가들이 서로 다름을 인정하고 존중하여 다른 국가들을 지배하거나 흡수하려 하지 않고 관용으로서 서로를 포용하여야만 비로소 평화적인 글로벌 사회로 거듭날 수 있다는 것이다.

인터넷, 모바일폰, MP3, PDA 등과 같은 신유목적 물품들을 통해 온라인 중심의 정보 · 통신 · 지식 · 소통 네트워크를 구축하고, 오프라인의 하드파워 · 소프트파워 · 스마트파워와 결합해 지구촌의 자유, 평화, 번영을 책임지는 21세기 신유목사회는 포용성이 높은 다원주의적 민주주의를 이끌 것이다. 신유목민들이 계속 이동하면서 서로 거래 · 교환 · 교류하기 위해서는 서로를 포용하는 공존의 정치를 펼칠 수밖에 없다. 아탈리에 의하면, 유목민(nomade)이라는 단어는 '함께 나눈다'는 의미를 가진 그리스어이다. 유목민의 핵심적 특징으로는 자신의 자유로움과 더불어 상대에 대한 환대와 박애를 들 수 있다. 유목민들은 다른 부족 유목민들과 방랑의 장소를 공유해야만 살아남을 수 있기 때문에 항상 타인에게 예의바르고, 개방적이며, 항상 상대방에 어떤 선물을 줄지 신경을 쓴다.[46] 유목에 동행하기 위해서 신유목민들은 서로 다른 생활양식과 가치관을 존중하면서 다중적 정체성을 가지고 함께 공존하면서 레고를 조립하듯이 다양한 문명들을 복합적으로 조립하는 레고문명(Civil Lego)의 시대를 열어나가고 있다. 따라서 복합적 · 다중적 정체성은 다양한 글로벌

46. 자크 아탈리, 정혜원 역, 『21세기 사전』(서울 : 중앙 M&B, 1999), 232쪽.

그리고 국내 네트워크에 참여하기 위한 전제조건이다.[47)]

한국을 비롯한 동아시아 국가들은 다민족 네트워크 형성을 통해 내부적 이질성을 극복하고 다국적 정치·경제·문화 공동체를 만들어내야 한다. 유라시아 대륙횡단 철도, 유라시아 고속도로를 건설하여 오프라인 실크로드를 열고, 동아시아와 세계를 연결하는 정보 슈퍼 하이웨이를 건설하여 온라인 실크로드를 구축하면 동아시아는 세계와 빠르게 연결될 것이다. 그리고 세계에 자신을 개방함으로써 세계를 포용할 수 있을 것이다. 즉 개방, 연결, 포용이 태평양 시대를 여는 키워드이며,[48)] 서로의 차이(다원성과 상대성)를 인정하면서도 조화를 이루는 것이 앞으로 한국인들이 풀어나가야 할 글로벌 과제이다. 그런데 세계화의 시대에 동아시아에서는 민족주의가 더욱 기승을 부리고 있고, 다중적 정체성이 설 공간은 부족하며 다원주의, 세계주의, 평화주의, 개방주의를 이야기하기보다 민족주의의 열정(elan)에 더 열광하면서 국경의 장벽은 더욱 단단해지고, 국경의 장벽이 통하지 않았던 인터넷의 세계에도 주권의 명령이 남발되고 있다. 글로벌 소통자의 대표격인 구글은 그래서 중국으로부터 철수를 결정하였다.

47. 임혁백, 『신유목적 민주주의 : 세계화, IT혁명 시대의 세계와 한국』(서울 : 나남, 2009), 82쪽.
48. 앞의 책, 50쪽.

V. 결론을 대신하여 : 다원주의 대한민국

한국 역사에서 다원주의가 어떻게 나타났는가를 살펴본 결과 중앙집권적 왕조국가로 알려진 한국에서 다원주의의 전통이 풍성하게 발견된다는 사실을 알게 되었다. 그러나 일본 식민지를 넘어 해방을 맞은 순간에 국제적 냉전체제가 도래하면서 한반도는 이데올로기적으로 분단되었고, 그 분단이 반세기 이상 지속되면서 분단국가, 분단체제, 분단의식을 낳았다. 이러한 분단체제는 다원주의가 설 땅을 좁혀버렸다. 모든 것은 반공과 친공(또는 반북과 친북)이라는 잣대에 의해 재단되었다. 이데올로기적 순수혈통주의가 지배하는 곳에서는 다원주의가 꽃을 피울 수 없다. 또한 민주화 이후 반공사회가 지속되면서 선거정치에서 계급을 동원할 수 없게 되었을 때 정치인들은 지역을 동원하였고, 그 지역주의는 고착되어 반공주의와 오버랩(overlap)되면서 서로 상승작용을 하고 있다.

이러한 중앙집권적이고, 획일적이며, 순응적이고, 교조주의적인 일원주의가 지배하던 한국 정치에 다원주의의 물결이 다시 일어난 것은 신유목사회가 도래했기 때문이다. IT혁명과 함께 한국 사회는 급격히 신유목사회로 진입하였고, 그에 따라 한국 민주주의도 장기간 지속된 가산주의(patrimonialism), 지역주의, 순혈주의적 민족주의, 반공주의, 그리고 시장근본주의에서 벗어나 작으면서도 빠르고, 네트워킹하며, 개방적이고, 포용적인(小速連開包) 신유목적 민주주의가 원초적인 형태로 출현하면서 한국 정치의 지형을 바꾸어 놓고 있다.[49] 신유목적 민주주의의 출현은 일제 시대와 해방 후 전개된 분단과 냉전으로 잊혀졌던 한국인들의

〈표-3〉 한국의 디지털 지수 순위(2007)

Index	Research Organization	Ranking
DOI (Digital Opportunity Index)	World Summit on the Information Society (WSIS)	1 / 181
Competitiveness of Technology	World Economic Forum (WEF)	7 / 131
E-Business Index	Economist Intelligence Unit (EIU)	16 / 69
Competitiveness of IT Industry	Economist Intelligence Unit (EIU)	3 / 64
E-Government Index	United Nations (UN)	5 / 191 (2005)
Online Participant Index	United Nations (UN)	2 / 192 (2008)
National Information Index	National Information Society Agency (Korea)	3 / 50
Competitiveness of Technology Infrastructure	International Institute for Management Development (IMD)	6 / 55

출처 : 한국정보화진흥원(National Information Society Agency).

다원주의적 기질을 다시 되살려 놓았다. 인터넷과 핸드폰을 잘 다루는 젊은 세대는 국가주도의 중앙집권적 · 집중적 · 수직적 · 독점적 통치에 제한을 가하고 분권적 · 분점적 · 자율적 · 수평적 · 네트워크적인 협치의 거버넌스를 선호하고 있다. 그들은 공급자 중심의 정치를 수요자 중심의 정치로 바꾸어 놓음으로써 정치인과 대표들이 다양한 시민들의 다양한 요구에 경청하도록 하였고, 한국에서 다원주의를 60여 년 만에 되살리고(retrieve) 있다. 한국에서 다원주의 정치를 실현하기 위해서는 공적인(public) 시민사회와 결사체를 지원하고 활성화해야 하며, 인터넷 자유를

49. 앞의 책.

보장하여 신유목적 민주주의의 꽃을 피워야 하고, 그리고 현재 자본주의 하에서 다원주의의 출현을 방해하는 시장근본주의(market fundamentalism)의 폐해를 시정하여 다원주의의 원리가 시장주의로 독과점화된 우리 경제에도 적용되도록 해야 할 것이다.

민주주의의 전개와 시민교육

김동수(통일교육원 교수)

I. 머리말

우리는 대한민국 62년을 건국, 산업화, 민주화의 과정으로 인식하면서 그에 기초한 공동체의 발전과 통합을 모색하는 시대에 살고 있다. 그동안 우리는 한국 근대화의 핵심적 가치인 산업화와 민주화를 성공적으로 이룩함으로써 세계사의 변방에 머물렀던 과거를 극복하고 이제는 중심에서 미래를 함께 논의하는 선진화에 진입하게 되었다고 할 수 있다.[1] 특히 정치적 차원에서 1948년 건국[2] 이후의 기간은 '민주공화국'을 선

1. 분명히 한국에는 더 민주화되고 자유화될 필요가 있는 영역들이 여전히 남아 있긴 하지만, 자유민주주의적 질서의 토대는 공고화되어 왔다는 점에서 한국 민주주의를 기적적이라고 해석한 연구로는 Hahm Chaibong, "South Korea's Miraculous Democracy", *Journal of Democracy*, Vol. 19, No. 3 (July 2008), pp. 128-142.
2. 건국기점과 관련해서는 이완범, "건국의 기점논쟁과 그 의미", 『대한민국 건국 60주년 기념 국제학술회의 : 자유민주주의 헌정 60년』(2008), 21-38쪽. 건국기점 논쟁과 관련

포하고 우리 국민 전체가 민주주의의 정착을 위해 함께 걸어온 민주정치의 역사적 실험이며 한 편의 대서사시였다고 할 수 있다.[3] 1960년 4·19 혁명을 필두로 1970-1980년대 민주화 운동, 그리고 1990년대 이후 민주적 정권교체 등을 통해 권력의 분립 혹은 권력에 대한 민주적 통제가 가능해진 상태를 이루어냈다는 점에서 한국의 민주화는 상당한 성과를 거두었음이 분명하다.[4]

그러나 한국 사회는 '민주화 이후의 민주주의'를 논의하는 시대에 들어왔음에도 불구하고[5] 이념갈등, 지역갈등, 차이를 넘어 단절의 국면에까지 접어들 정도로 세대 간의 갈등, 심각한 빈부격차에 따른 양극화를 좀처럼 해소하지 못하는 실정에 있다.[6] 그것은 민주주의의 문제점이 불

하여 역사적 불연속성과 연속성의 공존이 가능함을 정통성(orthodoxy)과 정당성(legitimacy)의 차이를 통해 보여주는 주장으로는 김성호, "1919년 정통성 vs 1948년 정당성",《동아일보》, 2008년 8월 1일.

3. 이홍구, "대한민국 60년, 민주정치 60년의 재조명",『대한민국 건국 60주년 기념 심포지움 : 21세기 한국 정치의 발전방향』(2008), 5-10쪽.
4. 포함(inclusion)으로서의 민주화에 관해서는 John S. Dryzek, "Political Inclusion and the Dynamics of Democratization", *American Political Science Review*, Vol. 90, No. 1 (September 1996), pp. 475-476. 그러나 민주화 이후 한국 민주주의의 문제를 자유주의 관점에서 개인주의의 미성숙과 집단주의 성향이라고 분석함으로써 민주주의뿐만 아니라 자유주의도 '미완의 프로젝트'임을 인식해야 한다는 최근의 연구는 주목할 만하다. 이에 관해서는 김일영, "현대 한국에서의 자유주의 이념 : 되돌아보고 내다보기",『대한민국 건국 60주년 기념 국제학술회의 : 자유민주주의 헌정 60년』(2008), 39-68쪽.
5. 최근 학계의 동향을 살펴보면 민주화 이후 한국 민주주의가 가야 할 방향으로 정당정치의 강화를 제시하거나 참여의 확대 및 가치다원주의의 발전을 민주화 기준으로 제시하고 있다. 다른 한편으로는 그동안의 경험의 토대 위에 사이버 민주주의 시대의 대중의 정치참여와 민주정치의 안정성을 조화시키는 제도적 보완의 필요성을 제시하는 경우도 있다. 이는 결국 우리의 현실적 삶의 문제를 성공적으로 풀어갈 공동체의 철학을 모색하는 노력이라고 볼 수 있으며, 그 점에서 오늘의 시대정신을 관통한다고 볼 수 있는 통합의 의미는 한국 민주주의의 향후 방향과 관련해 매우 중요하다.
6. 한국정치학회/한국 사회학회 공편,『한국 사회의 새로운 갈등과 국민통합』(서울 : 도

평등 때문이라고 보는 자유민주주의의 위기론과 민주주의의 과잉 때문이라고 보는 포퓰리즘의 위기론 사이의 반목과 불신에서 어렵지 않게 확인된다.[7]

그렇듯 민주주의 제도화에는 성공했음에도 불구하고 여전히 의제를 설정하고 토론하며 실행해 나가는 '절차민주주의'가 낙후한 모습을 보이는 이유는 어디에 있을까? 권위주의 체제의 정당성 위기를 극복하기 위해 민주화(democratic transition)를 추진했던 요소만으로는 '민주화 이후의 민주주의'를 효과적으로 유지 · 발전시키기에 미흡하기 때문이라고 본다.

우리의 민주헌정사를 회고해 보건대 민주주의란 훌륭한 제도만 갖추었다고 해서 실현되는 것이 아님을 알 수 있다. 제도의 개혁만이 능사일 수는 없으며, 그 점에서 민주주의는 제도만으로 되는 것은 아니다. 서구의 근대 역사를 통해 볼 때 민주주의는 규범적 · 현실적 차원에서 자유주

서출판 인간사랑, 2007), 15–33쪽. 예컨대 2006년 2월 출간된 『해방 전후사의 재인식』을 계기로 한국 근현대사의 해석을 둘러싼 논쟁이 다시 불붙으며 국가정체성 문제에 대한 관심도 고조되고 있다. 국가정체성 혼란이 심각하게 우려되는 오늘날 우리에게는 과거에 대한 평가를 공유함으로써 국민통합의 전제가 되는 사회내의 심각한 갈등을 해소하고, 나아가 국가의 공동체적 기초를 다지는 작업이 필요하다고 본다. 최근 우리 사회에서 대두되는 이념, 지역, 세대 간 갈등의 심화현상과 정체성의 혼돈상황을 극복하기 위해 국민적 합의에 기초하여 확립된 정체성과 그것을 헌법에 명문화하려는 헌정주의(constitutionalism)의 공고화가 강조되고 있는 현실에서 국가정체성과 헌법의 상관관계를 확인하게 된다. 권력의 행사를 제한하는 제도들에 의해 정치적 권한이 규정되어야 한다고 주장하는 근대 '헌정주의'는 권력분립과 시민적 권리의 원칙을 핵심 원리로 삼고 있다. 정체성 형성과 헌법적 귀속의 상관관계에 관해서는 Evan Charney, "Identity and Liberal Nationalism", *American Political Science Review*, Vol. 97, No. 2 (May 2003), pp. 296–299.

7. 강정인, "자유민주주의와 선진한국의 과제", 『대한민국 건국 60주년 기념 국제학술회의 : 자유민주주의 헌정 60년』(2008), 162–181쪽.

의와의 모순과 긴장관계로 인해 야기된 문제상황에도 불구하고 역사적 과정의 소산으로서 오늘에 이르렀다. 그것이 가능했던 것은 한편으로는 사회적 규제가, 다른 한편으로는 공동체의 도덕이 존재했기 때문이었다고 볼 수 있다. 그렇다면 문제는 민주적 제도를 운영하는 시민에게 민주주의에 대한 분명한 이해와 기본적인 합의, 그리고 민주적 신념과 역량이 있는가 하는 점으로 귀착된다.[8] 우리는 여기서 개별 시민들이 자신의 자유를 위해 민주주의에 의존하는 것처럼 민주주의 역시 시민들의 참여에 의존한다는 사실에 주목해야 할 것이다.[9] 기본적으로 민주주의가 누가, 어떻게, 어떤 목적을 위해서 정치권력을 행사해야만 하는가, 즉 정치적 권위 또는 정당성에 관해 설명하는 이론이라고 할 때, 민주주의는 시민들이 바로 정치적 권위나 정당성의 원천이라는 견해를 나타내고 있음에서 양자관계의 중요성을 읽게 된다.[10] 분명한 것은 시민들이 민주주의를 원하지 않고 민주적으로 처신하지 않을 경우 민주주의는 실현 불가능하다는 점이며, 이로부터 우리는 시민들의 정치적 판단력 제고와 민주시민의식의 함양을 위한 교육이 필요함에 주목하게 된다.

이렇게 볼 때 다소 늦은 감이 있긴 해도 이제는 민주주의의 공고화를 위해서 제도적 요소뿐만 아니라 타협, 조정, 협력 등의 민주적 정치문화, 시민사회, 다양성 관리, 법치주의 등의 사회·문화·정치적 요소가 필요한 시점이 된 것이다.[11] 특히 민주주의 공고화의 성공적 실현을 위해서

8. 김영국, "민주화는 이렇게", 『언론과 비평』(1990), 18-19쪽에 의존.
9. Stein Ringen, *Citizen, Family, and Reform* (Oxford : Clarendon Press, 1997), pp.167-8.
10. Bhikhu Parekh, *A New Politics of Identity* (London : Palgrave Macmillan, 2008), pp. 261-2.
11. Larry Diamond, *The Spirit of Democracy* (New York : Henry Holt and Company, 2008), pp. 153-168.

필수불가결한 민주적 정치문화의 형성과 관련해 주목해야 할 분야는 국가와 시민을 연결시켜 주는 시민교육 분야라고 할 수 있다. 민주주의의 완성도를 높이기 위해서는 물론 민주정치의 선진화를 구현하기 위해서도 '행동하고 참여하는 시민'이 교육을 통해 형성되지 않고서는 정치·경제·사회적 발전이 의미가 없다는 점에서 시민교육의 중요성은 재차 확인된다. 시민성(citizenship)을 지닌 정치공동체 구성원을 육성하는 민주시민교육 없이는 정당성을 확보하기 어렵게 되고, 자칫 정치공동체의 안정성을 해칠 위험성마저 있기 때문이다.[12] 이와 관련해 유의해야 할 것은 정당성(legitimacy)이 국가와 시민의 관계로 표현될 수 있다는 점인데, 민주적 정당성 확립을 위해 국가와 시민을 연결시켜야 할 시민교육이 정당성의 배양자(cultivators)로서의 국가의 주도적 역할로 인해 자칫 권력의 정당화를 위한 도구로 전락하게 됨으로써 국가는 공동선을 지향하지 않고 결국 정당성의 위기에 직면하게 될 수 있기 때문이다.[13]

이 점에 착안하여 본 논문에서 필자는 한국에서의 민주화 이후 민주주의 발전을 위한 시민교육의 방향을 모색할 것이다. 다시 말해서 우리들이 사는 세계를 보다 의미 있고 안전하게 만들기 위한 삶의 조건(human condition)으로서의 시민사회와 함께 그 구성원인 시민들의 삶과 유기적으로 연결된 교육으로서의 시민교육이 필요하다는 인식 하에 한국 민주주의의 전개과정에서 나타난 정당성의 위기를 극복하기 위한 이론적 차

12. 김용민, "민주시민교육과 통일교육의 조화", 『갈등을 넘어 통일로』(2004), 19쪽. 민주주의 사회에서 정치교육은 정치공동체 구성원에 대한 민주적 가치 학습 및 적극적 정치참여 유도를 통해 올바른 시민성 함양에 기여하는데, 이는 정치교육이 체제정당성 판단의 근거와 시민사회의 신뢰구축 기반을 마련해 주기 때문이라고 본다(30쪽).
13. Rodney Barker, *Political Legitimacy and the State*(Oxford : Clarendon Press, 1990), pp. 138–139.

원의 검토를 토대로 시민교육의 새로운 방향을 모색하고자 한다.

이를 위해 제2절에서는 민주주의의 전개과정과 시민교육의 관계를 중심으로 민주화 이전과 민주화 이후로 대별하여 민주화 공간에서의 시민교육에 대해 검토할 것이다. 그리고 제3절에서는 한국 민주정치 발전에 필요한 덕목, 가치에 주목하여 민주시민의 모형과 공동체의 통합을 지향하는 시민교육으로서의 민주주의 이론에 대해 검토할 것이다. 마지막으로 제4절에서는 이상의 논의에 기초하여 민주정치의 선진화 및 평화통일을 추진하기 위해 필요한 시민교육의 방향에 대해 제언하고자 한다.

II. 민주주의의 전개와 시민교육

1. 민주주의와 시민교육

우리가 민주주의를 정기적 선거를 통해 통치자들을 선출하는 피치자(the ruled)의 자유로서 규정할 경우 그것은 제도적 장치로서의 민주주의를 의미한다. 자유로운 선택을 통해 성립되고 재창출되지 않은 권력은 결코 민주적이라고 할 수 없다. 또한 피치자의 상당부분이 참정권을 갖지 못한다면 민주주의는 존재할 수 없으며, 투표자가 선택의 자유를 제한받을 경우에도 민주주의는 기형적이 되거나 파괴되고 만다. 마찬가지로 정당한 권력이 행사되지 않거나 폭력이 지배하는 경우에 그것을 민주주의라고 말할 수는 없다.

그러나 이상의 비민주적 상황에 대한 확인기준을 가지고 민주주의에 대한 적절한 분석을 하기는 어렵다. 전능한 국가로부터 시민의 권리를 보호할 수 있는 정치공간이 마련될 경우에 민주주의가 존재한다는 정의(definition)는 권력과 인민 사이의 직접적 상호 연관성이 존재할 수 있다는 생각과는 모순된다.[14] 그 정의에 따르면 인민은 직접 통치하지 않고 통치자는 단지 인민의 이름으로 말할 뿐이다. 또한 민주주의는 정치제도와 법이 국가와 사적인 삶 사이의 거리를 존중하고 보호해 줄 때에야 비로소 존재한다. 여기서 우리는 민주주의의 핵심에 인민주권의 원칙이 있다는 점에 주목할 필요가 있다. 기본적으로 민주국가의 정당화 방식은 인민주권에 토대를 둔 것이어야 한다. 그리고 그것은 주권자들의 합의를 통해 결정하는 다수결원칙으로 구체화된다. 그러나 정당성과 효율성의 절충이라고 할 다수결원칙은 궁극적으로 일부 시민이 다른 시민들의 통제아래 들어가는 결과를 초래한다는 점에서 결정을 용이하게 할지는 모르지만 민주적으로 정당하지는 못한 것이 되고 만다.[15]

그러기에 오늘날 적어도 정치학계에서는 민주주의를 자유민주주의 제도의 확산뿐만 아니라 민주주의의 질적 심화라는 관점에서 '미완의 프로젝트'로 이해하고 있다. 그 중 후자의 관점에서는 민주화를 정치적 삶 속에 다양한 이해관계에 얽힌 일반국민들을 포함하는 문제로 보는 것이 대체적인 해석이다. 그런 맥락에서 우리는 그동안 민주적 평등의 형식적 약속으로 인해 배제 또는 억압당해 왔던 다양한 불이익집단을

14. Alain Touraine, *What Is Democracy?*(Boulder, Colorado : Westview Press, 1997), pp. 26-8.
15. Charles Taylor, "The Dynamics of Democratic Exclusion", *Journal of Democracy* 9, no. 4 (October 1998), pp. 143-145. 그러나 이러한 현상은 민주주의의 보편적 가정을 역사가 수용하지 않은 결과로도 해석할 수 있다. 실제로 민주주의는 역사 속에 존재한 특정한 공동체 속에서 출현해 왔다.

포함(inclusion)하려는 노력을 통해 어떻게 민주주의가 보다 더 실질적이고 효과적인 것으로 될 수 있는가에 대해 주목하게 된다. 민주화의 핵심은 더 많은 집단과 범주들이 국가에 효과적으로 포함되는 데 있는데, 그것은 정책발전 및 정당에의 참여나 공공정책의 변화를 통한 참여를 위한 역량제고 등을 통해 이루어질 수 있다.[16)]

최근에는 국가를 넘어선 정치체로서 국가와의 관계 속에서 시민사회를 강조하는 경향이 있음을 보게 된다. 여기서 주목해야 할 것은 민주주의 발전과정에 있어서 정치적 포함의 확대가 시민사회로부터 국가로 부르주아 계층이 이주하도록 함으로써 국가명령의 내용을 이동시키는 것과 연관될 수 있다는 점이다. 그 결과 자본주의 산업화 과정에서 정당화를 위한 가장 효과적인 제도적 장치인 복지국가의 경우에서 보듯이 정치적 안정을 파괴할 능력을 지닌 계급이 정치적 포함의 확대로 인해 자본주의 정치경제 구조를 지지하거나 수락하게 된다. 그러나 스탈린주의 독재체제에서처럼 적극적인 배제를 할 경우 궁극적으로 국가의 에너지는 쇠퇴하게 된다.

요컨대 민주화의 동력은 언제나 국가보다는 시민사회에서 시작된다는 점에서 시민사회의 거센 반대가 민주화 촉진에 열쇠라고 할 수 있다. 따라서 정치적 포함을 확대하는 국가는 시민사회의 활력을 감퇴시킴으로써 민주화의 촉진조건을 약화시키고 만다. 결국 이와 같은 국가의 역사적 발걸음을 통한 배제의 패턴은 미래를 위한 씨앗이며, 더 나아가 국가의 민주화를 위한 씨앗이라고 할 수 있다.[17)]

16. 이에 관해서는 John S. Dryzek, "Political Inclusion and the Dynamics of Democratization", *American Political Science Review*, Vol. 90, No. 1 (September 1996), pp. 475–476.
17. John S. Dryzek, 같은 글, pp. 478–486. '포함'으로서의 민주화논리를 통해서도 알 수

여기서 '포함' 으로서의 민주화는 '배제' 를 거부함으로써 다원화되는 것을 의미하며, '하나' 가 사라짐을 의미하는 것이기도 하다. 민주주의는 '하나' 가 사라짐에 토대를 둔다. 그것은 오늘날 일원성이 사라지고 다수의 참여와 다원성에 기초한다는 의미로 해석된다. 그런데 근대성이 단일 사회를 규정하는 중심원리의 제거에 기초한다는 점에서 근대성은 민주주의와 연관성을 지니게 된다. 그렇다면 '하나' 가 사라짐은 근대성을 위한 필수조건이며, 특히 민주주의를 위한 필수조건이 되는 셈이다. 그것은 민주주의의 근본적 장애물을 제거하는 것으로서, 이를 통해 사회를 균질화시킬 수 있다는 주장은 일축되고 사회의 재구성이 가능하게 된다.[18]

이상의 논의를 정리해 보면 '포함' 으로서의 민주화는 참여와 다원화를 토대로 이루어진 것으로서, 근대성을 위한 필수조건으로 작동함으로써 근대성의 회복을 가져다줌을 알 수 있다. 또한 그것은 민주화의 역동성을 통한 권위주의의 극복을 의미하기도 한다. 다만 이로부터 논리적으로 민주주의의 도입과 근대성의 도입이 등식화되는 반면에 현실적으로는 근대성의 거부를 함축하는 '배제' 내지 '독단' 의 정치에 의한 권위주의 체제의 등장으로 정당성의 위기를 초래함으로써 근대성의 역설이 탄

있듯이 대체로 시민사회는 민주주의에 긍정적인 힘으로 간주된다. 물론 로크(J. Locke)나 흄(D. Hume) 같은 고전적 자유주의자의 경우처럼 시민사회가 유익하다거나 에치오니(A. Etzioni)와 샌델(M. Sandel)과 같은 공동체주의자처럼 시민사회가 민주주의에 긍정적이라는 차이는 있다. 또한 퍼트남(R. Putnam) 같은 신토크빌주의자는 시민사회를 가리켜 시민들이 민주주의를 배우는 장이라고 주장한다. 특히 배움의 장에서 사회적 분열을 봉합하는 활동을 통해 신뢰(trust)와 상호성(reciprocity) 같은 시민적 덕목을 배양한다고 주장한다. 이에 관해서는 Carolyn M. Hendriks, "Integrated Deliberation : Reconciling Civil Society's Dual Role in Deliberative Democracy", *Political Studies*, Vol. 54, No. 3 (2006), p. 490.

18. Alain Touraine, 위의 책, p. 147.

생하게 된다는 점을 지적할 수 있다.[19)]

그렇다면 우리는 민주주의의 발전과 정치적 정당성 구축을 위해 무엇을 해야 할 것인가? 국가는 일반적으로 의식이나 선전, 그리고 교육방식을 통해 정당성을 증진시킨다. 특히 이 방식들은 확실한 외부의 위협이 있을 때 국가의 자율적 권위를 축적하기 위해 공공연히 사용되는 것으로서 국가의 선전활동을 통해 내부전복과 연계되곤 한다. 분명한 것은 우리가 추구하는 좋은 사회와 좋은 질서를 구축하기 위해서는 우선 좋은 질서가 무엇인가에 대한 올바른 이해부터 하는 것이 필수적이라는 점이다. 무엇이 좋은 것인가에 대한 이해는 도덕적 판단이 요구되는 문제이며, 이를 위해 교육은 필수적이라고 하겠다. 그 점에서 어느 정치체제를 막론하고 자신의 도덕적 기반과 정당성을 확보하기 위해 정치공동체 구성원들에 대한 교육을 통해 좋은 것이 무엇인가에 대한 이해를 주입시키고자 함은 당연한 일이다.

우리가 정치의 궁극적 목적으로 상정하는 행복은 덕의 완전한 실천과 구체화를 통해 실현될 수 있다고 본다. 교육은 그렇듯 인간의 잠재적 덕성을 개발함으로써 행복에 도달할 수 있게 만들어 주는 과정이라고 할 수 있다. 이처럼 교육의 목적이 완전하고 발전된 자아의 실현에 있다는 점에서 정치와 교육은 그 목적상 밀접한 관계에 있다고 할 것이다.

교육과 정치구조의 밀접한 연관성과 관련하여 일찍이 플라톤은 미래의 지도자들의 올바른 시각과 정신적 틀을 구축하고 지도자감으로 부적

19. 근대성은 필연성의 굴레로부터 인간을 해방시키려는 개인의 자유를 강조함으로써 정치적 권위의 우선성을 부인하면서도 다른 한편으로는 근대국가의 정당성과 새로운 권위의 우선성을 필요로 한다는 점에서 상충된 모습을 보여준다.

합한 사람들을 추려내기 위해 교육제도를 고안해냈다. 그것은 위계질서를 강조하는 공동체의 유지를 위한 것이었다. 교육은 바로 그 목적에 부합하도록 일반구성원들의 현실인식을 유도하는 데 역점을 두었다. 그 점에서 플라톤의 정치교육론은 자신이 직면한 상황을 타개할 새로운 지도자를 등장시키기 위해 적합한 정치교육의 필요성을 지적한 대표적인 예라고 할 수 있다.[20]

또한 플라톤의 전통을 계승한 아리스토텔레스는 『정치학』에서 모든 사람이 잘 살 수 있는 공동체를 구상하고 있는데, 그의 정치이론은 결국 어떻게 좋은 시민을 교육할 수 있는가 하는 교육이론으로 귀착되고 있다. 이러한 '정치와 교육의 일체성'에 관한 플라톤적 전통은 근대에 들어서 로크와 루소에 의해서 이어지는데, 특히 루소는 시민들의 성격은 정부의 성격(다시 말해 체제와 교육)에 의해 결정된다는 점을 다음과 같이 강조하고 있다.

> 나는 모든 것이 정치에 뿌리를 내리고 있음을 보았고, 사람들의 성격은 그들이 속한 정부의 성격이 만들어 놓은 바로 그 이상의 것이 아니라는 것을 보아왔다.[21]

한편 교육은 전통적으로 새로운 세대에게 그들이 속한 공동체가 간직해 온 고유의 모습을 계승하는 데도 기여해 왔다. 교육이 공동체의 결속과 지속성을 증진시킨다는 점이 이를 뒷받침해 준다. 이렇게 본다면 교

20. R. M. Hare, *PLATO*(Oxford : Oxford University Press, 1982), pp. 47–51.
21. 김용민, 앞의 글(2004), 28쪽.

육은 분명히 보수주의적이며 현상유지를 지지하는 것이라고 할 수 있다. 동시에 사람들로 하여금 특정한 시각으로 세상을 바라보게 만든다고 할 수 있다. 요컨대 교육은 세상을 이해하고 판단하며 변혁에 대항하는 해석의 틀을 제공함으로써 이데올로기적인 면모를 유감 없이 발휘하고 있는 것이다. 여기서 우리는 정치구조가 교육을 필요로 하는 이유를 확인하게 된다.

민주국가에서 시민교육을 실시하는 것은 사회를 민주화하고 인간화하는 데 목적이 있다. 즉 민주주의에 대한 시민교육의 실시는 인간이 구성한 사회구조에 있어서 불합리하고 비인간적인 것이 무엇인지를 규명해내고 민주주의 체제의 확립을 위한 길이 무엇인지를 가르치는 것이다. 따라서 국민은 민주시민교육으로서의 정치교육을 통해 자신이 몸담고 있는 사회의 제 조건을 이해하고 사회의 지속적 변화를 정확히 파악할 수 있는 역량을 습득하게 된다. 주권자로서의 시민 각자의 자제력과 그 습관화에 따라 민주주의의 실현 가능성 여부가 결정된다는 점에서 시민교육의 중요성이 재차 확인되는 셈이다.[22)]

그렇다면 그동안 한국 민주정치의 전개과정에서 민주주의 증진을 위해 필요한 근대적 시민을 창조하는 시민교육이 존재하지 않았다는 것인가? 시민교육은 존재했으나 민주화 이전 시기에는 시민교육을 주도해온 국가가 권력의 정당성 확보 차원에서 정책을 추진함으로써 민주주의

22. 김영국, "통일독일의 정치교육 실태에 관한 연구", 『한국 정치연구』 제6호(서울대학교 한국정치연구소, 1990), 279-281쪽에 의존. 시민교육과 관련된 고(故) 김영국 교수님의 글로는 다음과 같은 것이 있다. 김영국, "공민교육에 관한 연구", 『정치학보』 제7호(서울대학교 사회과학대학 정치학과, 1977). 여기서 '공민교육'은 포괄적 국민교육을 의미한다(209쪽, 각주 2).

발전에 기여할 시민을 창조하지 못하는 결과를 초래하고 말았다는 문제점을 안고 있다. 그러기에 권위주의 체제 하에서 시민교육은 분명히 존재했지만 그것이 결코 민주시민교육[23]이 될 수는 없었던 것이다.[24] 4·19 명 50주년을 맞이하며 민주화를 넘어선 민주주의를 논의하는 오늘날까지도 우리가 시민교육에 주목하는 이유가 바로 여기에 있다.

여기서 개념상의 혼란을 줄이기 위해 우선 시민은 누구이고 시민교육이란 무엇인가부터 살펴보기로 한다. 어원상 시민(citizen)은 정치공동체(political community)의 구성원으로서 라틴어로는 *civis* 또는 그리스어로 *polites*(polis의 구성원)에서 유래했는데, *polites*로부터 *political*이 파생되었다는 점에서[25] 정치교육과 정치공동체의 구성원에 초점을 맞춘 정치교

23. 민주시민교육은 자율적 인격체를 양성하는 데 그 목표를 둔다. 그 점에서 민주시민교육은 비판적 합리적 계몽으로 정의될 수 있고, 민주시민교육의 과제는 정치공동체의 구성원들로 하여금 정치과정에 참여할 수 있도록 민주의식과 지식 그리고 능력을 전달하는 것으로 정리될 수 있다. 더 나아가 시민교육의 수렴점으로서의 민주시민교육이 민주주의 이념의 터득뿐만 아니라 구체적 실천으로 승화될 때 민주화의 실현과 그에 기초한 통일의 실현은 가능한 것으로 정리될 수 있다. 이 점에 관해서는 윤용탁, "시민교육 민주화 그리고 통일", 『한국민주시민교육협의회 논문집』(1996), 1-11쪽.
24. 이로부터 시민교육의 본질이 민주화 내지 국내 정치발전의 반영이라는 추론도 가능해진다. 시민교육의 틀을 구성하는 과정에서 시민교육과 국가권위의 관계는 학계의 뜨거운 쟁점이 되었고, 그 중심에는 시민교육의 역할론이 자리 잡고 있다. 시민교육은 당연히 국가와 사회에 대한 책무를 잘 알고 있는 준법시민을 육성해야만 하는 것인지, 아니면 국가권위에 의문을 제기하면서 자신의 권리를 내세우는 시민을 배출해야만 하는 것인지가 핵심 논점을 구성한다. 만약 중앙집권적 국가권위에 대한 도전과 불안정의 상황에 빠질 경우 시민교육의 방향은 민주주의, 다원주의, 자율성을 강조하는 담론으로 기존의 애국심, 충성심을 강조한 교육을 대체하게 된다. 이에 관해서는 Jan Germen Janmaat and Nelli Piattoeva, "Citizenship education in Ukraine and Russia : reconciling nation-building and active citizenship", *Comparative Education*, Vol. 43, No. 4 (November 2007), pp. 527-552.
25. Michael Walzer, "Citizenship", *Political Innovation and Conceptual Change* (1989), p. 211.

육으로서의 시민교육은 동일하다고 볼 수 있다. 이 점에 주목하여 이 글에서는 정치공동체의 구성원인 시민의 자질을 향상시킴으로써 민주정치의 선진화를 모색한다는 의미에서 '시민교육'(civic education, citizenship education)으로 사용하기로 한다.[26]

시민교육에 관한 최근의 논의는 시민교육을 '가치교육'(values education), 도덕·정신교육(moral and spiritual education)에 주목하며 역사, 지리, 경제에 대한 핵심 가치 및 덕목의 고찰과 도덕적 추론의 증진을 연계시키는 '시민성을 위한 교육'(education for citizenship)으로 해석하는 도구적 접근에 대한 비판과 관련해 개진되고 있다. 도구적 접근은 시민의 지식, 이성을 위한 역량을 강화해야 할 교육의 요점을 놓치게 될 위험성이 있다는 것이다. 특히 그것이 교과과정, 교수법, 평가 등에 대한 전례 없는 수준의 중앙통제를 하는 정부에 의해 입법화될 경우 의심을 받게 되는 것은 어쩌면 당연한 일인지도 모른다. 그 대신 교육은 구조와 교수법에서 민주적이어야만 하며, '민주교육'을 통해서 사람들은 정치, 경제, 사회정의, 인종문제 등의 다양한 쟁점에 대한 추론능력을 얻을 수 있게끔 된다는 것이다. 분명한 것은 민주주의에서의 참여의 본질과 실천 그리고

26. 현대 사회에 있어 정치교육은 정치사회화 또는 정치적 학습이라는 개념에 비해 개인보다는 체제중심적이며, 체제의 변화와 발전보다는 안정과 존속이라는 보수적인 측면을 중시하는 경향이 있다. 특히 정당성의 위기를 적지 않게 겪었던 한국 사회에서 정치교육은 정치체제의 안정을 도모하고 사회질서를 유지하기 위해서 일정한 정치이념을 주입시키고 훈련하는 권력정당화의 도구로 이해되어 왔고, 그 점에서 정치교육이라는 용어의 보편적 사용은 불가능했다고 볼 수 있다. 다른 한편으로는 전통적으로 정치교육이라는 용어가 금기시되어 왔다는 점도 작용했다. 그것은 전체주의적 독재체제에서나 찾아볼 수 있는 것으로 오해되어 왔기 때문이다. 정치교육은 동서고금을 막론하고 어떤 사회에서나 존재하고 있음에도 불구하고 보수성이 강한 교육사회에서는 오랫동안 수용되지 못했던 것이다.

시민의 권리 · 의무 · 책임 등을 포함하는 시민성이라는 특별한 쟁점이 가치교육이나 도덕교육에 의해 소진되지는 않는다는 점이다.[27)]

시민교육과 관련된 또 하나의 논쟁은 시민교육(citizenship education)과 국가권위의 관계에 관한 것으로서, 논쟁의 핵심은 시민교육이 국가와 사회에 대한 의무와 책임을 깨닫는 준법 시민을 육성해야만 하는지, 아니면 국가권위에 의문을 갖고 자신의 권리를 옹호하며 다른 견해와 문화에 개방적인 시민을 만들어내야만 하는지에 대한 의문이다.[28)] 여기서는 민주화와 같은 국내 정치발전이 시민교육의 성격에 반영된다고 본다. 수평적 · 수직적 차원에서 민주화 또는 국가결속주의인가에 따라 시민교육 또는 애국심교육이 결정되는 것처럼 시민교육정책에서 적극적 민주시민성의 담론과 국가건설의 담론은 공존이 쉽지 않다. 그럼에도 불구하고 시민교육은 언제나 바람직한 사회의 비전에 의해 인도되는 미래지향적 과정이며, 교육의 목표는 체제순종과 적극적 시민성 사이의 균형에 맞춰져 있다.[29)] 다만, 국가에 대한 충성과 국가제도에 대한 비판적 평가 사이의 대립구도로 인한 딜레마는 시민과 민족 사이의 결속을 강화해야만 하는 시민교육의 속성상 더욱 심화되는 경향을 나타낸다.

한국의 시민교육과 관련해 국내 학계의 1990년대 이후의 논의는 대체로 역사적 서술과 평가를 중심으로 전개되고 있다.[30)] 그에 따르면 해

27. Elizabeth Frazer, "Citizenship Education : Anti-political Culture and Political Education in Britain", *Political Studies*, Vol. 48, No. 1 (2000), pp. 88-103.
28. T. McCowan, "Conformity and the questioning of authority in the citizenship education debates", *Educate*, Vol. 4, No. 2 (2004), pp. 19-32.
29. Jan Germen Janmaat and Nelli Piattoeva, 앞의 글, pp. 527-529.
30. 예컨대 전득주, "한국의 민주시민교육의 평가와 발전방향", 『한국정치학회 연례학술회의 논문집』(1994), 1-14쪽 ; 카이 루스, "한국의 민주시민교육의 개념과 역사", 『숭

방 이후 현재까지의 정치교육 내지 시민교육의 역사를 3단계로 구별하여 공동체의 과제에 초점을 맞추어[31] 민주시민교육, 통일교육 등의 이름으로 기술해 나감으로써 한국의 시민교육 및 통일교육 역사와 현실을 보여주는 반면에, 한국적 맥락에서의 시민교육 현실과 민주주의에 대한 적절한 이해를 위한 이론적 성찰과의 연관성 속에서 시민교육의 방향을

실대학교 개교 107주년 기념 민주시민교육을 위한 제1차 한 · 독 국제학술회의 논문집』(2004), 41-46쪽.

31. 정치공동체의 구성원에 초점을 맞출 경우 정치교육은 시민교육, 국민교육, 공민교육 등으로 분류될 수 있다. 흔히 '정치교육', '민주시민교육', '시민교육', '국민교육', '국민정신교육', '이념교육' 등이 유사한 의미로 혼용되고 있으나, 엄밀한 의미에서 정치교육은 공동체의 구성원과 정치교육의 과제를 기준으로 분류해 볼 수 있다. 이렇게 볼 때 한국 '민주시민교육' 의 개념은 대한민국의 시민들에 초점을 맞추어 민주주의 가치체계의 내면화를 위한 시민의식의 함양을 목표로 시행하는 정치교육이라고 정의할 수 있을 것이다. 사전적 의미로 국민은 '한 나라의 통치권 밑에 같은 국적을 가진 인민' 이며, 시민은 '국정에 참여할 지위에 있는 국민' 이다. 한편 공민은 '국가나 공공단체의 공무에 참가할 자격이 있는 국민' 으로서 시민과 대동소이한 개념이라고 할 수 있다. 다만 국민, 인민, 시민의 차이는 관점에 따른 해석상의 차이에서 비롯될 수 있다는 점에 주목할 필요가 있다고 본다. 예컨대 1948년 건국헌법 전문에 나타난 "대한국민"을 '개헌권력' 의 주체로 볼 경우에 '국민' 은 제헌권력을 행사한 결과 만들어진 국가의 시민으로서 실정법적 정체성을 갖는 국민이 된다고 할 것이지만, "대한국민"을 '제헌권력' 의 주체로 볼 경우에는 '국민' 을 실정법적 국가의 탄생에 선행하여 존재하는 헌법제정의 시원적 주체로서의 정치적 인민으로 보는 것이 더 타당할 것이라는 잠정적 주장이 최근에 제기된 바 있다[김성호 · 최명호, "1948년 건국헌법 전문에 나타난 "우리들 대한국민"의 정체성과 타당성", 『한국정치학회보』 제42집 4호(2008년 겨울), 92-93쪽]. 한편 역사적 의미에서 국민과 시민의 관계는 "프랑스혁명을 통해 등장한 공화국이 주권체로서의 국민과 그 국민을 형성하는 시민들에 의해 형성되고, 공화국은 시민들을 공화국의 언어를 통해 교육시킴으로써 '좋은 시민' 으로 만들어야 할 필요성"이 있음을 강조함으로써 시민과 공화국의 상호 의존적 관계를 보여주고 있다[홍태영, "프랑스 공화주의 축제와 국민적 정체성", 『정치사상연구』 제11집 1호(2005년 봄), 161-162쪽에서 재인용]. 그러나 오늘날에는 한 국가에 배타적으로 속한다는 의미의 국민이라는 근대적 용어가 갖는 수동적 이미지를 넘어서 일부의 비판적 시각에도 불구하고 민주사회의 능동적이고 주체적인 공동체 구성원으로서의 함의를 지닌 시민이라는 개념에 주목하는 경향을 나타내고 있다[이

모색하는 차원의 고민은 다소 미흡한 수준에 머물러 있다는 인상을 받게 된다.

이를 해소하기 위한 한 가지 대안은 우리가 어떻게 민주적 정치참여를 수용함으로써 갈등을 극복하고 통합을 실현하며 민주화 이후 표출된 심각한 사회갈등의 원인이라고 할 수 있는 이념적 극단주의를 배격하는 동시에, 우리의 국가이익에 부합되는 가치를 중심으로 민주주의의 새로운 패러다임을 정립하고, 이를 토대로 민주공동체 건설을 위해 필요한 시민적 덕목을 함양하는 데 있다.[32] 이 점은 바로 시민교육의 중요한 당면과제이기도 하다. 오늘날 우리 사회는 민주주의의 공고화와 발전을 위해 시민교육[33]을 한국적 맥락에서 어떻게 이해하고 전개해 나갈 것인가

동수, "지구화 시대 시민과 시민권", 『한국정치학회보』 제42집 2호(2008년 여름), 6–7쪽].

32. 한동안 우리 사회에서 논의된 바 있는 '심층민주화' 나 '통합선진화' 와 같은 정치이념적 화두는 국가이익에 부합되는 가치를 중심으로 사회통합을 이루는 데 필요한 새로운 형태의 권위를 구축하기에는 실천성과 규범성에서 미흡한 것으로 보인다. 사회통합을 위한 대안적 모형으로서 '참여에 기초한 공동체' 를 바람직한 민주주의 모형으로 제시할 수 있는데, 그것은 정치참여의 가치회복을 통해 '시민적 덕목' (civic virtue)의 개념을 회복시킴으로써 개인주의의 배격을 강조한 공화주의 전통의 부활 노력에서 찾아볼 수 있다. 이와 관련하여 포콕(Pocock)은 시민적 덕목에 대한 공약과 이기적 개인주의의 배격을 고전적 공화주의의 요체로 파악하고 있다 J. G. A. Pocock, *The Machiavellian Moment : Florentine Political Thought and The Atlantic Republican Tradition* (Princeton : Princeton University Press, 1975). 최근 한국 학계에서의 공화주의에 대한 논의에 관해서는 곽준혁, "민주주의와 공화주의 : 헌정체제의 두 가지 원칙", 『한국정치학회보』 제39집 3호(2005 가을), 33–57쪽과 김경희, "비르투 로마나를 중심으로 본 마키아벨리의 공화주의", 『한국정치학회보』 제39집 1호(2005 봄), 25–44쪽 등을 비롯한 다수의 논문들을 참조.

33. 최근의 한 연구는 민주주의 이론에서 공적 토의(public discussion)를 할 수 있는 시민을 교육을 통해 보다 많이 배출하는 것이 민주주의와 시민성을 위한 바람직한 결과로 연계된다는 가설을 제시하고 있다. 공적 토의는 첫째, 자율적인 시민에 대한 교육에 도움이 되며, 둘째, 근본적 가치와 게임 규칙에 대한 합의로 시민을 유도함으로써

에 대한 패러다임을 기다리고 있기 때문이다. 물론 그렇다고 해서 반드시 새로운 이념과 접근만을 모색할 필요는 없을 것이다. 지금 우리 공동체의 통합과 민주주의의 안정을 저해하는 당면문제는 제도적·의식적 차원에서의 변증법적 자기 쇄신을 통해 보다 진지한 고민을 요구한다는 점에서 오히려 기왕에 유지시키고 발전시켜 온 가치와 이론들을 재음미하는 지혜가 필요할지도 모른다.

2. 민주주의의 전개와 시민교육

우리가 이해하기에 시민교육은 미래세대를 국가와 민족의 영역으로 사회화하고자 노력하는 모든 교육적 규범과 실천인데, 이 관점에서 보면 시민교육은 언제나 바람직한 사회의 비전에 의해 인도되는 미래지향적 과정이라고 할 수 있다. 또한 비전의 변화와 다양성으로 인해 시민교육은 언제나 미래를 위한 정치적 노력이라고 할 수 있다. 시민교육의 이러한 정치적 성격은 왜 정치·사회적 맥락에 따라 다양한 담론의 내용과 상대적 강도의 변화가 존재하는지를 설명해 준다. 예컨대 아리스토텔레

민주제도를 위한 정치적 정당성(political legitimacy)을 구축한다는 가설을 제시한다. 공공정책에 동의하지 않는 시민들조차도 이 문제에 대한 토의에 참여했다는 만족감 때문에 수락할지 모른다고 본다. 셋째, 선거에 출마한 공직후보자들에 대한 정치좌담이 시민들의 후보평가 필요성, 능력, 지식 등을 강화시키는 동시에 공적 토의의 경험이 선거활동에의 참여욕구를 강화시켜 주며, 넷째, 민주공동체에 초점을 맞추어 심의(deliberation)가 시민성의 가장 근본적인 행위로 간주되어야만 한다고 주장한다. 이에 관해서는 Donald D. Searing, Frederick Solt, Pamela Johnstone Conover and Ivor Crewe, "Public Discussion in the Deliberative System : Does It Make Better Citizens?", *British Journal of Political Science*, Vol. 37 (2007), pp. 587-618.

스는 시민교육이 국가의 요구에 부응하여 봉사해야만 한다고 주장하는 대표적 철학자였다. 그러기에 그는 청소년을 복종하는 전사로 개조하는 스파르타식 훈련을 칭송했던 것이다.[34)]

그와는 달리 로크의 사상을 계승한 전통에서는 기존의 정치·사회적 구조를 변화시킬 각오가 되어 있는 비판적인 시민을 옹호했다. 시민성(citizenship)의 고전적 모델은 고대 그리스와 로마공화정에서의 '평등한 참여'와 로마제국의 '평등한 법적 지위'로 대별되고, 이 두 가지 관점은 공화주의와 자유주의의 정치사상 전통과 연관되어 왔다.[35)] 반면에 근대적 모델은 민족주의 및 민족성의 이데올로기와 연결되어 왔고, 그에 따라 정치적 시민성 개념과 민족이 제휴함으로써 민족과 근대 시민성은 권리와 의무뿐만 아니라 전통, 공동체, 정체성의 의식도 결합하게 됨을 의미했다.[36)] 이하에서는 한국적 맥락에서 민주정치의 전개와 이를 위해 필요한 '포함'과 '정당성'에 주목하면서 시민교육에 대해 검토할 것이다.

● 민주화 이전의 시민교육

대한민국은 건국 이래 우리 국민 대부분은 민주정치에 대한 믿음과 희망, 그리고 때로는 용기를 기저에 깔고 오늘에 이르기까지 역사 발전 과정의 주역으로서 한국 민주화의 맥을 면면히 이어왔다고 볼 수 있다. 그러나 그 과정 속에서 1948년 이래 민주화 이전의 대한민국 정치사에

34. D. Heater, *Citizenship : the civic ideal in world history, politics and education*(London and New York : Longman, 1990), pp. 7–8.
35. R. Bellamy, *Citizenship*(Oxford : Oxford University Press, 2008), pp. 29–51.
36. D. Heater, *What is citizenship?*(Cambridge : Polity Press, 2002), p. 99.

서는 좌우 분포라는 근대 정치의 일반적 모델에는 맞지 않는, 다시 말해서 이념적 좌우가 존재하지 않는 정치가 여야대결이라는 양상으로 전개되었다고 할 수 있다. 특히 이 시기는 1945년부터 1960년까지 미국식 민주시민교육을 수용하고 변용한 시기로 구분지을 수 있다. 정부수립 이후 민주시민교육은 미국식 민주주의에 홍익인간 사상으로 대변되는 민족주의 교육이념을 접목하려는 시도로 이어졌으나 한국전쟁을 거치면서 반공교육에 치중하게 되었다.[37)]

이러한 특수한 정치과정 속에서 여당은 '반공'과 '근대화'를 국가적 목표로 설정하고 추진함으로써 정권의 정당성을 도출하고자 하였다. 다른 한편 야당은 '장기집권'과 '불평등'을 정치쟁점으로 부각시켜 '평화적 정권교체'와 '평등'의 실현을 민주화의 주요 내용으로 설정함으로써 정권의 부당성을 드러내고자 하였다.

여기서 우리는 권위주의 정권이든 그에 반대하는 정치세력이든 공히 이러한 대결 속에서 집단성과 개인적 자유, 권리 간의 균형을 고려하지 못한 채 민주화를 집단적 행동의 목표로만 강조하고 개인적 자유와 권리의 보장이라는 측면을 경시하는 데서 한국 민주주의의 한계성을 확인하게 된다.[38)] 그렇듯 민주화를 자유주의 원리에 기초하여 국가권력을 제한함으로써 개인의 기본권을 보장하는 것보다는 권위주의 체제로부터 민주주의 체제로 이행하는 것으로 해석하는 한국 민주주의 전통에서 집단주의적 성향과 자유주의의 취약성이 문제점으로 도출된다.[39)]

37. 김용민, 앞의 글(2004), 32쪽.
38. 이홍구, "한국 근대정치사의 전개와 민주주의", 『한국 정치연구』, 창간호(서울대학교 한국 정치연구소, 1987), 141-143쪽.
39. 김일영, 앞의 글(2008. 8. 20), 39-68쪽. 자유주의에 대한 도전은 한국의 경우처럼 자

한국 민주주의 전통의 문제점에도 불구하고, 자유민주주의가 우리 국민의 신념체계로서 정당성을 획득할 수 있었던 것은 6·25 전쟁의 참혹한 경험을 통해서였다. 북한의 군사적 도발로 야기된 동족상잔의 전쟁경험이 결과적으로 자유민주주의에 대한 국민적 일체감을 불러일으켰고, 자유민주주의를 국가의 공식 이데올로기로서 정당화시키는 데에 결정적 계기를 제공한 셈이었다. 그 점에서 우리의 경우 자유민주주의 이데올로기의 정당성은 역사적 차원에서의 형성배경 및 실천과정에 기초한 서구와 달리 전쟁이라는 외적 상황변수의 특수한 경험을 토대로 확보된 것이었다는 해석이 가능해진다. 그렇듯 자유민주주의가 그것을 지탱해 줄 수 있는 우리 사회 내부의 사회적 기반의 미성숙에도 불구하고 한국의 정치공동체 및 공동체 구성원을 규율하는 규범으로서 타당성을 지닐 수 있었던 것은 당시 구조적 변수로서의 국제정치적 환경, 즉 미국의 영향력과도 결코 무관하지는 않았다고 보아야 할 것이다.[40)]

그러나 대한민국 헌법의 기초를 이루는 최고의 규범적 원리로서 자유

유주의 전통이 취약한 사회에서 정치적 자유와 강력한 제도 사이의 긴장 내지 불균형이 초래되는 유형과 기존 자유주의 사회 내에서 다문화주의, 다인종주의가 자유주의의 틀 안에서의 조화를 모색하는 사회적 실체로서 대두되는 유형으로 대별된다. 어떤 경우에든 이러한 도전은 기존 시회질서의 변화를 원하고 있지만 그렇다고 해서 결코 자유주의를 폐기하거나 무시하는 입장은 아니다. 다만, 그것은 자유주의 사회의 본질적 특징인 '동질성'에 대한 도전이라고 할 수 있다. 이와 관련해서는 Dan Avnon and Avner de-Shalit (ed.), *Liberalism and its Practice* (London : Routledge, 1999), pp. 1-15 참조.

40. 구범모, "한국 민주화의 이념적 지향", 『선진한국의 이념적 기초』(1988), 7-9쪽. 한국 정치과정에 있어서 자유민주주의에 대한 규범적 이상과 구체적 현실 사이의 괴리를 극복하려는 정치실천으로서의 민주화는 시대에 따라 순수한 자유민주주의 아니면 급진적 민주주의를 지향했듯이 이념적 지향을 달리해 왔다는 점에 주목할 필요가 있다.

민주주의에 대한 국민적 합의의 형성만으로 그의 성공 여부가 자동적으로 보장된 것은 아니다. 한국의 경우 자유민주주의의 이념과 원리가 제도적으로 구현되고 정치적 실천으로 옮겨지는 데에는 엄청난 시행착오와 난관이 거듭되었다. 집권자의 자의나 집권 연장욕 및 효율성 제고라는 권위주의 정치의 폐단으로 수없이 많은 자유민주주의적 원리와 정치관행이 부정되기도 했다. 그 점에서 한국의 자유민주주의는 하나의 정치적 가치규범으로서는 꾸준한 생명력을 견지해 왔지만 구체적 정치기획으로서는 실패했다고 볼 수 있다.[41)]

민주주의에 대한 이상과 현실 사이에 괴리가 존재하는 당시의 정치적 상황에서는 무엇보다도 반공이 최우선적으로 중요했고, 그 과제를 자유민주주의가 떠맡지 않을 수 없었다. 문제는 반공이라는 시대적 과제를 자유민주주의의 원칙과 병행하지 못한 점에 있었다고 본다. 당시 집권층은 비록 자유민주주의의 원칙과 절차를 좀 침해했다 하더라도 민주화의 궁극적 목적이 반공에 있는 것이라면 반공이 곧 자유민주주의라는 현실인식을 갖고 있었던 것이다.[42)]

그 결과 민주화 이전의 자유민주주의는 이승만 정부 및 박정희 정부의 권위주의 집권세력들의 정당화 도구로 전락하게 된다. 그러나 그들의 비민주적인 정치체제 운영은 정당성 위기를 초래하고 말았다. 이 점에 주목하여 권위주의 체제의 정당성 위기의 본질은 무엇인지에 대해 살펴보기로 한다.

자유민주주의의 국가이념은 한국 국민에게는 전혀 내면화되어 있지

41. 박상섭, “한국 정치와 자유민주주의”, 『현대한국 정치와 국가』(법문사, 1986), 409-438쪽에 의존.
42. 구범모, 앞의 글(1988), 14-15쪽에 의존.

않았기에 그것은 그 자체로 급진적이고 생소한 정치이념이었다. 자율적으로 성장해 온 시민사회에서 강력하게 지지되는 정치질서와 이를 정당화하는 신념체계가 이미 존재했던 서구의 정치현실에서와 달리 갑작스럽게 채택된 생소한 국가이념은 처음부터 공허한 정치규범으로 귀결될 위험성을 농후하게 갖고 있었던 셈이다. 자유민주주의의 국가이념을 지켜낼 수 있는 사회세력이 시민사회에 존재하지 않았기 때문이다.

더욱이 3년 동안의 한국전쟁은 대한민국의 존립을 위협하는 동시에 체제안보 이념으로서의 반공이념을 국민에게 보편적으로 내면화시키는 계기가 되었다. 그것은 반공이념을 자유민주주의로 이해하는 것을 말한다. 자유민주주의가 소극적 내면화에서 적극적 내면화로 이행하는 전환점은 4·19 혁명이었다. 적극적 내면화란 자유민주주의의 내용을 실질적으로 이해하는 것을 의미한다.

건국기의 한국 정치를 두 개의 정치이념으로 견인되고 대립하는 정치과정으로 보게 되면 그 하나는 체제안보를 추구하는 반공이념이었고, 다른 하나는 민주정치를 요구하는 민주이념이었다고 할 수 있다. 이 해석에 따르면 건국기의 정치과정은 본질적으로 반공이념과 민주이념의 대립과정이었던 셈이다. 대립과정 자체가 바로 보수정치의 정당화 위기를 나타내는 것인데, 이것은 국가이념과 통치이념의 갈등과정으로 형상화될 수도 있다. 반공이념을 체제수호를 위한 통치이념으로 보고 민주이념은 대한민국의 국가이념으로 볼 수 있다. 그런 관점에서 건국기 보수정치의 정당성 위기란 바로 통치이념이 국가이념으로부터 이탈한 상태를 가리키는 것으로 해석할 수 있다.[43]

43 김주성, "한국의 보수주의와 민주주의", 『한국 민주주의의 전개와 발전방향』(사단법

이 시기의 문제는 정치현실에서 참여의 유도가 아닌 동원에 기초한 비자발적 참여가 이루어졌다는 데 있다. 그 결과 정치공동체의 안정과 연속성을 유지·지속시키기 위해 정권의 정당성을 배양하는 시민통제 도구로서의 시민교육만이 존재할 뿐이었다. 그러나 강요되고 조작된 정당성 확립 노력이 민주적 권위 확립으로 연결되기는 어려운 일이었다. 자연히 권위의 불안정은 체제 및 정권의 불안정으로 연결되고 점차 정당성 위기로 나타나기 시작했던 것이다. 결국 정당성 확립을 위해 국가가 정당성의 배양자로서 주도적 역할을 통해 시민교육을 실시했음에도 불구하고 급기야 정당성의 위기를 초래하고 말았던 것이다.

그렇다면 이 시기 시민교육 차원에서 정당성을 확보하기 위한 국가의 정책적 노력은 어떻게 수립·전개되었는가? 한국에 있어서 자유민주주의의 도입으로 당시 미군정은 학교영역에서 민주시민교육을 위한 조치를 취하였다. 일차적으로 학교제도를 일제 식민지 통치 하의 군국주의 제도로부터 민주주의적 제도로 개혁하고, 교육과정에도 민주주의의 실현을 위한 기본적인 내용들을 포함시켰다. 특히 전통적·권위주의적 의식을 극소화하고 그 대신 근대적·민주주의적 의식을 극대화하기 위하여 미군정은 교육제도의 개혁과 민주시민교육을 추진하였다.

그러나 미군정은 실제에 있어서 학교와 사회에서 조선인의 문맹률(그 당시 78%)을 줄이는 데 노력했다. 미군정은 1945년 11월 23일에 조선 교육계와 학회의 권위자 100명을 초청하여 "조선교육심의회"를 구성하고 군정의 교육정책에 자문과 조언을 의뢰했다. 심의회는 1946년 3월, 일본의 군국주의적 사상과 식민지적 사고를 불식하고 남조선을 민주화

인 시대정신, 2010), 14-17쪽에 의존.

시키려는 미국의 의지와 조선민족주의를 충분히 반영시킨 "홍익인간의 이념"이라는 "민주적 민족교육이념"을 채택했다. 이는 정부수립 후에 제정된 교육법에 나타난 교육이념의 기초가 되었다. 이처럼 한국의 교육이념은 한반도의 분단이라는 특수성을 고려하여 처음부터 미국식 민주주의에 더하여 독자적인 민족교육의 내용을 포함시켰던 것이다.

이러한 교육이념은 "홍익인간의 건국이념에 기초하여 인격이 완전하고 애국정신이 투철한 민주국가의 공민을 육성하는 데"에 있고, 이것은 바로 1949년 12월 31일 공포된 대한민국 정부의 교육법 제1조에 명시되어 있다. 이는 일본의 교육이념이 민족주의적 요소를 처음부터 제거하고 민주주의적 요소만을 포함시킨 것과는 대조적인 변화였다.[44]

그에 따라 제1공화국(1948-1960)의 민주시민교육은 처음부터 "민족적 민주주의" 또는 "일민주의 교육"을 표방하고 민족주의 교육을 강화했다. 당시 문교부 장관 안호상은 자기가 주장하는 "민족적 민주주의"와 서양의 민주주의가 다른 점을 지적하면서 "우리 교육을 구미식 개인주의적 민주교육과 소련식 계급, 공산주의적 민주교육과 구별하기 위하여 민족적 민주교육 혹은 일민교육이라 하였다"고 술회했다.

그 후 한국전쟁과 이승만 독재로 정부는 국민의 의식을 민주화시키는 대신 국가안보론에 입각한 반공교육만을 강화시킴으로써 민주시민교육은 매우 위축되었다. 그 결과 사회 · 정치 엘리트들과 국민들은 전통적 · 권위주의적 의식에서 벗어나지도 못하였고 근대적 · 민주주의적 성향을 갖지도 못하였다.

세계적 차원과 한반도 차원의 냉전구도 속에서 1961년 5 · 16 군부 쿠

44. 전득주, 앞의 글(1994), 6-7쪽에 의존.

데타 이후 1987년 민주화의 요구가 전 국민적 염원으로 표출되기 전까지의 기간에는 군사문화와 경제성장을 배경으로 '반공안보교육'이 강화되었다. 다만 한 가지 5·16 군부 쿠데타 이후 어려운 상황 속에서도 1962년부터 1967년까지 중앙교육연구소가 주한 미국공보원의 재정지원을 받아 "민주시민교육사업"을 실시했다는 점은 주목할 만하다.

민주적 정당성이 결여되었던 박정희 정권은 이론적으로는 '향도적 민주주의', '민족적 민주주의'라는 개념을 통하여 과거 우리나라의 위민정치와 왕도정치라는 전통적 사상과 서구 민주주의를 연결시킴으로써 정당성을 확보하고자 시도하였다. 그러나 실제로는 반공, 안보, 질서 그리고 경제발전의 이데올로기를 강조하는 경제안보교육이 민주시민교육을 대신하게 되었다.

예컨대 1963년 학교 교육과정을 개편하여 반공과 도덕을 핵심 교과로 설치하고, 초·중·고 모든 단계에서 필수과목으로 지정하였다. 1963년 12월의 제2차 교육과정은 5·16 군사 쿠데타의 정치적 의의, 쿠데타 정부의 주요 정책과 그 추진의 개요를 바탕으로 하여 우리나라의 정치적·경제적 현실에 대한 이해, 민주주의의 원리와 기능 이해, 반공신념의 공고화 등을 목표로 삼았다. 이는 제1공화국에서 교육의 주요 목표로 등장했던 반공교육이 군사정권에 이르러 더욱 체계화되고 강화되었음을 의미하였다.

그렇지만 박정희 정권은 이승만 정권과 달리 성인들에 대한 정치교육에 있어서는 '재건국민운동'이라는 정부 주도의 광범위한 운동을 추진하였다. 이 운동은 생활개선, 문맹퇴치, 질서 지키기 등 매우 다양한 내용으로 구성되어 있었지만 정치교육이 그 핵심을 이루고 있었다. 교육의 내용에 있어서도 반공이 가장 중요한 위치를 차지했다. 남북한의 체제대결에서 승공이 유일한 대안으로 인식되었고, 이를 위해 국민에게 투철한 반공의식과 애국심 그리고 충성심을 심어야 하다는 점을 강조했다.

1968년 12월 5일 박정희 정권은 국민교육헌장의 공포를 통해서 경제발전을 통한 민족중흥의 교육이념을 내세우고 경제도약과 발전을 위하여 인재양성에 필요한 국민정신교육을 제창했다. 분명한 것은 그것이 군부독재를 합리화하는 동시에 장기집권을 구상했던 유신체제의 주도로 '국적 있는 교육'을 강조함으로써 국가주의적 정치교육을 더욱 강화해 나갔다는 점일 것이다. 당시 유신체제에서 추진했던 국민정신교육은 주체적 민족사관의 형성, 새로운 한국인상을 통한 확고한 국가의식 확립 및 한국적 민주주의의 토착화를 통한 한국의 민주화 실현을 주장했다. 그리고 그 논리에 따라 한국의 민주화에 기여할 수 있는 인간은 '자유와 권리를 동반하는 책임과 의무를 다하는 국민', '안보의식이 투철하여 공산주의를 극복할 수 있는 정상적인 인간'으로 이해하였다. 그리고 이를 위하여 사회적으로 '새마을운동'이 추진되고 학교에서는 국사 과목과 국민윤리 과목 등이 국가정책 과목으로 신설되었다. 그리고 유신이념의 보급을 위하여 모든 성인 교육기관에서는 일정시간 이상 유신교육 내용을 포함하도록 하였다.

박정희 정권의 붕괴로 1980년에 등장한 "신군부" 정권은 경제성장과 반공안보가 그의 정권을 유지하고 정당화할 수 있는 유일한 길이었기 때문에 박정희 정권의 정치교육의 방향과 내용을 그 본질에 있어서 변화시키지 않았다. 국가주의적 정신교육과 의식화를 위하여 "사회정화운동"과 기존 국민정신교육에 경제교육, 정치교육, 이념교육 등이 추가된 국민정신교육을 추진했다. 전두환 정부는 법적 뒷받침을 위하여 1982년에 제정한 사회교육법에 이른바 "국민교양" 내용을 규정하고 모든 사회교육에 이를 필수적으로 포함할 것을 의무화했다. 그러나 정부가 강요한 이러한 정치교육이 실제로는 형식에 그쳐 그 실효를 거두지는 못했고, 오히려 대한민국의 정통성에 의문을 제기하도록 만드는 한편 사회 내의 이념적 갈등을 심화시켰다는 평가를 받게 되었다.

그 결과 제5공화국(1981-1987)에서는 이러한 갈등으로 인해 체제 그 자체에 반대하는 비판세력이 자생적으로 일어남으로써 반체제세력이 확산되기에 이르고, 정부는 이를 막기 위해 국민정신교육을 더욱 강화한다는 의미에서 국민윤리교육과 이데올로기 비판교육을 강화하게 되었다. 그리고 대학에서의 이데올로기 비판교육은 기실 좌·우파 이데올로기와 실사회 및 정치생활과의 상관관계에서 그 허구성을 비판하는 교육이어야 함에도 좌파 이데올로기 비판에 역점을 두는 교육이 되었다.[45] 그러나 이러한 국민정신교육 강화는 오히려 자유민주주의에 대한 반감과 부정적 인식만 심화시켰고, 정권의 정당성 결여로 인해 좌파 이데올로기의 입지를 강화시켜 주는 결과를 초래하였다고 할 수 있다.

이처럼 민주화 이전 단계인 권위주의적인 독재체제 하에서 민주시민교육은 존재하지 않았다. 단지 정치공동체의 안정과 연속성을 유지·지속시키기 위해 정권의 정당성을 배양하는 시민통제 도구로서의 시민교육만이 존재할 뿐이었다. 미국이나 영국과 같은 민주주의 체제의 경우라면 정치교육은 체제유지는 물론 체제를 비판하고 개혁하는 역할을 담당할 수 있게 된다. 즉 민주주의 체제 내에서 교육은 정치에 대등한 위치에 서게 되며, 정치와 교육의 일체성이 복원되게 된다. 플라톤과 루소가 말하고 있는 '시민형성의 기술로서의 교육', 정치에 버금가는 '예술로서

45. 전득주, 앞의 글(1994), 8-10쪽에 의존.

의 교육'이 진정한 의미를 지니게 되는 것은 민주주의가 뿌리내리기 시작한 사회에서라고 볼 수 있다.

민주주의 사회에서 정치교육은 정치행위자들에게 민주적 가치를 학습시킬 뿐만 아니라 그들로 하여금 적극적으로 정치에 참여하도록 유도한다. 정치교육은 올바른 시민성을 함양시키는데, 이러한 시민성이 없이는 시민사회에 신뢰와 협동이 뿌리내릴 수 없고, 체제의 정당성을 판단한 근거가 자리 잡을 수 없기 때문이다.[46)]

● 민주화 공간의 시민교육

민주화 공간에서는 과거 정권에 비해 교육환경이 비교적 자유로운 분위기에서 한국의 정치와 정치문화의 실상을 가르칠 수 있었다. 그 점에서 노태우 정권 시기를 한국 민주화의 실질적 계몽기로 볼 수 있다. 특히 1990년대에 들어오면서 체계적으로 민주시민교육을 복원하고 발전시키기 위한 노력이 본격적으로 추진되어 교육의 핵심적 과제로 천명하기에 이르렀다. 그러나 1993년 문민정부의 출범은 민주시민 양성을 교육의 핵심적 과제로 천명했지만 그것은 결국 선언적 교육목표로 끝나고 말았고, 문민정부를 이은 국민의 정부에서도 마찬가지로 민주시민교육은 실천적 차원에서 확산되지 못하였다.

기본적으로 민주시민교육은 정치체제에 대한 시민들의 정향이나 태도, 즉 정치문화를 일정한 틀 안에서 형성되도록 유도함으로써 체제에

46. 김용민, 앞의 글(2004), 30-31쪽에 의존. 여기서 주목해야 점은 시민들의 정치참여를 유도하고 적극적 정치활동의 의욕을 갖도록 하는 구체적 방법을 찾아내어 개발하는 일이 될 것이다. 이는 궁극적으로 정치적 정당성을 구축하는 것일 뿐만 아니라 민주공동체의 시민성을 형성하는 것이 된다고 때문이다.

대한 신뢰감을 높이고, 이를 바탕으로 사회적 갈등을 해소함은 물론 정치체제의 효율성을 제고시키는 데 기여한다. 특히 자율적 시민의 양성에 크게 기여한다. 교육을 통해 시민들을 공공의 문제에 적극적으로 참여하는 '적극적 참여시민' 으로 거듭나게 도와주고, 시민들로 하여금 민주적 제도 및 과정, 절차를 준수하게 하는 교육을 하며, 시민의 선택능력과 판단능력을 제고시켜 주고, 그들로 하여금 다원적 민주주의가 요구하는 관용과 화해, 절체, 타협을 선호하게 하며, 반대의견을 존중하는 정치적 가치와 규범을 길러주는 역할을 수행한다. 이처럼 시민사회의 새로운 형성은 시민교육이 보다 적극적 역할을 수행할 것을 요구하고 있다.[47]

그러나 그러한 시대적 요구에도 불구하고 민주화 공간에서의 민주시민교육은 권위주의 체제의 몰락을 환호했던 일반국민들이 기대하고 예상했던 수준만큼 발달하지 못했다고 볼 수 있다. 여기에서 시민교육에 관한 국가적 강제가 거의 완화되고 사라진 민주화의 시대에 시민교육이 활성화되지 못하는 이유에 대해 살펴보기로 한다.

첫째, 시민교육이 아직도 학교 위주로 시행되다 보니 교과목을 통한 이해나 암기 위주로 민주주의적 이념, 가치, 제도 등을 가르치고 있는데, 이러한 학습이 일상생활에서의 실천으로 이루어지지 못하고 있다는 점이다. 이처럼 민주주의적 태도의 일상화가 부족한 결과 생활양식으로서의 민주주의로 정착되지 못한다고 볼 수 있다.

둘째, 시민교육이 각종 의식개혁의 형태로 정권 차원에서 실시됨으로써 권력정당화의 도구로서 전락되는 경향이 강했다는 점이다. 그러다 보

47. 김용민, 앞의 글(2004), 62-63쪽에 의존 ; 최장집, 『민주화 이후의 민주주의』(서울 : 후마니타스, 2002), 181쪽.

니 시민교육은 정부가 선언적으로 제시하는 추상적인 이념과 원칙을 일방적으로 학생에게 전달하고 주입하는 데 치중해 왔을 뿐, 학교 바깥의 사회생활, 정치생활과 실천적 측면에서 유리되어 왔다는 점이다.

셋째, 입시 위주의 교육으로 인해 옳고 그름을 판단하는 도덕적 판단 능력이나 사회생활에 필수적으로 필요한 공동체의식, 올바른 도덕적 습관의 형성 등이 학교에서의 교육을 통하여 학습·습득되지 못하고 오히려 무시되고 경시되고 있다는 점이다.[48]

넷째, 민주화의 진전과 더불어 정치권과 시민단체, 사회단체 등에서 민주시민교육에 대한 열의가 높아지고 있지만, 시민교육의 체계화 내지 강화는 정부의 의지부족과 정치적 이해관계로 인해 적극적으로 실현되지 못하고 있다는 점이다. 시민교육과 관련된 학회와 시민단체들이 민주시민교육의 법제화와 제도화를 위해 가칭 '민주시민교육 지원법안' 을 추진하고 있으나 아직도 그 결실을 보지 못하고 있는 실정이다.

그러나 보다 근본적이고 중요한 원인은 민주화 공간이 마련되기 시작한 시기에 제기된 시민교육에 대한 다음과 같은 반성에서 찾아보는 것

48. 김용민, 앞의 글(2004), 34-36쪽에 의존. 학교현실에 대한 예리한 진단을 옮기면 아래와 같다. "이제까지의 교육은 일본 제국주의 국가가 잡아놓은 틀을 그대로 이어온 극히 보수주의적인 교육으로서 자생력을 기를 기회가 허용되지 않은 상태에서 이루어져 왔다. 해방 전에는 식민지 통제를 위해, 해방 이후에는 정권의 정당성 확보와 양적인 경제성장을 위해 교육이 수단화되어 왔던 것이다. 곧 교육의 초점은 산업화를 추진하는 국가주도적 경제정책에 순응하고 정당성을 확보하지 못한 정권에 대해 침묵하는 탈정치화된 대중을 만드는 데 맞추어졌던 것이다. 지금까지 우리는 '학교가 어떻게 하면 국가발전에 공헌할 수 있을까?' 만을 물어왔지 '학교가 어떻게 하면 인간의 성숙에 공헌할 수 있을까?' 를 애써 묻지 않았던 것이며, 이 결과 학교는 사회의 부조리를 그대로 안고 있는 관료조직의 한 하부조직으로 전락해 버렸다" [조혜정, 『학교를 거부하는 어린아이를 거부하는 사회』(서울 : 도서출판 또 하나의 문화, 1990), 85쪽에서 재인용].

이 필요하다고 본다.[49] 시민교육의 교과서 성격을 지닌 『국민윤리원론』은 "머리말"에서 "국민윤리"를 "한국인에게 요구되는 슬기로운 사고와 행동의 원칙 내지 규범의 전 체계"로 규정하고, 특히 국민윤리교육은 그 본질상 "자율적 원칙"이 중요함을 강조한다.

> 무릇 윤리의 본질은 자율에 있다. 따라서 윤리교육의 핵심은 피교육자 자신의 숙고와 반성 통한 신념의 형성을 돕는 일이 아닐 수 없다. 특히 대학수준의 지성인을 위한 윤리교육에 있어서는 타율적 설교를 지양하고 스스로 생각하여 결론에 접근하도록 유도하는 것이 원칙이다(p. iv).[50]

여기서 문제는 "참된 국민윤리"와 "거짓된 국민윤리"를 "어떻게" 구분할 것이며, 더욱이 그것을 "누가" 구분할 것인가 하는 점이다. 또는 달리 말해서 누구의 "권위"에 의해서 "참된 국민윤리"와 "거짓된 국민윤리"를 구분할 것인가 하는 문제이다. 한 가지 확실한 것은 "참된 국민윤리"의 "좋은 의도"가 선험적으로 주장될 수 없다는 점이다. 여기서 "참된 국민윤리"에 대한 평가를 그것을 실제로 가르치는 사람과 또 그것을 배우는 사람들의 견해를 떠나서 어떻게 결정될 수 있을지의 문제가 남는다. 한 가지 유의해야 할 점은 우리 사회에는 지금까지의 경험에 비추어 볼 때 일종의 "선험주의"(apriorism)가 지배했다는 점이다.

둘째로는 "국민윤리를 설교하고자 하는 사람들은 그보다 앞서서 솔

49. 김홍우, "국민윤리교육의 반성과 제안", 『사회변동과 정신교육정립을 위한 연구』(서울대 현대사상연구회, 1988), 11-19쪽에서 재인용, 전적으로 의존. 여기서의 관점은 시민교육의 방향을 설정함에 있어서 매우 중요한 기준이 된다고 본다.
50. 김태길 · 심재룡 · 이용필 공저, 『국민윤리원론』(서울 : 박영사, 1985).

선수범의 실천을 보여야 할 것"이라고 주장한다. 그러나 역시 우리가 생각하지 않을 수 없는 문제는 엄연한 우리의 역사적 경험이다. 격동하는 과도기를 살아야만 했던 우리의 경우, 특히 그 중에서도 나약한 "지식인"의 경우 표면에 나타난 가치와 그 심층에 자리 잡고 있는 가치관 사이에는 반드시 일치만이 존재했던 것은 아니었다. 이러한 전환기의 이중성 노출, 즉 현실과 당위 간의 너무나도 큰 괴리가 있음을 아무도 부인할 수 없을 것이다. 우리의 문제를 보다 심각하게 만드는 것은 이러한 괴리가 "솔선수범의 실천을 보여야 할 것"이라는 단순한 선언명제만으로 해결될 수 없다는 점이다.

셋째로는 유감스럽게도 그동안의 국민윤리교육은 윤리교육의 핵심이 되는 "실감"을 유발하지 못했다는 점이다. 어떤 점에서 국민윤리 과목은 그것을 교육하는 교수나 교육을 받는 학생이 "실감"이라는 내적인 연결의 토대 없이 단순한 외적 이유 때문에 참여한 과목이었다고 생각된다.

문제는 "어떻게" 극복하느냐가 중요한 문제라고 생각된다. 어떻게 보면 "회의론"은 극복되어야 한다는 독단적 주장 때문에 회의론의 입장이 강화되고 있는지도 모른다.

김태길 교수의 "윤리학적 회의론"에 대한 비판적 입장은 지나치게 "회의적"이라는 비판의 여지를 남겨놓고 있다. 역설적으로 말해서 오늘날 국민윤리의 문제점은 지나치게 윤리교육의 가능성을 쉽게 받아들인데 있지 않는가 생각된다. 우리들은 사람을 교육시킬 수 있다는 가설을 쉽사리 그리고 당연한 것으로 받아들이고 있다고 생각한다. 그러나 놀라운 것은 이것은 바로 "소피스트"(Sophist)의 입장이었다는 것이다. 플라톤(Plato)의 『프로타고라스』(*Protagoras*)는 그 좋은 예라고 생각된다. 프로

타고라스는 "덕은 가르칠 수 있다"고 주장한다. 여기에 끊임없이 의문을 제기하는 것이 바로 소크라테스(Socrates)이다. 그의 결론은 "덕은 알 수 있지만 가르칠 수는 없다"는 것이다. 소크라테스는 그의 『변명』(*Apology*)에서도 "나는 결코 다른 사람을 교육시킨 일이 없다. 만일 교육시킨 일이 있다면 나 자신이다"라고 밝히고 있다.

이제까지의 논의를 통하여 우리는 한국의 민주주의 전개과정에서 나타난 몇 가지 특징을 찾아볼 수 있다. 한국적 특수성 속에서 전개된 민주정치과정은 6·25를 통해 공산주의에 대한 실제적 위협을 경험한 후 국민들은 물론 정권의 통치자들, 통치자들을 신랄하게 비판했던 야당, 즉 이승만 정부 때의 민주당이나 장면 내각 때의 신민당, 또한 박정희 정권 때의 야당들까지 모두 한결같이 공산주의에 대한 반대와 혁신주의에 대한 경계심을 표출하고 있었다. 따라서 반공을 기조로 하는 방어적 민주주의가 '무제한적 다원성' (unlimited pluralism)을 기초로 하는 자유민주주의와는 괴리가 있으나, 제한적 다원성(limited pluralism)을 특징으로 하는 민주주의의 범주에 속한다고 할 수 있다.

이에 비해 1987년 이후 자유민주주의는 정상적인 궤도에 올라서게 되었다. 그러나 민주주의에 대한 담론은 그 이전 시대의 담론, 즉 '반공이냐 용공이냐' 의 담론과는 다른 모습을 갖고 또 다른 쟁점을 유발시키게 되었다. 이런 관점에서 볼 수 있는 특징은 '대의민주주의' 와 '직접민주주의' 혹은 '의회민주주의' 와 '참여민주주의' 간의 갈등이다. 노태우와 김영삼 정부의 경우는 자유민주주의를 비교적 대의민주주의의 범주에서 파악하였고, 그것의 초점은 권위주의 시대와는 결별 혹은 문민 시대의 개막으로 이해했다. 여기서의 민주주의는 일정기간 동안 정치인들이 일정한 공약을 내걸고 유권자들로부터 신임을 받아 집권을 하며 그

집권 치적에 대하여 국민들로부터 심판과 평가를 받는 책임민주주의의 개념이었다.

그러나 김대중과 노무현 정부에서는 의민민주주의의 핵심적 문제를 '더 많은 참여'와 '더 많은 토론'으로 보았다. 따라서 여기서 시민들과 시민단체들의 역할이 커진 것은 당연한 일이고, 어떤 정당이나 심지어 의회나 행정부도 시민들이나 시민단체들의 참여나 도움 없이 특정 정책을 고안하거나 실행할 수가 없었던 것이다.[51]

특히 대한민국의 역사를 구성해 온 역대정권이 이름부터 승계보다는 단절의 담론임을 강조하고 있다는 지적[52]은 권력의 속성상 차이를 통하여 정당성의 확립을 모색하는 의도로 볼 수 있으나, 자칫 역사적 회의론에 빠질 위험성은 물론이고 민주주의 발전의 연속성의 차원에서 볼 때도 결코 바람직스럽지 못한 접근이라고 생각한다. 그럼에도 불구하고 세계사적 차원의 변화와 한반도 차원의 변화에 부응하여 각 정권마다 민주주의의 새로운 유형의 시작을 표방하고 나섰다는 점에서는 한국 민주화의 밑거름이 되는 데 긍정적 의미에서든 부정적 의미에서든 기여를 했다고 볼 수 있다.

문제는 지금까지 면면히 이어진 단절의 담론들을 하나로 묶어주는 연결고리를 어떻게 만들고 설명해야 하는가 하는 점에 있다. 그것은 민주

51. 박효종, "자유민주주의와 역대통치담론", 『대한민국건국 60주년 기념 국제학술회의』(한국정치학회, 2008), 69-111쪽, 특히 108-111쪽에 크게 의존.
52. 박효종, 앞의 글, 111쪽. 예컨대 김영삼의 '문민정부'는 노태우 정부를 이어받았으면서도 군사정부와는 다른 민간정부임을 강조하고 있고, 김대중 정부는 '국민의 정부'라고 하면서 김영삼 정부와 달리 모든 사람들과 모든 계층을 망라하는 포용적 정부임을 강조하고 이다. 이에 대해 노무현 정부는 '참여정부'라고 하면서 새로운 참여민주주의, 즉 반칙과 특권과는 절연하는 정부임을 강조하고 있다.

화 이후의 민주주의를 설계하는 과정에서, 그리고 이를 위한 시민교육의 방향을 설정하는 데 있어서도 이 점에 대한 고민이 필요하기 때문이다.

Ⅲ. 시민교육으로서의 민주주의 이론

1. 민주시민의 모형[53)]

기본적으로 정당성을 지닌 정부는 단순한 권력이나 자기 이익 이상의 정치를 실현하려고 한다. 그러기에 민주화 과정에서 최소한 믿을 수 있고 도덕적으로 존경받을 수 있는 정부의 존재 여부는 매우 중요하다. 그것은 결국 민주적 리더십과 민주적 시민의식의 결합에 의해서만 민주화가 비로소 달성될 수 있음을 보여준다.

이렇게 볼 때 문제는 민주적인 제도를 운영하는 국민에게 과연 민주주의에 대한 분명한 이해와 기본적 합의, 그리고 민주적 신념과 역량이 존재하는가 여부로 귀착된다고 할 수 있다. 그것은 민주화의 진전을 위한 조건으로서 구조적 요인 못지않게 의식적 요인이 결정적임을 시사해준다. 이처럼 정치의식을 강조하는 것은 민주화 과정에서 정치적 경쟁에의 참여가 대폭 허용되는 경우를 감안할 때 그 역할이 더욱 중요해지기

53. '민주시민 모형'에 대한 논의는 고(故) 김영국 교수님의 "민주시민의 모형", 『민주시민운동의 제도화모색』(한국인간학회, 1991)의 내용을 옮겨놓는 방식으로 논의를 전개하였음.

때문이다.

이 점에 착안하여 한국 정치의 미래를 가늠해 줄 대안으로 제시된" 민주시민의 모형"은 다음과 같다.

첫째, 민주시민의식의 함양과 정치주의의 회복을 강조한다. 의식의 차원에서 개선안을 제시하기 위한 예비적 고찰로서 흔히 인간을 개인적 존재와 공동체주의적 존재로 대비시키는 경우가 많다. 존재론적 측면에서 본다면 전자는 개인을, 후자는 사회를 실체로 파악한다. 그러나 사실상 이들은 대립관계에 있다기보다는 상호 보완관계에 있다고 할 수 있다. 그것은 개인 그 자체와 사회 그 자체와의 투쟁이라기보다는 사회 속에 있는 개인들로 구성된 집단 상호 의 투쟁으로 봄이 타당할 것이다.

아무튼 우리는 역사를 통해서 민주주의의 성공이 그것을 지키려는 국민의 의사에 달려 있다는 교훈을 배워왔다. 민주적 헌법이 민주주의 제도를 유지하려는 의지를 전제로 하고 있음은 사실이나 그렇다고 해서 그 의지 자체를 창조할 수는 없는 것이다. 오늘날 우리 정치는 불신의 늪에서 헤어나지 못한 나머지 국민들의 정치적 허무주의와 냉소주의로 전환되는 경향성마저 나타내고 있다. 물론 그 원인이 정치권력의 정당성과 도덕성의 결여에 있음은 두말할 나위도 없다. 그러나 보다 중요한 문제는 시대와 사회를 대표할 수 있는 도덕적인 엘리트를 선별할 수 있는 국민들의 능력에 달려 있다. 따라서 참여와 공동체에 대한 의무에 역점을 두는 시민의식의 형성을 위해서는 보다 높은 수준의 정치적 인지능력이 요구된다고 할 수 있다. 민주사회의 시민에게는 사생활의 침해를 받지 않는 한, 정의의 추구와 공동 이상을 촉진하기 위해서 공동체가 안고 있는 사회현실을 개혁해야 할 지속적 책임이 있기 때문이다.

본래 고대 그리스에서 시민은 판결과 공직에 참여하는 사람들을 가리켰다. 따라서 시민권은 공공 업무에의 참여를 의미했다. 그것은 시민의 "존재"를 소유가 아닌 "정치적 행위" 속에서 확인하려는 관념에 기초하는 것이었다. 그러기에 교양과 소유에 기초한 존재로서의 시민은 민주체제 내부에서 책임 있는 정치적 기능을 행사하지는 않을지언정 그것을 획득하려는 노력마저 게을리하지는 않는다. 그러한 한에 있어서 시민은 최소한 부르주아적 편협성에 빠지지는 않을 것이다.

둘째, 공동체의식의 함양과 정체성의 회복을 강조한다. 정치에 있어서 도덕성의 회복이 시급한 과제로 대두되는 것과 같은 맥락에서 최근 우리 사회에는 도덕성 상실과 폭력범죄의 일상화가 도처에 만연되어 있다. 그러한 형상은 일단 개인의 내면적 자기규제력의 상실에서 비롯된 결과로 볼 수 있을 것이다. 그러나 사회적 차원에서 그것은 사회적 규제가 제대로 이루어지지 않은 데에서 그 원인을 찾아볼 수 있다. 그런 관점에서는 사회기강의 해이가 주된 원인이라고 진단하는지도 모른다. 그러나 문제는 이와 같은 공권력의 부재가 리더십의 부재와 밀접하게 연관되어 있다는 사실에 있다. 더욱이 사회적 규제와 도덕이 상실될 경우 민주주의는 사실상 그 명맥을 유지하기 어렵다는 점에 문제의 심각성이 있다. 따라서 문제해결을 위한 방안으로서 내면적 규제를 위해 필수적인 사회규범의 정립과 공동체의식의 함양이 제시될 수 있다.

사회규범은 외재성과 구속성을 기본속성으로 한다. 그것은 사회적 규제뿐만 아니라 사회적 기대를 함축으로써 공동체 구성원으로서의 역할규범을 포괄하는 행위명제이다. 민주화의 관점에서 본다면 형사정책의 체계화를 통한 외적 강제력의 제도적 강화보다는 공동체의식에 기초한 정체성의 구축과 인내심의 함양이 더욱 중요하다고 하겠다. 왜냐하면 물리적 제재를 수반하는 외적 강제력의 강화는 자칫 법과 질서를 앞세우며 현상을 정당화하려는 반민주적 세력의 대의명분에 부합될 수도 있기 때문이다.

그러나 오늘날과 같이 극단적 이기주의가 보편화된 현실 속에서 사회규범의 정립과 공동체의식의 함양, 그리고 그에 기초한 정체성의 회복이 간단치 않은 것은 사실이다. 그것은 공공성이 정체성의 회복과 소통에 기초한 합리성의 구축을 통해서만 비로소 실현될 수 있을 것이기 때문이다. 따라서 설득과 대화를 통해 개인들의 상호작용이 전개되는 공동세계인 공적 영역에서의 활동이 정치생활의 활성화를 위한 필수적 요소가 됨은 너무나 분명하다. 그러기에 공적 영역의 중요성은 결코 간과될 수 없는 것이다. 문제는 애당초 권력의 부패와 남용을 방지하기 위해 확립된 법치주의가 우리나라에서는 오히려 일반국민에게만 엄격히 적용되고 있기 때문이다. 이러한 현실에서 문제해결의 열쇠를 쥔 것은 정치지도자들과 사회지도층임이 분명해진다. 그러나 이들 공직자와 사회지도층이 공익을 무시한 채 가족단위의 이기주의를 확대시켜 파벌주의를 형성할 때 공동체의 결속은 와해되고, 결국 민주화의 저해요인으로 작용하게 될 것은 너무나 자명한 이치다. 결국 공인에게 필요한 덕목은 사인으로서의 이해를 초월한 역사적 임무를 과감히 수행하고 그것에 대한 역사적 책임을 지려는 정치윤리라고 할 수 있다. 이러한 공인이 없고 공공성이 결여된 사회에서 미래를 기대한다는 것은 지나친 낙관이라고 할 수밖에 없다.

이상에서 살펴본 몇 가지 덕목은 정치주의가 복원되고 동시에 소통의 공간이 마련됨으로써 실현될 수 있다는 생각에 기초한 것이었다. 특히 집합적인 정체성의 형성과 효과적인 정치적 실천을 위한 여건조성을 위해 참여적인 시민권개념과 대화에 기초한 행동모형이 대안으로 제시되었다. 더욱이 이 경우의 참여개념에 포함된 공공의 정서는 타협과 조화가 아니라 정치공동체 속에서의 공존을 위한 정치·경제적 조건들을 다시 활성화시키는 것에 그 목적을 두고 있다. 물론 이러한 덕목들은 서로 밀접하게 연관되어 있으며, 민주화의 달성을 위한 필수적 조건으로 인식되는 계기를 마련했다. 그러나 그러한 경향에도 불구하고 한국 정치의 미래가 그렇게 어둡다고만 볼 수는 없다. 왜냐하면 한국 정치의 현실이 많은 문제점을 안고 있다는 비판적 인식의 존재가 결국 발전된 민주정치를 구축하기 위한 초석이 될 수 있기 때문이다. 그것은 이성의 오류를 비판하는 인식의 대전환을 요구하고 있다. 따라서 이하에서는 앞에서 살펴본 민주시민의 모형을 구조화할 수 있는 교육내용으로서의 민주주의 이론에 주목함으로써 전환기에 우리에게 요구되는 인식의 전환을 위해 필요한 이론적 탐색을 시도할 것이다.

2. 민주시민교육으로서의 민주주의 정치이론

민주화 이후 20여 년에 대해서는 평가가 다소 엇갈린다. 한국 민주주의의 방향과 관련해 민주주의를 더욱 심화 내지 공고화시켜야 한다는 주장에 따르면 민주주의가 원활하게 작동하기 위해서는 사회적으로 통합되어 있지 않고 정치적으로 대표되지 않고 있는 서민층이나 노동을 정치과정에 포용해야 한다는 것이다. 민주주의에서 통합이란 사회적 갈등과 균열이 경쟁하는 복수정당을 통해 표출되고 대표되는 것을 의미하며, 그런 조건에서만 민주주의는 갈등해소의 기제로 작동할 수 있다고

봄으로써 정당체제의 민주화가 중요하다는 입장을 개진한다.[54)]

그러나 이와는 달리 민주화가 정치발전의 충분조건이 아니라는 관점에서 오늘날 우리 사회에 필요한 것은 철저한 민주주의의 심화나 공고화가 아니라, 공고화의 단계를 지나 '질 높은 민주주의'의 건설이라는 과제를 안고 있다는 주장도 제기된다.[55)] 한편 패러다임의 전환 차원에서 한국 민주정치의 발전을 위해서는 기왕의 민주화를 토대로 삼아 그 위에 '공화'의 가치를 접목시키는 일이라고 봄으로써 공화민주주의의 수립을 역설하는 경우도 볼 수 있다.[56)] 여기서 공화란 권력분립과 정치적 경쟁을 전제하지만 이 분립과 경쟁 속에서도 사회통합을 어떻게 이룰 것인지, 다수의 지배를 따르는 속에서도 소수의 권리와 이익을 어떻게 보호할 것인지, 또 개인과 공동체의 균형을 어떻게 유지할 것인지에 관심을 두는 것을 말한다.

54. 최장집, 『민주화 이후의 민주주의』(서울 : 후마니타스, 2002), 241-265, 246쪽.
55. 임혁백, "선진 한국 정치의 비전과 리더십", 『한국정치학회 · 한국행정학회 합동 기획세미나 : 대한민국 정치 · 행정의 연속과 변화, 새로운 60년을 향하며』(2008), 민주주의의 공고화를 위해서는 '두 차례의 정권교체 테스트'(two turn-over test)를 통과해야 한다는 헌팅턴(Samuel p. Huntington)의 분석틀 속에서 볼 때 한국은 1997년과 2007년 대선을 통해 분명히 민주적 책임성이 작동하고 있음을 보여줌으로써 민주주의의 공고화를 달성하였다. 그러나 '공고화된 민주주의'는 민주주의를 권위주의로 돌이킬 수 없는 비역전성(irreversibility)을 획보했다는 것일 뿐이며, 보다 높은 수준의 책임성, 공공성을 갖춘 민주주의가 실현된다는 것을 의미하지는 않는다.
56. 이동수, "민주화 이후 공화민주주의의 재발견", 『동양정치사상사』, 제6권 2호(2007) 참조. 필자도 한 글에서 '포용적 민주주의'의 건설을 위한 대안적 방향으로서 공화주의를 제안한 바 있다. 이에 관해서는 김동수, "21세기 한국 사회에서의 기본적 가치", 『가치와 한국 정치』(서울 : 소화, 2005) 참조. 1970년대 초부터 라틴아메리카 정치연구를 주도한 오도넬(Guillermo O'Donnell)은 최근의 연구에서 라틴아메리카의 민주주의를 고양시키기 위해 '수평적 책임성'을 용이하게 하는 공화주의에 주목한다. 이에 관해서는 Guillermo O'Donnell, *Dissonances : Democratic Critiques of Democracy* (Notre Dame, IN : University of Notre Dame Press, 2007) 참조.

이상의 민주화 20년에 대한 평가에서 보듯이 비록 민주화에 성공했다고 하더라도 우리에게는 다음과 같은 과제가 분명히 남아 있다. 과거의 권위주의 체제가 남긴 부정적 유산과 후유증을 어떻게 치유할 것이며, 산업화에 따른 빈부격차의 심화를 어떻게 해결할 것인가? 그리고 이 모든 과정을 규범적 차원에서 정당화해 줄 기반으로는 어떤 공동체 이념이 필요하며, 정체성 갈등을 해결하고 통합을 이루기 위해서는 어떤 민주주의 모형이 필요할까? 이것이 민주적 정당화에 관한 문제라고 본다면 우리의 관심은 정당화의 기반이 무엇인가에 쏠리게 되고, 그것은 민주주의의 실패원인으로 지목되는 빈곤, 불평등을 극복할 치유책으로 귀결됨을 알 수 있다.[57)]

1990년대 공산주의의 몰락과 함께 아시아, 아프리카, 동유럽 등지에서 전개된 민주화의 물결로 인해 기존 대의제적 자유민주주의의 전통적 · 참여적 모형은 실제적인 한계를 드러내게 되었다. 그렇듯 지구적 차원에서의 민주적 이상(democratic ideal)의 보편화 과정은 새로운 세계에서 민주정부와 자유주의 원칙을 정당화하는 일이 결코 생각만큼 쉽지 않다는 것을 입증해 주고 있다. 오늘날 민주적 정당성[58)] 확보를 위해 다

57. 예컨대 Ethan B. Kapstein and Nathan Converse, "Why Democracies Fail", *Journal of Democracy*, Vol. 19, No. 4(October 2008), pp. 57–68, Francis Fukuyama, "The Latin American Experience", *Journal of Democracy*, Vol. 19, No. 4(October 2008), pp. 69–79 참조.
58. 정당성(legitimacy)은 추상적 차원에서 '권위에 도덕성을 부여하는 것'이라고 할 만큼 우리의 도덕적 확신에서 우러나오는 가치뿐만 아니라 정치과정을 보다 효율적으로 만들어 주는 도구적 가치도 지니고 있다. 그러기에 정당성을 구성하는 조건에는 법적 측면 정당화 가능성, 동의 등이 포함되는지도 모른다. 이에 관해서는 John Parkinson, "Legitimacy Problems in Deliberative Democracy," *Political Studies*, Vol. 51, No. 1(March 2003), pp. 182–183 참조.

양한 설득논리를 모색하는 정치이론가들은 실천적인 문제로서 책임성을 강조하는 정치적 규범과 다른 규범으로서의 도덕적 원리가 어떻게 연관되는지 또는 연관되어야만 하는지에 대해 대체로 선호집합적 민주주의(aggregative democracy)와 토의민주주의(deliberative democracy)라고 불리는 두 가지 민주주의 모형을 중심으로 논의를 전개하고 있다.[59] 이 두 가지 모형은 민주적 제도의 기본틀에 관한 일정한 가정들, 예컨대 민주주의는 법치를 필요로 한다거나 투표는 합의가 불가능하거나 합의도달 용이 너무 클 때 결정수단이라는 것, 그리고 민주적 과정은 언론·집회·결사 등의 자유를 필요로 한다는 것 등을 공유한다.[60]

이들 모형은 민주주의의 제도적 틀보다 민주주의 개념에서 설명하는 결정과정(process)에 초점을 맞춘다고 볼 수 있다.[61] 그렇지만 민주적 과정의 내용과 관련해서는 두 모형이 차이점을 나타낸다. 선호집합적 모형은 산출-정당성(out-legitimacy)의 기반을 둔 정책형성의 민주적 과정을

59. 예컨대 Jack Knight and James Johnson, "Aggregation and Deliberation : On the possibility of democratic legitimacy", *Political Theory*, Vol. 22, No. 2 (May 1994), pp. 277-296 참조. 일반적으로 '선호집합적 민주주의'와 '토의민주주의'의 차이는 공동선(the common good)의 가치에 대한 강조의 수준 차이로 이해된다. 토의민주주의에서는 이성적 지배, 정치적 평등이 핵심 가치로 간주되고 있다. 이에 관해서는 Archon Fung, "Democratic Theory and Political Science : A Pragmatic Method of Constructive Engagement", *American Political Science Review*, Vol. 101, No. 3 (August 2007), pp. 443-458, 448-450 참조.

60. 토의민주주의 모형의 공식화가 항상 대의제도의 제도적 가정을 수락해 온 것은 아니며, 그 점에서 최근의 이론화는 자유주의적 다원주의의 가정에 접근하는 것이라는 시사점과 관련해서는 James Bohman, "The Coming of Age of Deliberative Democracy", *The Journal of Political Philosophy*, Vol. 6, No. 4 (December 1998), pp. 400-425 참조.

61. 정당성의 관점에서 본다면 두 모형은 정책결정과정에서의 동등한 참여(국민에 의한 정부)에 기초한 정당성과 정치과정의 결과(국민을 위한 정부)에 기초한 정당성으로 구분할 수 있다.

묘사한다는 점에서 투입-정당성(input-legitimacy)에 기초한 토의적 모형과 달리 정치적 조정과 공조의 가능성에 대한 설명이 불가능하고, 그 결과 규범적·평가적 객관성의 가능성도 희박하다고 본다. 반면에 토의적 모형에서 민주주의는 실천이성의 형태이며, 토론 중심의 민주적 과정의 참여자들은 문제 해결이나 정당한 욕구충족을 위한 최상의 방법을 위한 제안을 제공하게 되고, 그 결과 규범적 이상—포용, 평등, 합리성, 공공성—을 수반하게 된다고 본다.[62)]

● 정치적 평등과 토의민주주의(deliberative democracy)

자유주의적 민주주의 모형은 실제로 정치적 안정에 주목한 엘리트 주도 모형이다. 그러나 갈등해결을 위한 다른 하나의 모형인 토의(deliberative) 모형은 매우 다른 민주주의의 비전을 제공한다. 그 비전은 엘리트나 분파지도자들의 주장을 진지하게 받아들일 수 있으나 분열된 사회의 시민들을 위해 국가와 시민의 관계를 구체화할 수 있는 보다 넓은 공간을 제공할 수도 있다. 그러기에 토의민주주의는 엘리트 주도 과정으로부터 인민(the people)[63)] 의지의 표현으로 이해될 수 있는 결정과정으로의 이행을 필요로 한다.

따라서 이하에서는 포함(inclusion)과 중용 사이의 관계를 토의민주주

62. Iris Marion Young, *Inclusion and Democracy* (Oxford : Oxford University Press, 2002), pp. 19-25.
63. 키케로(Cicero)가 '공화국'의 의미를 '인민에 속하는 것'으로 규정했을 때 인민은 단지 대중을 모은 집합체가 아니라 정의와 공동이익의 준수에 기초한 조직화된 사회(an organized society)를 의미했다. 이에 관해서는 Norberto Bobbio and Maurizio Viroli, *The Idea of The Republic*, trans. by Allan Cameron (Cambridge : Polity Press, 2003), pp. 8-10.

의의 관점에서 재조명하고, 토의민주주의가 제공하는 보다 풍부한 '정치적 평등' 의 개념이 자유주의적 모형을 통해 확보될 수 있는 것보다 더 강하고 튼튼한 형태의 '정치적 안정' 으로 된다는 것에 대해 살펴보기로 한다. 안정논리 속에서 중용과 포용은 도구적 가치 또는 결과론적 가치로서 작용한다. 한편 평등논리 속에서 중용과 포용은 정치적 평등의 기초가 되는 원리의 필요조건으로서 통용된다. 우리는 여기서 정치적 평등의 필요조건으로서 간주되는 중용과 포용이 토의민주주의 시각에서는 정확히 어떤 것인지, 그리고 왜 그 시각은 분열된 사회에서의 보다 큰 제도적 안정에 대해서 각별한 의미를 가져야만 하는지에 대해 주목하게 된다.

정치적 평등에 대한 토의주의적 해석의 맥락 속에서 중용은 상호성(reciprocity)으로, 포함은 공공성(publicity)으로 변형되는데, 상호성은 민주적 결정이 이성의 교환 여하에 달려 있도록 확실하게 하는 반면에, 공공성은 결정과정에 직접 참여하지 않았더라도 특정한 이유를 알고 이해할 수 있도록 확실하게 하는 것을 의미한다.[64] 여기서의 주요 논점은 제도적 구상문제에 관한 중요한 추천을 하도록 토의민주주의 틀 안에 중용과 포함을 어떻게 배치할 것인가를 설명하는 데 있다. 그리고 상호성과 공공성 사이에 중요한 차이가 존재한다는 것인데, 상호성이 집단적 결정의 정당화 방법에 관심이 있다면 공공성은 집단적 결정의 정당화

64. 상호성과 공공성에 관한 유용한 소개를 위해 Robert E. Goodin, *Motivating Political Morality*(Oxford : Blackwell, 1992), chaps. 2와 7 참조. 평등에 대한 해석과 관련해서는 민주적 토의를 당연히 지배해야 하는 것으로 간주하는 경우와 토의적 평등에 관한 보다 발전된 설명이 배분적 고려와 역량 고려를 결합할 필요가 있는 것으로 주장하는 경우가 있다. 이에 관해서는 James Bohman, Public Deliberation : Pluralism, Complexity, and Democracy(Cambridge, Mass. : The MIT Press, 1996) 참조.

범위에 관심이 있다고 볼 수 있다.[65)]

만약 토의민주주의가 심각하게 분열된 사회를 위해 의미심장한 지도를 제공하고자 한다면 매우 진지하게 제도적 구상의 문제를 반드시 다루어야 한다. 대의제도 하에서 실현될 수 있는 포함의 수준은 토의민주주의 이상에 어긋날 것인 반면 토의민주주의 이론가들은 공공성의 필요조건—책임성, 투명성, 개방성 등—을 강조함으로써 시민과 입법부의원 사이의 불균형을 줄이려고 모색해 왔다.[66)]

민주주의를 중심주제로 삼고 있는 하버마스의 정치사상은 미완의 프로젝트로서의 근대성 개념을 출발점으로 한다. 그의 이론에서 생활세계(Lebenswelt)란 근대성 속에 존재하는 많은 문제상황을 해결할 합의에 기초한 잠재력과 대화의 가능성이 언제나 존재함을 의미한다. 이러한 의사소통적 시각은 대단히 복합적인 현대 사회를 조정하는 방법을 설명하는데도 도움이 된다. 생활세계를 자본주의 체계와 근대 국가와 같은 도구적 이성에 의해 지배받는 것으로 인식함으로써 자유의 상실로 해석하는 진단에도 불구하고, 그는 생활세계의 구조에서 의사소통적 합리성의 강화를 요구하는 과정이 재현된다면 이성이 해방되고 자유가 재정립될 수 있다고 보았던 것이다. 즉 정부와 시장의 힘에 의한 체계적 지배에 대해 생활세계가 저항할 수 있도록 하는 길은 오직 의사소통적 합리성 및 행

65. 민주주의는 단순히 정치적 균형을 달성하려는 것은 아니다. 민주주의의 목적은 집단적인 문제, 공적인 문제를 해결하는 것일 뿐만 아니라 그 문제해결 방식에 대한 정당성을 획득하려는 것이다. 요컨대, 민주주의의 핵심은 공공성이라고 할 수 있다. 공공성은 분열된 사회에서의 신뢰 발전에 결정적으로 중요한 것이라고 이해된다. 그 점에서 토의민주주의는 공적 담론의 성격을 선호의 집합에서 공동의 문제 해결 모색으로 전환시켜 준다고 할 수 있다.

66. 예컨대 Gutmann and Thompson, *Democracy and Disagreement*, chap. 3 참조.

동밖에 없다고 생각한 것이다.

여기서 우리가 주목해야 할 것은 이처럼 상호 주관적 관점에서 근대 회를 조망할 경우 의사소통적 행동(communicative action)과 민주주의의 관계가 매우 분명해진다는 점이다. 의사소통적 행동이 강해지는 만큼 민주주의는 개선된다는 것이다. 다시 말해서 민주주의는 합의를 모색하는 상호 이해과정의 확립을 보장할 수 있는 유일한 도구가 되는 셈이다. 요컨대 하버마스는 이상의 분석을 통해 근대 프로젝트의 완성과 이성의 해방을 위해서는 민주주의의 개선이 필요하다는 입장에 도달한다.

이렇게 볼 때 근대적 이상의 완성을 위해 필수적인 의사소통적 합리성(communicative rationality)은 생활세계의 다양한 영역 간의 긴장을 줄이고 중재의 돌파구를 마련하는 상호관계의 기준을 확립함으로써 생활세계 전반의 패러다임적 합리성으로서 나타남을 알 수 있다. 그러기에 하버마스는 민주주의 개념을 담론이론과 정치적 토의(deliberation)에 기초한 절차적 차원으로부터 구성한다. 민주적 정당성은 정치적 결정과정에 참여한 모든 사람들이 다양한 이슈를 놓고 합리적인 방식으로 논쟁할 수 있는 폭넓은 공적 토론의 틀 속에서 이루어질 때 확보될 수 있다. 이 점에서 토의적 측면은 집합적인 성찰과 분석과정에 부합한다고 본다.[67]

정치적 평등의 이상을 구현하려는 하버마스의 토의민주주의 모형은 민주주의적 의사형성이 공정한 협상과정을 보장하는 '절차'와 다양한 토론형식 속에서 보다 나은 주장이 도출되도록 하는 '의사소통적 전제'라는 두 가지 요소에 기초한다는 사실을 강조한다. 결국 그의 의사소통

67. 이 점에 관해서는 Denise Vitale, "Between deliberative and participatory democracy", *Philosophy & Social Criticism*, vol. 32 no. 6(2006), pp. 739-766, 740-745 참조.

행위는 공공 이성(public reasoning)을 통해 구성원 상호 간의 선호를 변화시킴으로써 상호 간의 이해에 도달하려는 목표를 지향한다고 볼 수 있다.[68] 그것은 의사소통행위의 목적이 공동체 참여자들 사이에 규범적 합의를 생산 및 재생산하는 데 있음을 의미한다. 그 점에서 의사소통은 사회통합의 방법론이 된다. 따라서 의사소통윤리는 적극적 시민성(active citizenship)과 민주제도의 모델을 개발하는 데 역점을 두게 된다. 여기서 중요한 것은 합리적 합의를 이끌어내기 위해서 왜곡되지 않은 의사소통이 필수적인데, 그러한 의사소통이 실현되려면 모든 시민이 상대방을 존중하는 자세로 조작 없이 솔직하게 이야기하고 경청할 권리가 우선 보장되어야 한다는 점이다.[69]

● 아렌트의 공화민주주의

오늘날 경쟁적(agonistic) 정치이론가들은 아렌트와 슈미트 사이의 선택과 더불어 등장한다. 아렌트와 공화주의 전통에서 정치적인 삶을 자

68. J. Johnson, "Habermas on Strategic and Communicative Action", *Political Theory* 18, no. 2(May 1991), pp. 187-191. 토의민주주의는 엄밀하게 이야기해서 'public discussion'이 아니라 '공공이성' (public reasoning)이라고 할 수 있다. 토의민주주의는 공공이성을 통해서 서로 간에 이해에 도달하려는 것이다. 토의민주주의의 목표는 갈등하는 이익 간의 타협이 아니라 '합리적인 합의'이다. 토의민주주의가 협상이나 투표보다 토론을 강조하는 것은 단순히 동료 시민들의 선호를 변화시키려는 것이 아니라, 정보의 비대칭성을 극복하기 위한 정보의 저수지를 만들려는 것이다. 정보를 공유함으로써 시민들은 자신이 가지고 있었던 선호와 충돌하는 선호를 받아들일 수 있는 것이다. 토의를 통한 합의가 가능하기 위해서는 설득될 수 있는 이유가 제시되어야 할 것이다. 이에 관해서는 임혁백, "밀레니엄 시대의 민주주의 대안 : 심의민주주의", 『계간 사상』(1999 겨울호), 166-175쪽 참조.
69. Nancy L. Rosenblum(ed.), *Liberalism and the Moral Life*(Cambridge, Mass. : Harvard University Press, 1989), pp. 143-156.

유, 연대, 집단행동이라는 수평적 차원의 관점에서 조망한다면 슈미트와 현실주의 전통에서는 필연성, 지배, 주권이라는 수직적 차원을 강조한다.[70] 그 결과 공화주의에서는 정치적 갈등을 잠재적으로 통합기능을 갖는다고 보는 반면에, 무페와 같은 현실주의자는 정치적 갈등을 배제의 관계로 이해하는 경향이 있다. 그러한 무페의 관점은 사회주의권 몰락 이후의 민주주의의 위기를 극복하기 위해 민주사회 시민의 의미를 재규정하고 '근본적이고 다원적인 민주주의'(radical plural democracy)에 입각해 사회를 재구성함으로써 '시민공화주의'(civic republicanism)라는 공화민주주의를 수립하려는 입장으로 나타난다.[71]

70. 경쟁적 민주주의(agonistic democracy)는 소통정치와 일상적 정치 사이의 정치적 조화를 개념화하려는 차원에서 중요한 틀을 제공한다. 특히 분열된 사회에서의 민주주의의 실천을 위해서 조화(reconciliation)를 국가폭력의 역사에 의해 분열된 시민들 사이의 연대 가능성에 초점을 맞춘 민주정치를 위한 국가건설 프로젝트로 이해하는 Andrew Schaap, "Agonism in divided societies", *Philosophy & Social Criticism*, Vol. 32, No. 2 (March 2006), pp. 255-277 참조.

71. 공화민주주의는 민주주의에서 나타날 수 있는 자의적 지배로의 경향을 배제하고 동등한 주권자로서 법치에 참여하는 자유를 시민들의 삶 속에 실현시키고자 하는 이념적 목표를 갖고 있다. 이처럼 공화민주주의란 다양한 계층의 사회구성원들로 하여금 공적인 일에 관심을 갖고 참여하도록 유도하며, 사회 전반에 의사소통을 강화시키고, 그런 과정 속에서 소수의 위임받은 자들이 자의적 지배가 아닌 법치를 행하게 함으로써 정체성 확립과 사회통합의 능력을 확대하는 것을 가리킨다. 그리고 이는 현대 자유민주주의에 부족한 연대감과 상호 의식을 증진시키는 역할을 수행함으로써 민주적 정당성을 확보한 강력한 정치공동체를 구축하는 일이 될 것이다. 예컨대 John Schwarzmantel, "Community as Communication : Jean-Luc Nancy and 'Being-in-Common'," *Political Studies*, Vol. 55, No. 2 (2007), pp. 459-476 참조. 다른 한편 비롤리(M. Viroli)에 따르면 공화국이란 법과 공공선에 기반을 두고 주권자인 시민들이 만들어낸 정치공동체를 의미한다. 고대와 근대의 두 가지 예를 통해 공화주의 정치사상의 핵심 개념의 의미를 명확히 해준다. 키케로(Cicero)는 공화국을 "인민의 일들"을 뜻한다고 말하면서 덧붙이기를, "인민은 아무렇게나 모인 일군의 사람들을 뜻하는 것이 아니라 정의와 공동의 이익을 인정하고 동의한 사람들의 모임"이라고 한다. 루소

경쟁적 정치개념에 대한 아렌트의 논의는 슈미트적 정치개념을 공유하는 무페의 경우보다는 간접적이며, 그리스의 정치개념에 대한 논의의 맥락 속에서 이루어지고 있다. 아렌트는 아테네 도시국가에서의 삶이 만인의 만인에 대한 지속적이면서 치열한 경쟁으로 구성된다고 설명한다.[72] 여기서 아렌트는 완전한 인간성에 도달할 그리스의 경쟁적 정신(agonal spirit)에 주목하고 동일한 맥락에서 치열한 전쟁으로 확대될 적대적인 정치적 충돌경향을 완화시키는 관계법적 견해를 표명하고자 로마의 정치적 경험에 의지한다.[73]

이로부터 자유(freedom)의 관점에서 정치를 이해하는 아렌트는 agonism을 모든 사람들의 절대적 차이에 기초한 다원성(plurality)에서 비롯된 것이라고 인식한다.[74] 또한 아렌트는 정치적 상호작용으로부터 나오는 인간관계의 그물망을 위한 배려(care)의 윤리를 추천한다. 이러한 입장의 배경으로 작용한 로마인들의 경험 중 법의 개념은 매우 중요하다. 로마에 있어서 공법 제정은 모든 정치행위 중 가장 근본적인 것이었다. 실제

또한 공화주의 특징을 법치와 공공선에서 찾고 있다. 그는 다음과 같이 적고 있다 : "나는 정부형태가 어떤 것이든 간에 법에 의해 통치되는 모든 국가를 공화국이라고 부른다. 왜냐하면 이 때 비로소 공공선이 우위에 서고 공공의 것이 중요한 것이 되기 때문이다." 공화주의의 두 번째 근본원칙은 진정한 자유는 한 사람이나 여러 사람들의 자의(恣意)에 종속되지 않는 것에 있으며, 법치의 엄격한 준수 이외에 일상의 권리와 정치적 권리의 평등을 필요로 한다는 것이다(Viroli, 2006, pp. 15–16).

72. H. Arendt, *The Promise of Politics*, ed. J. Kohn (New York : Schocken Books, 2005), p. 16.
73. J. Taminiaux, "Athens and Rome", in D. Villa (ed.), *The Cambridge Companion to Hannah Arendt* (Cambridge : Cambridge University Press, 2000), pp. 165–177 ; R. T. Tsao, "Arendt against Athens : Rereading the Human Condition", *Political Theory*, Vol. 30, No. 1 (2002), pp. 97–123.
74. 이와 달리 배제의 관점에서 이해하는 슈미트는 agonism의 의미를 대립되는 두 집단 간의 갈등으로 본다.

로 로마 건국 당시의 법은 한 사람의 작품이 아니라 대치중인 두 파벌, 분파 간의 계약(contract)으로서 전 구성원의 승인을 필요로 하는 것이었다.[75] 따라서 그 법은 그들 사이의 차이를 지워버림으로써 로마인들을 결합시킨 것이 아니라 계약의 형식으로 그들 사이의 지속적인 결속을 확립했던 것이다. 이처럼 로마인들은 법을 계약의 관점에서 접근함으로써 다원주의적 상호작용 속에서 갈등하는 두 입장 사이의 관계로 구성된 제도(institution)로서 이해하는 정치적 개념으로 공식화할 수 있었다고 할 수 있다.

그만큼 로마인들은 정치를 보는 시야가 그리스인들보다 넓었고 포용력이 강했던 것이다. 정치적 실존을 슈미트적인 '적과 동지'의 관점에서 찾고자 했던 그리스인들과 달리 로마인들은 똑같은 투쟁과 전쟁을 그들이 자신과 반대세력 모두를 인정하는 수단으로 활용했기 때문이다. 여기서 우리는 로마인들이 적을 전멸시키기보다는 적과 조약을 맺음으로써 새로운 세계를 열어갈 수 있도록 정치공간을 확장시켜 나갔음을 확인하게 된다. 이는 연대를 사회적 통합(integration)의 방법으로 생각하는 공화주의와도 연관된다.

오늘날과 같이 통합을 주요 과제로 삼는 시대에 공화주의는 인민주권의 권리와 자유를 강조하고 인민주권을 제도적으로 실현할 수 있는 정치적 참정권의 확보를 중요시하는 민주주의와 달리 비지배(non-domination)를 강조하면서 자의적인 권력의 남용에 대항하여 법치의 확립과 사회통합을 강조한다.[76] 요컨대 민주주의가 인민주권과 권리, 참여를 강조

75. H. Arendt, The Promise of Politics, ed. J. Kohn(New York : Schocken Books, 2005), p. 179.
76. 현대적 언어로 표현하면 선호의 집약이 아닌 심의의 결과로서 정의 또는 법을 규정

하는 반면 공화주의는 법치, 국민통합, 상호성에 주안점을 두고 있다.[77] 국가정체성의 혼란을 우려하는 최근의 한국 사회상황을 감안할 때 공화주의에 대한 관심은 어쩌면 당연한 일인지도 모른다.[78] 문제는 '공화'를 이루기 위해서 통합의 구심점에 해당하는 권위체가 필요한데, 우리 사회에서는 민주화 과정을 통해 권위 자체를 모두 해체해 버림으로써 민주주의를 완성시켜 나가고 사회통합을 실현하는 데 필요한 권위마저 사라져 버린 현실에 있다고 하겠다.

그렇다면 민주화 이후 전통적 의미의 권위가 사라진 오늘날 우리 앞

하는 구성주의적 성격, 그리고 동질성(uniformity)에 기초한 연대가 아니라 다양성과 타인의 이익에 대한 존중에 기초한 통합(unity : vincula iuris)을 지향하는 것이 '공화'라는 것이다. 이런 맥락에서 키케로의 공화주의는 '공화'와 관련된 핵심적인 질문의 전환을 요구하고 있다. 만약 우리가 신로마 공화주의와 같이 공화와 관련된 질문을 자유주의적 협력(cooperation)과 공동체적 연대(solidarity)의 긴장에서 찾는다면 그리고 만약 우리가 부의 재분배와 같은 문제를 '공화'로 해결하려고 한다면 키케로는 정의에 대한 합의에 기초한 정치적 통합(unity)을 통해 협력과 연대라는 긴장이 불필요한 '공화'를 꿈꾸고 있다. 이에 관해서는 곽준혁, "키케로의 공화주의", 『정치사상연구』 제13집 2호(2007년 가을), 132-154, 143-149쪽.

77. 이에 관해서는 이동수, "개화와 공화민주주의", "한국정치평론학회 2006년 춘계심포지움-대한민국 정체성과 정치평론" (2006. 4. 28-29), 24쪽.
78. 공화주의는 민주화 이후의 민주주의 시대를 맞이한 한국에 있어서 정치적 무관심의 확산과 대중영합주의의 팽배로 인한 민주주의의 위기를 극복하기 위한 대안으로서 주목받고 있다. 그것은 공화주의가 한국적 상황에서 엘리트주의로 흐를 위험성을 경계하고 대중영합주의의 위험을 차단할 수 있는 정치이념으로 보이기 때문일 것이다. 자유와 법치에 역점을 둔 자유주의와 참여와 평등을 강조하는 민주주의가 고전적 공화주의로부터 물려받지 못한 '시민적 덕목'(civic virtue)이 바로 이 시대가 요구하는 핵심 가치라는 점에서도 대안적 이념으로 간주되는 경향이 있다. 이와 관련하여 비롤리(M. Viroli)는 공화주의에 대한 새로운 해석에서 "공화주의가 민주주의에 속한 정치사상에 불과하다는 기존통념과 달리 역사적으로 볼 때 오히려 자유주의·민주주의 양 사상이 법치와 인민주권이라는 양대 원리 위에 구축된 고전적 공화주의에 속한 속주들로 보는 것이 더 정확하다"고 주장한다(Viroli, 2006, pp. 41-42).

에 놓여 있는 과제는 사회통합을 위해 필요한 새로운 형태의 권위를 확립하는 일이라고 할 수 있다. 이 과정에서 중요시되는 권위 내지 질서와 자율성 내지 자유 사이의 조화를 위해 권위는 다수의 동의를 얻기 위해 끊임없이 대화를 시도하고 민주적 토론을 통해 결론을 이끌어내는 체계로 자리 잡게 될 것이다. 이런 형태의 권위는 구성원들의 소속감과 적극적 참여를 유도하기 위해서도 필요하며, 그 관점에서 도출된 사회통합의 대안이 공화민주주의였고 통합기능을 담당할 헌법이었다고 하겠다. 헌법이야말로 공화국 전체의 공공선을 위한 시민참여를 가능케 해주는 힘으로서 사회의 구심점 역할을 하기 때문이다.

그런 맥락에서 볼 때 '민주화 이후'의 시대를 사는 우리에게 필요한 새로운 권위를 헌법에 부여하는 것은 타당성을 지닌다고 할 수 있다. 이것이 오늘날 헌정주의의 확립이 중요한 이유이며, 대한민국의 정체성 확립에 주목하는 이유이기도 하다. 그런데 이와 같이 헌법이 권위체로 인정될 수 있으려면 그것이 정의로운 법이라거나 자연법이라는 점을 강조하는 것만으로는 미흡하며, 아렌트의 설명처럼 심사숙고와 의사소통 과정을 거친 관계법적 성격을 가질 수 있어야 할 것이다.

민주화 이후 나타난 한국 민주정치의 딜레마를 아렌트의 관점에서 본다면 급격히 증대된 국민의 정치참여를 민주정치의 안정적 운영과 조화시킬 수 있는 방법을 개발하기 위해 필요한 소통정치를 지향하고 있지 않다는 데 문제가 있다. 민주공동체의 발전을 위해 공동선을 모색해야 할 책임을 지닌 구성원들 대부분이 적절한 의사소통 과정이나 국민적 합의과정을 거치지 않은 채 우리의 미래상을 일방적으로 제시하고 추진하는 상황에서 우리는 소통정치의 부재, 또 그것을 통해서만 가능한 공동세계의 부재를 보고 있는 것이다. 여기서 우리는 소통정치와 그 실현

을 위한 공론장(public sphere)의 필요성에 주목하게 된다.[79)]

IV. 맺는말

이상에서 우리는 '포함'과 '정당성'에 주목하여 한국 민주주의의 전개과정에서 나타난 시민교육을 검토하고 우리 시대의 과제인 사회통합을 위한 시민교육으로서의 정치이론에 대해 살펴봄으로써 정당성의 위기를 극복하기 위해 필요한 것은 민주주의 발전에 기여할 보다 많은 시민, 즉 토의할 수 있는 시민을 창조하고 육성하는 일임을 확인하였다.

민주화 이후 정치적 무관심의 확산과 대중영합주의의 팽배로 인한 위기를 극복하기 위해 우리는 사회통합 및 민주주의의 안정화 추구에 주목하고 있다. 민주화 이전 단계인 권위주의 체제 하에서는 국가 주도로 정권의 정당성을 배양하는 시민통제 도구로서의 시민교육만 존재함으로써 국가 주도형 공공성에 대한 시민복종의 의무를 정당화하는 데 집중하는 결과를 낳았다. 반면 민주화 공간에서는 기존의 권위를 무시하고 차이만을 강조함으로써 시민사회 주도의 개방성에 대한 권리주장을 정당화하는 데 집중하는 결과를 낳았다. 이렇게 볼 때 민주화 이후 민주주의의 발전을 위해서는 지금까지의 민주주의 전개과정에서 나타난 문제점을 해결하는 것이 필수적이다. 그것은 토의할 수 있는 시민들의 확대

79. 이동수, "민주화 이후 공화민주주의의 재발견", 『동양정치사상사』 제6권 2호(2007) 참조.

에 기초한 참여와 그 참여에 기초한 공동체에 대한 내면으로부터의 인정과 충성심을 함양하는 과정으로서 '민주시민의 의무와 권리의 조화'를 의미한다.

우리는 소통에 기초한 신뢰와 균형 그리고 그에 기초한 민주공동체의 건설을 지향한다. 그렇다면 민주공동체 건설을 위해 필요한 민주시민의 의무와 권리의 조화는 무엇보다도 공동체 건설을 위한 시민의 적극적 의무와 책임의식에 기초한 것이 되어야 할 것이다.

민주화 이후 민주주의의 방향과 관련하여 앞에서 사회통합을 목표로 하는 공화의 가치를 접목시킨 공화민주주의를 아렌트를 통해 제시한 것은 소통, 참여, 연대(solidarity), 상호성, 공공성을 통한 통합에 초점을 맞춘 민주주의 모형으로서 정치적 평등에 대한 실질적 약속의 제도화를 의미한다. 여기서 소통, 참여, 복지, 공공성(publicity)에 기초한 민주주의의 실현은 인간의 가능성을 보장해 줄 빈곤, 불평등의 극복을 가능케 함으로써 인간의 존엄성을 보장하는 동시에 궁극적으로 민주적 정당성을 확보하는 토대가 된다. 동시에 우리가 추구하는 민주정치의 선진화를 위한 방향을 의미한다. 그것은 공공성의 실현과 함께 확고한 민주적 정당성을 지속적으로 유지하기 위해서 필요한 '질 높은 민주주의'를 만드는 일이 수반될 것이다.[80]

80. 최근의 한 연구에서 '민주주의의 질(質)'은 본질적으로 내용, 결과, 절차의 세 차원과 연관된다. 그 중에서도 절차의 관점에서의 질(법의 지배와 민주적 책임성 등)에 특히 주목할 필요가 있다. 이에 관해서는 Daniela Ropelato, "The Quality of Democracy", *Crossroads*, Vol. 7, No. 1 (2007), pp. 54–84 참조. 또한 민주주의의 고양을 위해 '수평적 책임성'을 용이하게 하는 공화주의에 주목한 오도넬은 통상적인 입법, 행정, 사법의 권력균형 제도에 국회가 임명한 민원조사관이나 일반회계직 같은 "위임된 수평적 책임성"("mandated horizontal accountability") 제도를 추가하는 전략을 제시한다

민주주의의 궁극적 토대는 유권자(voters)가 아니라 시민(citizens)이라는 관점에서 정당성을 구축하고자 할 때 민주주의의 질적 수준은 고양될 것이기 때문이다. 현실의 많은 민주주의는 여전히 위기상황에 처해 있지만 민주주의의 위대한 힘은 인간의 존엄성을 보장하는 열린 지평(open horizon)과 희망을 주는 힘이라고 할 수 있다. 그리고 바로 그 힘은 우리가 지향하는 다원적 민주공동체 건설의 구심력으로 작동함으로써 국민통합과 민주주의의 안정을 가능케 하는 원동력이 될 수 있을 것이다.

끝으로 우리의 중요한 국민적 과제인 통일문제와 관련해 민주시민교육의 방향에 대해 다음과 같이 제안하고자 한다.

● 역사인식의 공유를 위한 시민교육

오늘날 우리 사회에 주요 쟁점이 된 시간적 차원에서의 세대 간 갈등—예컨대 6·25 세대와 5·18 세대—을 극복하고 사회통합을 이루기 위해서는 양자 사이에 유효한 사회적 대화가 필요하다. 사회적 대화를 통해 한국 현대사의 전체적 맥락 속에서 과거의 의미와 해석을 공유함으로써 공동체의 안정성과 사회통합을 유지할 수 있도록 계몽하는 노력이 필요하다. 비록 미래에 대한 비전이 서로 다르다 하더라도 과거의 평가만은 동시대인이 공유함으로써 국가의 공동체적 기반을 다져야 할 것이기 때문이다.

(Guillermo O'Donnell, 2007, pp. 87−88).

● 민족공동체 건설을 위한 시민교육

대한민국의 국가정체성이 반영된 헌법정신의 역사적 임무와 지향하는 가치의 관점에서 통일철학으로서의 자유민주주의는 국가공동체 및 정체성의 규범적 토대인 동시에 우리가 지향하는 민족공동체의 원형임을 확인할 수 있다. 문제는 민주주의 전개과정에서 구축된 민족주의가 제공하는 기억 속에서 자라난 사회적 연대감을 어떻게 시민적 삶의 방식으로 확대하느냐에 있다고 본다. 이와 관련해서는 우리의 역사적 경험과 전통 속에서 우리 국민 스스로 발견하는 질서를 구현함으로써 민주공화국의 시민으로 육성하고 결집할 수 있는 공동체의 이념, 가치 정립에 주목할 필요가 있다. 우리의 미래는 자유로운 삶을 향유하는 시민의 인간성에 달려 있는지도 모르기 때문이다.

● 인간의 존엄성을 중시하는 시민교육

역사적 전환기 속에서 이제 통일교육도 지속적으로 변화하는 세계를 정확하게 인식하고 사회의 요구에 부응하는 것이 필요한 시대를 맞이하고 있다. 소통과 균형에 기초한 공동체 건설의 모색에 역점을 두는 패러다임의 전환 속에서 남북관계에 대한 우리 사회의 인식도 균형에 주목하는 변화과정에 있다.

21세기 세계화의 여건 속에서 본다면 이는 새로운 기본 틀 속에서 민족공동체를 키워나가는 일이 될 것이고, 남북 간의 상호 신뢰를 키워나가는 일이 될 것이다. 특히 이 과정에서는 우리가 추구하는 새로운 공동체에 세계화가 어떤 영향을 미칠 것인지에 주목할 필요가 있다고 본다. 또한 사회구성원들은 공동선과 같은 덕목이 무엇이고 그것을 어떻게 체득할 것인지에 대해 이해하는 것이 필요하다. 그 점에서 사회정의의 실현을 위한 덕목—정의, 사랑, 우정 등—을 함양해 나가는 노력이 강조되는지도 모른다. 그러나 보다 근본적으로는 인간의 존엄성에 중점을 두는 교육이 필요하다고 사료된다. 세상의 변화와 요구에 부응하여 앞으로 통일교육은 통일상황 속의 새로운 삶을 향한 소망을 심어주는 교육이 되어야 할 것이기 때문이다.

저자 약력(목차 순)

▣ 김학준

피츠버그대학 정치학 박사

한국과학기술원 초빙특훈교수

주요 논저 : 『한국전쟁』, 『서양인들이 관찰한 후기 조선』, 『래스키 : 현대 국가에 있어서의 자유』, 『러시아 혁명사』, 『북한 50년사』 외 다수

▣ 이정복

워싱턴대학 정치학 박사

서울대학교 정치학과 명예교수

주요 논저 : 『한국 정치의 분석과 이해』, 『한국의 정치적 과제』, 『21세기 한국정치의 발전방향』(편저), *The Political Character of the Japanese Press* 외 다수

▣ 김홍우

조지아대학 정치학 박사

서울대학교 정치학과 명예교수

경희대학교 인류사회재건연구원 명예원장

주요 논저 : 『한국 정치의 현상학적 이해』, 『가치와 한국정치』(공저), 『법과 정치』(편저), 『삶의 정치, 소통의 정치』(공저), 『현상학과 정치철학』 외 다수

▣ 김경희

베를린 훔볼트대학 정치학 박사

성신여자대학교 정치외교학과 조교수

주요 논저 : 『공화주의』, 『군주론』(역서), 「마키아벨리의 국가전략—'저변이 넓은 정체' 에 기반한 힘과 유연성의 전략」, 「마키아벨리의 선정론—『군주론』에 나타난 '건국' 과 '치국' 의 정치학」 외 다수

▣ 홍광엽

파리 제2대학 정치학 박사

한림대학교 정치행정학과 명예교수

주요 논저 : 『탈중심과 불확정성』, 『신좌파운동의 국제적 비교와 한국학생운동』(공저), 「과학적 정치학에 의미를 가져다주는 정치사상의 전향적 조망」, 「이데올로기 분석에 있어서 현대 기호학의 기여」, "Sur la pensee de Mao Ze-Dong" in *Marxisme Cent Ans Apres* 외 다수

▣ 임혁백

시카고대학 정치학 박사

고려대학교 정치외교학과 교수

주요 논저 : 『시장 국가 민주주의』, 『세계화 시대의 민주주의』, 『신유목적 민주주의』, 『신투자국가론』 외 다수

▣ 장주영

고려대학교 정치학 석사

국회입법조사처 연구조교

▣ 김동수

서울대학교 정치학 박사

통일교육원 교수

주요 논저 : 『레오-스트라우스의 정치철학』(공저), 『가치와 한국정치』(공저), 『통일문제 이해』(공저), 「정치적 의무의 정치화」, 「민주주의와 공동체주의」, 「민족공동체 형성의 철학적 기초」 외 다수

仁山 金榮國 선생의 정치학

초판1쇄 / 2010년 11월 15일

엮은이 **인산 김영국 선생 10주기**
기념학술대회추진위원회
펴낸이 **여국동**
펴낸곳 **도서출판 인간사랑**
인 쇄 **백왕인쇄**

출판등록 1983. 1. 26. / 제일 3호

정가 35,000원

ISBN 978-89-7418-013-3 93340

※ 잘못된 책은 교환해 드립니다.

(411-815) 경기도 고양시 일산구 백석동 1178-1
TEL (031)901-8144, 907-2003
FAX (031)905-5815
E-mail igsr@yahoo.co.kr / igsr@naver.com